U0799631

普通高等教育“十四五”规划教材

冶金工业出版社

幼儿体育教学设计

主　编　陈　健　吴健峰　王　耐

副主编　张婧怡　赵　统　张　娟

北京

冶金工业出版社

2021

内 容 提 要

本书共八章，主要内容包括幼儿体育教学概述、幼儿体育教学的组织实施与工作评价、幼儿体育运动的身心发展、幼儿体质的测试与评价、幼儿体育能力与兴趣发展指导、幼儿体育教学活动创编、幼儿体操及幼儿体育游戏等。

本书可作为高等院校体育、学前教育等专业的教材，也可供幼儿园体育教师与相关从业者阅读。

图书在版编目(CIP)数据

幼儿体育教学设计／陈健，吴健峰，王耐主编．—北京：冶金工业出版社，2021.5

普通高等教育“十四五”规划教材

ISBN 978-7-5024-8842-0

Ⅰ.①幼… Ⅱ.①陈… ②吴… ③王… Ⅲ.①体育课—教学设计—学前教育—高等学校—教材 Ⅳ.①G613.7

中国版本图书馆 CIP 数据核字(2021)第 109504 号

出 版 人 苏长永

地　　址 北京市东城区嵩祝院北巷 39 号 邮编 100009 电话 (010)64027926

网　　址 www.cnmip.com.cn 电子信箱 yjcbs@cnmip.com.cn

责任编辑 杜婷婷 美术编辑 彭子赫 版式设计 禹 蕊

责任校对 葛新霞 责任印制 禹 蕊

ISBN 978-7-5024-8842-0

冶金工业出版社出版发行；各地新华书店经销；三河市双峰印刷装订有限公司印刷

2021 年 5 月第 1 版，2021 年 5 月第 1 次印刷

787mm×1092mm 1/16；15.25 印张；365 千字；233 页

46.00 元

冶金工业出版社 投稿电话 (010)64027932 投稿信箱 tougao@cnmip.com.cn

冶金工业出版社营销中心 电话 (010)64044283 传真 (010)64027893

冶金工业出版社天猫旗舰店 yjgycbs.tmall.com

（本书如有印装质量问题，本社营销中心负责退换）

本书编委会

主　编　陈　健（成都理工大学）

吴健峰（山西体育职业学院）

王　耐（河南中医药大学）

副主编　张婧怡（河南中医药大学）

赵　统（河南中医药大学）

张　娟（云南经济管理学院）

编　委（按姓名笔画排序）

王诗冬（洛阳市西工区外国语小学）

杨欢欢（洛阳市麻屯中心小学）

黄亚斌（洛阳市麻屯二中）

前　言

学前教育是素质教育的重要基础，也是个体终身学习所必经的基础阶段。一个人的智力水平、综合素质往往与学前阶段有关。在学前阶段设置幼儿体育课程能够有效提升幼儿的身体素质和运动技能，为其终身热爱体育活动奠定坚实基础。体育课程所具有的多元价值也逐渐被人们认可和接受，一方面它以幼儿喜欢的运动形式令幼儿的身体和心理需求得到满足；另一方面它又以其独特性将幼儿的身体活动和探究学习结合起来，为幼儿的成长和发展提供重要动力。

若想令幼儿体育教学实现高水平发展，就必须配备与之相应的高素质师资队伍。因此，大力发展幼儿体育教学，首要任务就是培育高水平的幼儿体育教学师资队伍。基于此，编写了本书，以期为相关研究者提供借鉴。

本书共八章，第一章阐述了幼儿体育教学的概念、特点、意义、目标和内容等；第二章对幼儿体育教学的组织实施与工作评价进行了概述；第三章叙述了幼儿生理结构，并对身体运动与幼儿身体发展、心理发展之间的关系进行了揭示；第四章深入挖掘了幼儿体质的测试与评价的方法；第五章介绍了幼儿体育能力与兴趣发展指导，给出了提高幼儿体育能力和兴趣的具体方法；第六章论述了幼儿体育类活动、体操、体育游戏等的创编方法；第七章重点介绍了基本体操、徒手操、轻器械操、晨操、健美操与啦啦操等幼儿体操；第八章对各种类型的幼儿体育游戏作了详细阐述。

本书由成都理工大学的陈健、山西体育职业学院的吴健峰、河南中医药大学的王耐担任主编，由河南中医药大学的张婧怡、赵统和云南经济管理学院的张娟担任副主编。具体编写分工如下：陈健编写了第七章；吴健峰编写了第一章、第三章和第八章；王耐编写了第五章；张婧怡编写了第二章和第六章；赵统编写了第四章。全书由陈健、吴健峰和王耐负责统稿。

本书在编写过程中，参考和借鉴了学前教育与幼儿体育方面的书籍与资料，在此对文献资料的作者表示最诚挚的谢意。

由于编者水平所限，书中不妥与疏漏之处，恳请广大读者批评指正。

编 者

2021 年 2 月

目　录

第一章　幼儿体育教学概论

第一节　幼儿体育教学的概念

对于幼儿教学来说，体育教学在整体的教学中起到了非常关键的作用，它为幼儿的道德教育、智力教育和美育教育奠定了坚实的基础。因此，要充分了解幼儿体育教学的含义和概念，对幼儿的身体运动系统有较为清晰的掌握，如此才能在开展体育教学的过程中更有针对性地展开工作，设计出更加科学的幼儿体育活动，取得更好的教学效果，以促进幼儿的身体健康和相关运动技巧的提升，进而使其心理也得到积极的发展，为其以后的义务教学和全面发展打下夯实的基础。

一、体育的概念

我们平常所说的体育其实是一种广义的体育，它泛指现代体育，其本质是社会活动的一种，主要的目的是提高人们的身体素质，提升社会整体的运动水平，通过开展各种各样的体育活动来为人们的文化生活增添更多的内容。由于不同群体开展体育活动有着不同的目的，因此又可以把现代体育划分成大众体育、竞技体育和学校体育三种。

体育教育和学校的美育、德育、智育等组合成了学校的全部教育。体育教学是在对当下幼儿及青少年的身体发展状况和特点进行了大量的研究和调查的基础上开展的，它的根本目标是促进他们的身体健康发展，使其身体素质得到大幅度的提升，最终拥有一个健康的体魄。

而幼儿体育对提高学前教育儿童的身体素质，促进他们身体和心理的健康成长有着重要的作用。体质其实就是人体的质量，表现在体格、体能、适应能力和心理因素等方面的相对稳定的特征，体质是身心各方面因素的综合表现。一个人的体质强弱是由多种因素决定的，具体包含以下几点：

（1）人的生理功能状态。人的身体在进行新陈代谢的过程中，其身体的每个器官和每种物质都起到了或大或小的作用，它们共同协作，完成了人体基本的生理活动，而这些新陈代谢的水平以及每个器官系统所发挥的功能效果，就组成了人身体的生理功能状态。

（2）人的体格。体格指的是人的体形、所获取的营养情况、身体的姿势等方面生长发育的水平。人体的细胞在不断更新、器官不断发生变化，使得人体机能逐渐成熟、形态也逐渐完善，这也就是人的发育过程。体形正常、健美，身体姿势端正，能使人的外形更加完美，并在某种程度上反映着人体生理机能的完善程度。营养状态则和食物的摄入、消化、吸收和代谢有着密不可分的联系，其好坏可作为鉴定健康和疾病程度的标准之一。

人体的整个生长发育的过程是互相促进、彼此依存的关系，有着错综复杂的联系。

（3）人的适应能力。这一概念指的是人在成长的过程中需要去适应不同的内部环境和外部环境，而人体为了适应这些环境所调动机体产生的能力。对于人类而言，最为基础也最重要的适应能力是对不断变化的外部环境的适应力和对一些常见疾病的抵抗力。

（4）人的心理状态。如果一个人能有稳定良好的情绪、充沛的精力、开朗的性格和坚强的意志，那么他就拥有了一个良好的心理状态。自古以来，我国就有“怒伤肝、思伤脾、忧伤肺、恐伤肾”的说法，充分表明不良的情绪会对人的身体器官造成直接的伤害。因此，身和心两个方面是密不可分的，要使身体健康，良好的心理状态必不可少。良好的体质不仅仅表现在健康的体魄上，也表现在开朗积极的生活态度、愉快乐观的情绪和坚强的意志上。

（5）人的体能。人在进行体育活动时，身体内部的各个器官充分发挥其主要机能，展现出来的基本能力就是人的体能。它不仅包括基本身体素质，例如力量、速度、灵敏、耐力和柔韧等，也包含人体的基本活动能力，例如走、跑、跳、投掷、攀登、透支、悬垂等。

上述所讲解的五个方面组成了人的体质，这五者之间有着千丝万缕的联系，它们互相促进，缺一不可。1984 年中文版《体育词典》中指出：“身体素质是指人体活动的一种能力，指人体在运动、劳动与生活中所表现出来的力量、速度、耐力、灵敏及柔韧等机能能力。”这一定义也充分表明，一个人的身体素质，不仅仅指的是人体质的强弱和运动的机能能力，同时也包含了人体劳动、生活时的机能能力。

对于幼儿而言，其体质的强弱会受到诸多因素的影响，在对其体质进行衡量时也要考虑周全（见图 1-1）。同样地，增强幼儿体质也要从这些因素入手，才能使其体质得到更加全面的发展。在人们的物质水平都有了极大提高的现阶段，科学地开展和幼儿身体成长特征相符合的体育活动，能够切实有效地增强幼儿体质，对他们身心健康可以起到积极的促进作用。

- 体质
  - 体格
    - 体形
    - 发育水平
    - 营养状况
  - 生理功能状态
    - 新陈代谢水平
    - 各器官系统的效能
  - 人体适应能力
    - 适应环境变化的能力
    - 抵御疾病的能力
  - 心理功能状态
    - 本体感知能力
    - 良好的情绪、坚强的意志、开朗的个性等
  - 体能
    - 身体基本活动能力——走、跑、跳等活动能力
    - 身体素质——力量、耐力、协调、敏捷等素质

图 1-1　衡量幼儿体质强弱的因素

判断一个幼儿是否健康，既要查看其体格发育是否正常，有无出现形态（四肢、背、

视力）、体能（慢性病、遗传病）方面的异常，也要观察其日常是否活泼愉快、自信自主、富有好奇心、乐意和其他小朋友分享和合作。在衡量时一定要从体质的各个方面的表现来综合考察与评价。有些人往往会有“小孩子长得胖就是长得好”这样错误的观点，肥胖本身并不能说明健康水平，甚至很多时候，肥胖往往使幼儿运动机能降低、抵抗力变差；同样地，认为健康的意义就是身体结实、不生病，这种说法也忽略了幼儿心理方面的成长，因此也是非常片面的。

人的体质是好还是坏、是强还是弱，都不是单纯的一种因素造成的，它往往是先天与后天因素、外部与内部因素共同作用的结果。因此，只有以促进幼儿身体正常发育、增强体质、提高幼儿健康水平为目的的体育教育，才能为幼儿的身体发展提供一个良好的成长氛围。

二、幼儿体育教学的基本概念

幼儿体育教学主要是依据0～6岁儿童身体成长发育中的特点和客观规律而开展的一系列增强幼儿体质、培养其运动能力以及身心素质，使其健康水平得到一定提升的教育活动。

幼儿体育教学指的是教师制定一系列有目的、有计划的体育活动，促使幼儿积极参与到体育运动中，最终令幼儿得到身体、心理的双向提高的教学工作。

幼儿体育教学在幼儿的教学中占据着十分重要的地位，这是因为其生存的物质基础正是一个健康的身体。只有拥有健康的体魄，才能实现他们的健康成长，为接受全面发展的教育保驾护航。

教育部在2015年12月14日公布的《幼儿园工作规程》（以下简称《规程》）中明确表示“幼儿园的任务是：实行保育与教育相结合的原则，对幼儿实施体、智、德、美全面发展的教育，促进其身心和谐发展。”这也可以说明，在幼儿教学的整体工作中，在贯彻落实教育和保育结合的原则下，应当把体育教学放在首位，才能实现幼儿的全面发展。

第二节　幼儿体育教学的特点及意义

作为社会文化活动的一种，体育所包含的内容是非常丰富的。它结合了人体生长发育、技能和机能方面的客观规律，通过身体和智力活动等基本手段，促进人的全面发育，提高自身的运动能力和体质水平，从而改善人的生活方式并提高生活质量。它的种种活动都是有意识、有目的、有组织的，是与美育、智育、德育等相配合的整体教育的组成部分。幼儿体育教学则是遵循3～6岁幼儿身心发展规律，以幼儿的身体练习为基本方法，以促进其生长发育，提高其体质与健康水平，培养其合作精神和道德意志品质为目的的综合性教学工作。

一、幼儿体育教学的特点

（一）幼儿体育教学可促进其体能发展且有社会发展性

人在日常的生活和学习的过程中或者是参加体育运动的过程中能够使身体不易感知到疲惫的一种身体能力，就是人的体能。对于幼儿而言，其体能的增长一方面来自于身体自然的快速生长发育，一方面则是通过各种各样丰富多彩、科学有效的体育教学而获得的。

人是群居动物，是社会中的一分子，融入社会是非常有必要的，而在各种活动中展现出来的对集体和社会的发展有利的特性，即为社会发展性。幼儿在接受体育教学的过程中，通过各种体育活动，相互配合、协同运动、彼此尊重，分享运动乐趣，共同遵守游戏规则和组织纪律，对他们的社会交往能力起到良好的启蒙作用。幼儿园就好像一个小型社会，幼儿会接触到不同特色的人和不同的环境。群体类的体育活动有助于他们集体观念的形成，而各种角色类游戏能让幼儿认识到社会中不同的角色，并自觉地遵守游戏中的各种活动规则，逐渐提高控制自身行为的能力，为其适应未来社会生活和道德规范打下坚实的基础。此外，科学的体育活动也能在一定程度上激发出幼儿的竞争意识并促进其竞争意识不断发展。

（二）幼儿体育教学丰富多样且富有游戏性

由于幼儿体育教学工作在开展中充分结合了幼儿的身体和心理的发展水平和客观规律，因此设计出来的体育活动都有着非常鲜明的游戏性特征。

通常会在身体练习的基础上再加入幼儿感兴趣的游戏元素，使得教学不仅实现了其教育功能，还兼具了趣味性和健身实效性，在幼儿积极的参与中实现其身心的全面发展。

此外，开展幼儿体育教学时设计的活动都丰富多样，例如在幼儿园的晨操、户外体育活动等。不管哪一种形式的体育活动都有着明显的特点和一定的局限性，在开展时务必要作出合理的规划，保证体育活动科学地实施。实现幼儿体育教学目标的重要路径之一就是积极开展各种各样的体育活动。

（三）园内场地、器械有年龄层次性且保障安全

在开展幼儿体育教学时，不可避免地要用到相应的场地和器械，所以幼儿园内的场地设置要考虑周全，配备的器械要齐全，且不论是身体练习的方式方法、教师的保护帮助还是场地、器械的选用都应该在安全性和年龄层次性方面有所体现。例如，在发展跑跳能力的游戏中，应当选择干净、平坦且较宽敞的场地，尽量消除掉因奔跑带来的碰撞、扭伤等安全隐患；运动器械的提供要建立在幼儿感兴趣及了解熟悉的基础上，如为小班幼儿提供的锻炼器械不宜过多，而且应是他们熟悉或者是平时玩过的，可以在他们已经玩得比较熟练的基础上，慢慢增加难度；为中、大班提供的运动器械则要结合体育活动的方式和方法来进行选择和改进，提高体育教学的实际效果。

（四）幼儿体育教师在教学中占据重要地位

开展幼儿体育教学主要依靠的是体育教师，在各种各样的体育活动中，他们既是组织者，又是参与者，扮演着非常重要的角色。体育教师要在保证幼儿安全的前提下，和他们一起完成各种体育游戏的练习。

二、幼儿体育教学的意义

在关于幼儿教学的重要文件《规程》中已经专门指出，幼儿教育的主要任务是进行“德、智、体、美等方面全面发展的教育，促进幼儿身心健康和谐发展”。正是这一文件明确了体育教学在幼儿教学工作中的先导地位和关键性。积极开展幼儿体育教学有着非常重要的意义，主要体现在以下几点。

（一）有助于幼儿身体的健康发展

幼儿时期，儿童的生长发育速度极快，身体内的细胞和组织系统形态结构不断地产生分化，功能日趋完善；而体内各个器官、系统以及身体的质量也在不断地增加，体积得到了飞速增长，也就是我们常说的长身体。结合幼儿的这些生长特点，设计一些和他们的身心特征相符合、充满趣味性的体育活动，能够非常有效地促进其生长发育，锻炼并提升他们的基本活动能力，例如走、跑、投、跳等，使得他们的身体更加灵活敏捷，拥有健康的体魄和匀称的体形。

1. 参与体育活动有利于幼儿肌肉与骨骼的发育

幼儿在不断参与体育运动的过程中，对身体的骺软骨施加了一定的作用力，这些作用力使软骨逐渐骨化，进而使骨骼得到增长，促进了幼儿的身高增长。此外，运动也对骨的血液供给有一定的改善作用，能使骨小梁的排列比以往越发有规律、越发整齐，骨骼不再脆弱，而是越来越强壮、坚固，幼儿骨骼整体的抗扭转、抗变形和抗折等机能得到增强，骨骼也得到了更好的发育。相关数据证明，如果幼儿从小开始积极开展各种体育活动来锻炼身体，可使身高在正常生长情况下再增长 8 ~ 12cm，同时身体各部位的损伤率远比不经常参加锻炼的人群要低。另外，幼儿身体关节周围的肌肉所蕴含的力量也会随着运动而得到增强，其韧带和关节囊也有一定程度的增厚，使得关节更加稳定。与此同时，运动还能使得这些肌肉、韧带的柔韧性以及弹性得到提升，幼儿关节的伸展性以及灵活性也会更强。

肌肉在人体的运动过程中是非常重要的，借助它的牵拉，骨骼才能使人体做出运动行为。肌肉主要是由神经、血管以及肌纤维构成的，因此有一定的弹性、黏滞性和伸展性。而幼儿参与到各种各样的体育活动中，不仅能够增加肌纤维的厚度，还能令肌肉的供能物质以及血液供给量得到增加，使肌肉的绝对力量不断增加，也具有更强的耐久力。

2. 参与体育活动有利于幼儿心肺功能的完善

幼儿的心脏处于不断的生长过程中，并未得到完全的发育。如果能多参与到体育活动中，对其心血管的机能、结构以及形态都会起到良好的促进作用。这是由于在进行各种体育活动时，幼儿身体会需要更多的氧气，加剧了心肌细胞的收缩力，时间一久，心肌就会变得强壮有力。另外，运动时肌肉在不断运动和挤压，使得回心的血流量增加，心脏的容积也增大。这些变化都会使幼儿心脏每跳动一次所输出的血液量得到增加，使得心脏的工作能力得到提升，幼儿在进行日常学习、参与游戏的过程中能有旺盛的精力，不易感到疲劳。

体育运动对于幼儿肺部功能的完善主要体现在对其肺活量的提升上。人体内部肺的最小单位是肺泡，借由这些肺泡来完成体内和外界的气体交换。而幼儿参与体育运动时，身体需要更多的氧气，呼吸频率也会增加，每一次呼吸时进出肺泡的气体量也得到了一定的增加，通气肺泡的数量也相应变多，肺活量自然也得到了提升。

3. 参与体育活动有利于幼儿身体适应力的提升

人为了生存，会自动地去适应外界不断变化的环境，这些变化或者来自于自然环境，或者来源于社会环境，人会依据这些变化对自身作出调节，来保证身体内部不至失衡，这种能力就是身体的适应力。通常情况下，人是可以通过基础调节来适应环境的一般变化的，但是如果环境变化过大，人体不能调节并被迫承受这种变化时，就非常容易受到疾病的侵袭。由于幼儿的体育教学大多在室外进行，因此幼儿在参与的过程中能够和自然环境充分接触，例如水、阳光、空气、草木等，且在变化的外界环境中对身体进行锻炼，能够逐渐适应自然环境带来的变化，提高自身的适应力。

（二）有助于幼儿心理的健康发展

在开展体育教学工作时，设计出科学有效的体育活动，能够对幼儿的心理发展起到良好的促进作用，进而使其智力得到更进一步的发展。

体育活动不仅和幼儿的身体素质挂钩，也和其心理状态有着密切的联系。这是由于幼儿在参与体育活动时，其情感、情绪以及认知都会随着活动而发生变化。例如在体操练习的过程中，幼儿要对这些动作进行仔细的观察、模仿，记下各个操节的动作顺序，练习和掌握每一个动作，并能在音乐的伴奏下，做出正确的动作，促进了幼儿的运动知觉、空间感知，以及观察、想象、注意和记忆等认知方面能力的发展。同时，幼儿的体操通常有节奏欢快、旋律优美的音乐作伴奏，可以使幼儿产生愉悦的情绪以及良好的运动体验，使他们蕴含的表现力和美感得到激发，对幼儿形成积极自信的心理品质、较高的审美能力有着积极的影响。

（三）有助于幼儿养成良好的个性和坚强的意志

一个人结合自身需要制定相应的目标，并为了实现这一目标开展各种行动，遇到困难不退缩并最终实现这一目标的心理过程，就是我们常说的“意志”。一旦有了良好的意志品质，在未来的生活、工作中都能努力实现各个阶段的目标，对身心发展和取得一定的成功有着至关重要的作用。

实际上，人在幼儿阶段就已经有了意志品质的萌芽，例如对于自身喜好的物品或者运动，幼儿往往呈现出前所未有的积极性和坚持性。所以说，开展体育教学，引导幼儿参与各种体育活动，对培养幼儿的意志品质具有重要的意义。体育活动主要是通过身体练习的手段来发展幼儿的身体素质、身体动作的。在活动过程中，幼儿的身体必须接受一定的运动量与运动强度，承受因运动负荷的变化所引起的肌肉、骨骼、呼吸以及心跳等不适感，从而培养幼儿勇敢、坚强、不怕累和苦的意志品质。此外，幼儿的体育活动也会有一定的竞争性和集体性，同时要遵循一定的规则，这些特征决定了多多参加体育活动，不仅能够培养幼儿诚实、公平竞争和互相合作的良好品质，还能培养他们的集体荣誉感、与其他人互相交流寻求合作的社交能力。

（四）有助于幼儿审美能力的提升

在开展体育教学的工作中，教师要起到示范作用，不管是自身的仪容姿态，还是教学时的各种动作，都要讲究一定的艺术美感。此外，要合理地运用场地，把幼儿的玩具、器械也摆放得有美感，并结合自然环境对幼儿进行美育教育。这一阶段的幼儿正是处于长知识时期，模仿性和求知欲强，具有好问、好奇、好动的特点。教师的一举一动可能都会被幼儿模仿，而与其他的活动相比，体育活动所能带来的榜样作用更加明显。

大自然中有着无穷无尽的风景和新鲜有趣的事物，是对幼儿进行审美的绝佳课堂。体育教师可以制订详细的计划，组织儿童去郊外踏青、参加远足等活动，把体育教学和自然美结合起来，走出托儿所、幼儿园和家庭，开阔眼界，在锻炼身体的同时陶冶情操，使得幼儿的审美能力得到一定的提升。

第三节 幼儿体育教学的目标和内容

一、幼儿体育教学的目标

依据我国的《幼儿园教育指导纲要（试行)》(下文中简称《纲要（试行)》）和《规程》两份文件中提到的健康领域目标的精神可以得出，开展幼儿体育教学工作的根本目标是让幼儿对体育活动感兴趣，乐于参加各种体育活动，养成健康活泼的性格，且动作灵活、协调，文明乐群，好奇探究，勇敢自信，并且随着体育教学的推进，拥有自我保护的意识和一定的能力。

（一）乐于参加体育运动

针对幼儿的体育教学一定要结合其生长发育的规律和年龄的特点，才能设计出内容更加丰富、有趣的体育活动，最大化地激发幼儿的兴趣，使他们愿意主动地参与到体育活动中。唯有如此，才能实现幼儿体育教学的根本目标，并为他们形成终身的体育理念打下良好的基础。

（二）保证身体正常发育

开展体育教学比较重要的作用就是强身健体，在保证幼儿正常发育的前提下，协助他们养成正确的身体姿势，通过不同目的的体育活动来提高其动作的灵活性、协调性、行动的安全性和平衡能力。体育活动经常会锻炼到幼儿走、跳、跑、投掷、爬、钻的基本动作能力，对幼儿独立生活和活动能力的发展有着一定的促进作用。

（三）保证幼儿心理健康

幼儿的心理多数是在不断进行的体育活动中逐渐发展起来的，因为在体育活动中，幼儿只有注意力高度集中，思维敏捷、灵活，对活动有着准确的记忆，才能及时根据活动的变化改变自己的行动，这就意味着儿童要积极思考，自信勇敢，主动创新，而这些行为和品质恰恰能促进幼儿心理健康的发展。

（四）提升幼儿的社会适应力

幼儿园要多组织体育活动，并且对体育教学的内容及时进行改进和创新，设计出更多形式新颖的体育活动，使得幼儿在集体生活中不仅心情愉快，而且学会与他人交往和合作。要尽可能地在室外开展体育活动，借此来对幼儿的社会适应能力有所提升，不管是在社会环境还是自然环境方面，都能比较迅速地适应。

二、幼儿体育教学的主要内容

在开展幼儿体育教学的过程中，使用频率最高的方式就是动作的练习。结合幼儿的生长发育情况，通常把体育教学的重点放在以下四个方面：（1）幼儿基本动作的练习；（2）幼儿基本体操的练习；（3）幼儿体育游戏活动；（4）幼儿运动器械的练习。另外，在我国的部分地区，也会把一些富有表现力和创造力的舞蹈、律动等适合幼儿的身体活动贯穿到幼儿体育教学的内容中。

（一）基本动作的练习

人在参与或实施社会实践的过程中所具有的基础技能以及维持日常生活必备的身体运

动技能，即为人身体最基础的活动能力，简单地说就是基本动作。例如跑步、走路、攀登、爬等动作，因为是在运动的过程中必然存在的，所以也可称为基本运动动作。

幼儿的基本动作要想得到进一步发展，要考虑两方面的因素：一方面，家庭的遗传因素决定了幼儿身体的先天基础素质和后天发育的先后顺序和水平高度，是基本动作发展的基础和前提；另一方面，环境教育因素对于幼儿的基本动作发展有着很大的促进作用，而学校的体育教学工作显然属于环境教育因素的一种，因此要引起高度重视，使其基本工作能得到自然、健康、正常的发展。

（二）基本体操的练习

为了使幼儿的身体得到充分的锻炼，使其身体得到全面的、协调的发展，同时容易引起幼儿的兴趣，因此设计出了基本体操这种便于大范围普及且形式简单的动作练习。以幼儿的年龄为划分依据，基本体操可以分为婴儿体操和幼儿基本体操。

（三）身体素质的练习

在体育教学工作的开展过程中，有时候要有目的地组织体育活动，以便实现幼儿一种或者多种身体素质的提升。这种特意设计的身体练习活动包含的范围也比较广泛，如速度练习、柔韧练习、灵敏性练习等，且这些练习不必独立进行，可以和不同方式的练习活动互相结合，达到整体提升身体素质的目的。

（四）各种器械的练习

除了基本的动作练习和日常的体操、身体素质练习外，体育活动也经常需要借助各式各样的器械来实现身体的锻炼。对于幼儿来说，可以设计出如攀登架这样的大型体育器械，也可以组织类似车这样的中型器械，或者是球类玩具这样的小型器械，来展开内容丰富的游戏活动。此外，也可以利用各种替代性的或自制的器械进行身体练习活动，甚至可以利用假山、游泳池、树林、沙池等一切自然环境中可以利用的物质条件来对幼儿进行体育教学，促进其身体锻炼的效果。

（五）富有创造力的身体活动

幼儿可以通过身体来展现出自我的真实想法，这种身体活动往往因带有展现者本人的主观想法，或者是其内心情感的真实表露而富有创造性。另外，它也可以是对某件事物的看法或者对事物本身进行描述或者模拟，对一段动听的音乐、一个趣味的故事进行阐释，对身体运动的可能性进行探索等。像舞蹈、律动和一些比较有趣味和节奏的韵律体操，也可以归纳为这一类创造性的身体活动。

（六）各类体育游戏

在幼儿园体育教学的内容中，占据比例最多的当属幼儿体育游戏了。它的主要内容是基本动作的练习，通过各种各样的游戏活动，来增强幼儿的体质。游戏本身是一种比较特别的体育活动，设计了相应的情节、动作，同时又兼具了竞争性，形式新颖活泼，内容十分丰富，是幼儿们非常喜爱的一种体育活动。

第二章　幼儿体育教学的组织实施与工作评价

第一节　幼儿体育教学的组织与实施

任何事物都有着一定的客观规律，体育教学也不例外。通过前人不断的实践经验总结和凝练出来的体育教学原则，不仅仅是体育教学的精华所在，也是在开展教学的过程中务必要遵守的要求和准则。正确地理解和贯彻体育教学原则，能促使教师进一步掌握和运用体育教学的客观规律，对加快教学进程、实现教学目标和提高教学实际效果，有着非常重要的意义。

幼儿的体育教学因为实施对象的特殊性，更要认真对待。在开展教学工作时，要考虑到不同班级的幼儿年龄和将要进行的体育活动的特点，在遵守教学原则的前提下，结合实际情况，合理、科学地安排活动，使幼儿在体育活动中得到充分的发展。对幼儿体育教学的组织原则，众多专家和教师有着不同的看法，而普遍被认可的几个原则如下文所述。

一、幼儿体育教学的组织原则

（一）幼儿体育教学应遵循适量性原则

幼儿的身体发展和心理发展尚未成熟，因此在开展体育教学时一定要把握好分寸，控制好体育活动的频率和每次持续的时间，同时掌控好活动的强度和密度，以免因为超出幼儿承受力的负荷影响到其柔软的骨骼，造成脊柱的弯曲和骨盆的变形。在体育活动中一旦用力较猛，就非常容易引起关节脱臼或组织损伤。此外，由于幼儿的心肺发育不完全，心肺功能较差，因此在体育教学中一定要避免持续性较强的活动。在安排体育运动时，务必要遵循适量性原则，科学安排体育运动的负荷和密度，不能使幼儿出现过度兴奋或者过度疲劳的状况，进而影响到他们的身心健康。因此，在具体的实施安排中，要做到以下几点要求。

1. 运动的整体节奏安排要合理

在进行体育活动的过程中，一般要把比较难的动作、打算新学习的工作放在前半部分，这是由于这个阶段幼儿头脑较为清醒，能接受较多的知识，而在活动的后半部分，就要安排一些负荷比较小的内容，对之前的活动进行总结回顾，加深幼儿的印象。同时要考虑幼儿的情绪，在前半部分的设计中不应有过大的情绪负荷，以免因为情绪过度兴奋而影响新动作的学习掌握，在后半部分可安排适当的内容以让幼儿的情绪负荷达到高潮。此外，考虑到幼儿的心理特点，要把一些新动作和难度较大的动作放在前面，把比较简单的知识或者旧知识放在后面。

2. 运动量和运动时间的设置要科学

在进行每一次的体育教学工作之前，教师都应当对要进行的体育活动作出周密的计划，包括用时长短、练习的具体次数、练习之间的休息间隔等问题，在安排和设置时都要科学、合理。此外，教学时要精讲多练、把讲解和示范互相结合起来，不要有太多的过渡环节，以免使得幼儿等待时间过长而丧失对体育运动的兴趣。

3. 教学方法的使用要灵活

不管是开展什么课程的教学工作，都不应该生搬硬套，体育教学也是如此。教案上所描述的体育活动一定和实际的情况相结合，对不适用的地方作出合理的改进，选用幼儿感兴趣的内容和教学方法，才能引导他们积极主动地参与到体育活动中。

4. 开展体育活动要做好准备工作

体育活动在开始之前，教师要提前准备好活动所需要的课程内容和相关器械，并布置好场地。在安排运动之前要考虑季节和温度等多种因素的影响，例如夏季天气炎热，温度较高，可以适当地降低幼儿的运动频率和强度；在冬季天气寒冷，幼儿的练习频率可适当增加，但是运动的强度不宜过高。

（二）幼儿体育教学要遵循日常性原则

体育活动要尽可能地贯穿在幼儿日常生活的每一个环节当中。一般来说，幼儿的体育活动每天不应该少于1h，在冬天也不能因为天气原因拒绝锻炼。在进行体育教学的过程中，要科学地安排幼儿进行基本工作、身体素质以及体育游戏等多方面的练习，且最好每日进行，重复练习。

（三）幼儿体育教学要遵循动静交替性原则

这一原则具体指的是在开展各种幼儿体育运动时，不仅要注重活动的重要性，同时也要注意活动的节奏性，要快慢结合，动静交替；要适当地对性质和类型不同的运动进行科学搭配，使其满足动静交替性原则。之所以这样做，是因为人的大脑皮层活动是镶嵌式的，不同的活动会对应不同的大脑皮层兴奋区，而活动的改变也使得这些兴奋区发生了变化，这样一来各个区域的大脑皮层轮流休息，尽量避免大脑皮层的过度疲劳，有利于较长时间保持工作能力。对于幼儿而言，其神经系统正在不断地生长发育中，兴奋非常容易扩散，无法保持较长时间的注意力，因此更应该遵循动静交替的原则。

（四）幼儿体育教学要遵循全面发展性原则

在开展幼儿体育教学的工作中，一定不能出现着重强调幼儿某一方面的素质或者活动能力的情况，而应当使其身体的每个部位、每个器官的生理机能、每一项身体素质以及活动能力都得到充分的锻炼和发展。在幼儿身体锻炼的活动中，应尽量使幼儿身体的各器官系统、各个部位的机能和基本活动技能得到全面的发展，同时也要注意培养幼儿的个性、意志品质和社会性的全面发展，为其今后更好地适应社会环境打下良好的基础。另外，坚持全面发展性原则，要求在每一次的体育活动中应该尽量达到使幼儿的身体各器官、各部位的功能及基本活动的能力得到全面的锻炼和协调发展的目的。例如，活动重点是下肢的活动（跳）时，就应该再添加一个上肢的活动（投掷）或者安排一个让下肢休息的环节（爬），来减轻下肢的负担，达到身体全面协调的发展。在开展体育活动时，应当把上、下肢部位的活动、左侧和右侧的肢体活动互相结合起来。

如何才能使幼儿体育教学遵循全面发展性原则呢？一般来说可以从三方面考虑：首先，在每个年度或者学期开始制订体育计划时，要把不同的教材科学合理地搭配起来，设计出来的体育活动能全面锻炼到幼儿的不同部位、不同身体素质和活动能力；其次，临时选择的课程和体育活动，也应当考虑到全面性；最后，尽量尝试设计出更加新颖的体育游戏和活动，最大化地激发幼儿的兴趣。

（五）幼儿体育教学要遵循从实际出发的原则

在开展体育教学工作时，不能脱离实际，既要考虑到幼儿的身体发展状况和年龄特点，也要结合幼儿园和所在区域的实际情况，设计出不管是内容、任务还是组织形式和方法都真正符合需求的体育运动。唯有如此，才能使幼儿真正受益，以便于教学工作的顺利展开。在日常的教学工作中，体育教师要对幼儿多加观察，深入了解，真正熟悉每个幼儿的具体情况；根据掌握到的情况有的放矢地进行教学指导，但是也要做到一般要求和特殊对待互相结合，不能有失偏颇；无论开展何种体育活动，都要牢记幼儿的年龄特点，掌握好活动的分寸。

（六）幼儿体育教学要遵循差异性原则

人与人之间是存在差异的，幼儿体育教师要正视这种差异性，并在实施教学的过程中结合这种差异来进行指导。例如幼儿的发育水平不同，在进行体育活动时的能力水平也不同，这时就要提供不一样的活动条件。诸如采取高低不同的悬挂物、高低不同的平衡凳、距离不同的运动路线、宽窄不一的小河等方法，让孩子们自由选择适合自己的运动路线，从而调动起所有幼儿参与活动的积极性，保证每个幼儿在参与体育活动时，都能找到适合自己的锻炼方式，在兴趣的促使下使得水平得到进一步的发展和提升。

（七）幼儿体育教学要遵循兴趣性原则

幼儿体育教学时针对幼儿展开的教学，因此不管是在知识的传输、游戏的设计上，还是讲述的内容和形式、方法上都要符合幼儿的年龄特征，既是他们能接受的，又是他们喜欢的，这样才能引起他们的兴趣，最大化地激发他们的积极性，把被动接受转化为主动学习，才能学得更快，记得更牢固。

二、幼儿体育教学的主要组织形式

要想实现幼儿体育教学的根本目标，就要开展各种各样的幼儿体育活动，这也是最主要的途径之一。幼儿体育活动的组织形式多种多样，最基本的组织形式有幼儿早操活动、幼儿体育教学活动和幼儿户外体育活动等。另外，幼儿运动会等组织形式在幼儿体育活动中也越来越受到重视。不同组织形式的活动具有不同的活动内容和任务，并形成了各自的特点。在开展体育教学时，要结合这些活动的特色来具体实施，做到合理搭配、共同作用，为幼儿身体和心理的健康发展作出应用的贡献。

（一）幼儿早操活动

幼儿园通常会在早晨组织幼儿进行身体锻炼，使得幼儿的精神和身体通过适当的运动而处于良好的状态，以愉快的心情开始一整天的幼儿园生活。现阶段下，幼儿的早操活动一般包含以下几种：

（1）做体操，通常包含徒手操、模仿操以及轻机械操等。

（2）通过走步、跑步、排队等不同方式来进行队列队形的练习。

（3）简单易懂、富有韵律的舞蹈和有趣的小游戏等。

总的来说，幼儿早操活动安排的运动量都不会很大，且一般会选取幼儿比较喜欢的内容，以此来调动他们的兴趣，开启一天的好心情。通常情况下，幼儿园的早操活动都会放在7：30～8：00进行，时间基本上在15min左右。有的幼儿园也会结合学校的实际情况把这个时间放在9：00～10：00，都是可以的。另外要注意的是，早操活动的强度和时间要根据气候和季节的变化做适当调整。一般在夏季，活动时间可以适当延长，冬季早操活动的时间就要短一些，但可以增加运动强度。集体活动是早操活动的主要形式，幼儿园可以根据场地和班级需求，安排各个年龄段的幼儿同时或者单独进行早操活动，在内容的设置上也可以灵活选择，但要稍微调整一下难易程度。

（二）体育教学活动

在为了实现体育活动目标而开展的各种组织形式中，体育教学活动是最为重要的一种。它的开展是有计划、有目的以及有组织的，能够非常有效地增强幼儿体质。幼儿体育活动课包括了一定的教学活动，教师要遵循运动技能形成的规律以及体育教学规律，并结合幼儿身心发展的特点，有效、科学地指导幼儿完成各项体育活动，从而系统、全面地发展幼儿跳、跑、攀爬、投掷等基本的活动能力，提高幼儿耐力、速度、灵敏、柔韧等身体素质，对培养他们的平衡和协调能力有着重要的促进作用，使得幼儿的锻炼和活动更加科学有效。通常情况下，幼儿的体育课程一周开展1～2次，且根据年龄的不同，活动的时间也不一样，小班一般为15～20min，中班为20～25min，大班则维持在30min左右。采取的形式一般都是集体活动。

（三）户外体育活动

幼儿园在户外组织并开展的体育活动，即为户外体育活动。户外体育活动的目的是让幼儿能够在户外按照自身的能力、兴趣爱好、水平，有选择地进行体育活动，这样可以有效地调动幼儿参加活动的积极性和主动性，激发幼儿对体育活动的兴趣。户外体育活动通常包含以下几种：

（1）借助各种小、中、大型幼儿运动器械进行的活动。

（2）借助游戏形式进行的各种基本动作的练习。

（3）通过空气、沙石、阳光和水等自然因素进行的各种活动。

（4）户外区域体育活动。这种活动一般是在特定的体育活动区域内展开的，幼儿可以自行选择是否加入。它是教师根据幼儿健康领域的内容、要求与目标，遵循幼儿的心理、生理特点及运动能力和基本动作发展特点，打破幼儿园内的班级界限，根据幼儿园环境，因地制宜地把各种不同的场地创设为多个不同的体育游戏区域，并有针对性地在每个区域中放置各种玩具、教具和游戏器械，让幼儿自主参与到体育活动中，并且用自己喜欢的方式方法发展基本动作，提高动作灵活性和协调性的一种体育活动形式。由区域活动的形式决定，它一般有着较强的自主性和开放性，且内容丰富灵活，层次分明。

通常情况下，户外体育活动一天安排两次，分别在上午和下午，每次持续30min左右，以分散的自由活动为主，集体活动为辅。另外，有关户外区域体育活动，幼儿园可结合自身的班级数量、幼儿人数、场地条件等，采用班级轮换、混龄、同龄等不同模式，逐步实施创新体育活动。

（四）其他体育活动

除了上述介绍的三种常见的体育活动外，幼儿园也可以开展幼儿远足活动或短途旅游、室内幼儿体育活动、幼儿运动会等其他形式新颖的体育活动，丰富体育活动的内容，给幼儿提供更多的选择。

三、幼儿体育教学的实施

（一）掌握幼儿身心素质的特点

幼儿体育教学针对的是学前儿童，在开展教学工作时要依据他们的体质、年龄、体能、兴趣等身心素质特点以及客观的发展规律来进行设计，使课程的内容、方法以及形式更加有针对性和目的性。只有彻底掌握幼儿的身心发展特征，才能得到真正有利于幼儿身心发展的教学效果。

（二）确定体育活动的目标和内容

在掌握了幼儿的基本情况后，就要根据不同年龄的幼儿来确定相应的学年、学期及每一次体育活动所要达到的目标，并采取合适的内容、形式和方法，保证每个阶段的目标都能顺利实现。

（三）制定单元教学目标

结合幼儿的体能、体质和动作发展水平，分配各单元每次学习动作技能的次数，确定每次课上重复安排的次数和所选择教学动作技术的难度，并对可能发生的学习情况加以罗列，给出不同问题的解决方法。

（四）设计体育活动的内容

体育活动内容不能是千篇一律的，而应该有不同的侧重点。具体的实施中可依据幼儿的兴趣爱好及内容、环境、场地器材条件等来进行设计，寻找合适的活动方式。在每次设计体育活动时需要注意以下几点事项。

1. 科学控制生理、心理的负荷量

幼儿每次体育课的运动量可以借助练习密度的提升来保证，通常情况下，一次体育活动安排1~2个游戏，内容可以新、旧游戏结合。旧游戏和新游戏的安排要依据幼儿的生理负荷量来确定，一般按照先小后大的顺序。对于钻、投掷、爬等强度较小的活动，教师要适当增加幼儿练习的次数，例如，增加器械、多分组、变单程往返为迎面或鱼贯练习，尽量减少幼儿等待的时间，尽可能提高每个幼儿的运动量；或配以跳跃、奔跑等强度较大的运动使其运动量达到一定的负荷。一般来说，幼儿在这类活动中的平均心率在140~150次/min，最高的能达到160~180次/min。但需要注意的是，跳跃、剧烈奔跑的活动时间不能太长，心率超过170次/min的大强度跳、跑活动持续时间最好为1min，两次活动的间歇时间要大于2min，一次体育活动课的练习次数维持在3~4次即可。

2. 遵循季节变化规律

在开展体育活动课时，设计的运动负荷量要随着季节的变化作出相应的调整。例如，冬季比较寒冷，可以将运动负荷量适当增大，而在炎热的夏季要适量减少运动量。如果在夏天幼儿的活动量较大，其运动密度就要相应减少；而在冬天，幼儿的运动密度应该适当增加。

第二节 幼儿体育教学工作评价

对幼儿园体育教学工作作出评价的根本目的在于对过去进行反思，吸取工作教训并做好处理解决的方案，在未来的工作中杜绝类似问题的发生，使得幼儿体育教学活动得到进一步的改善和改观。在进行幼儿园体育教育工作评价时，首先应通过观察、测验和评价，获得关于教育实际的客观认识。在此基础上，从教育的观点来衡量其价值时，就成了评价。因此，评价是与整个教育有关的一个重要方面，其中对学习效果的评价，是整个评价工作的中心。由于体育教学工作在教育中占据着非常重要的地位，因此在对体育教学工作进行评价时要和教育的其他评价互相联系在一起。

一、评价的目的和过程

（一）目的

对体育教学工作进行评价是为了更好地完成体育教学任务，促进幼儿的发展，提高教育质量和教师的素质，使其完成“自我指导”。

（二）过程

在体育教学工作之前的反思，主要是依据之前总结的经验，思考目的任务和过程方法之间的关系；在体育教学工作中的反思，主要是思考方法达成目标的效益或正在面对的困境或问题；而在体育教学工作之后进行的反思，主要是对当下的工作进行总结，找出在将来可以“引以为戒”的经验和教训。

二、评价的内容和方法

对幼儿园体育教学实施评价有很多种内容和方法，但最适合教师开展工作的主要有以下四个方面。

（一）对幼儿体格进行测量和评价

（1）对幼儿的身高、体重、坐高、胸围、头围等进行测量。

（2）把这些数据进行整理，和现有数据（全国、省、市、园）进行比较，计算均值差、T检验，并且绘制出差异水平分布图、增长值曲线图和平均增长值表。通过这些数据计算出幼儿的身体发育指数，并进行对比。

（二）对基础运动能力进行测量和评价

通过对幼儿走、跑、跳、投、平衡等动作水平的测量，掌握其基本的运动能力，了解他们在体力方面的发育情况。借助对幼儿运动能力的评价，找出幼儿在哪些运动能力上存在着不足并及时教导，使幼儿运动能力得到更全面的锻炼。

（三）对性格态度进行测查和评价

对于教师而言，性格、态度的测查和评价这一工作其实有着比较大的难度。这是与此相关的研究内容太少，在实践中也常常得不到足够的重视。事实上，这一部分的工作是非常关键的，但由于现阶段还未能找到更好的测查方法，很多幼儿园教师、理论工作者只能利用一般观察和主观判断来评定幼儿性格态度的发展水平，这一做法虽然是无奈之举，但也是必不可少的。

目前也有人提出可以用连续单脚跳这样的任务来考查幼儿的意志力，但这种方法引起了不少人的反对。他们认为，尽管在连续跳跃的过程中能够展现出幼儿的个性意志品质和对待艰巨任务的态度，并看出个体之间的差异，而这种差异肯定会影响到连续跳跃坚持的时间长短。幼儿的生理极限并不可能得到确切的把握，而我们也不可能将幼儿坚持的时间与幼儿的承受水平分离开来。幼儿年龄小，自制能力差，要求或鼓励幼儿尽可能地坚持，则非常容易对其生理造成一定的伤害。

（四）教师自身教育教学工作的评价

现阶段的教育评价把将教师的发展也纳入了工作关注的范围中，尤其是教师自我评价、自我指导能力的发展，俨然成为教师发展与培训的重点，所以，这一问题也值得投入大量的精力去进行深入的研究。

第三章　幼儿体育运动的身心发展

第一节　幼儿生理结构

幼儿体育教学是幼儿全面和谐发展教育中非常重要的组成部分。科学的、适合幼儿的体育活动，可以切实有效地增强幼儿体质，促进其身体健康发展。身体运动对幼儿的发展有着两方面的促进作用：一方面能够促进幼儿身体机能和运动机能的协调发展；另一方面以身体运动为方式，促进幼儿心理的健康发展。身体运动不仅对促进幼儿的生长发育、增强幼儿的体质具有重要作用，同时也会对幼儿身体的许多器官、系统产生关键的影响。在这当中，又以运动系统、血液循环系统、呼吸系统和神经系统影响较为显著。

一、运动系统结构

运动系统主要由三部分组成，分别是骨、骨连结以及骨骼肌。骨通过不同的形式连结在一起，构成了骨骼，而骨骼可以保护人体的内脏器官、支持人体的造血等功能。通常我们把可以活动的骨连结称为关节。人体做出的很多动作，都是以关节为支点，通过肌腱牵拉骨骼而造成的肌肉收缩。在这里我们对运动系统的结构和对应的功能作大致的阐述。

（一）骨

人体一共有206块骨头，互相连接成骨骼。依据部位可分为头骨、躯干骨和四肢骨(见图3-1)。脑颅骨和面颅骨、听小骨构成头骨，形成了面部支架并起到保护脑部的作用。躯干骨则以脊柱为中心，容纳脊髓，形成胸廓，保护内脏器官并支撑着整个身体。从正面看，人体躯干是挺直的，从侧面看，脊柱则有颈曲、胸曲、腰曲和骶曲四道生理性弯曲。人在刚出生时，脊柱是没有弯曲的，仅仅呈轻微后凸，学会抬头时则出现颈椎前凸；学会坐时出现胸椎后凸；1岁后能行走时则出现腰椎前凸。这些弯曲可以在人进行运动时起到维持身体平衡的作用，减轻对脑的冲击，保护脑组织。四肢骨由上肢骨和下肢骨组成，通过肌肉牵拉和骨连结产生运动，从而完成不同的姿势和动作。

骨主要由骨膜、骨质和骨髓三部分构成其基本结构。骨膜是一层有着丰富的神经和血管的薄膜，附在骨的内表面和外表面；其内部还有大量破骨细胞和成骨细胞，可使骨长长和长粗。骨质就是骨膜之间坚韧的结构，有骨密质和骨松质两种。骨松质由片状或针状的骨小梁交织而成，骨小梁的排列能够随着人们的运动锻炼而呈现出一定的适应性。骨髓填充于骨松质和骨髓腔的网眼内，分为黄骨髓和红骨髓两种。胎儿和婴幼儿的全身骨髓都是红骨髓，可制造血细胞。一般从5岁开始，在长骨骨髓腔中的红骨髓内陆续出现脂肪细胞，部分红骨髓转化为黄骨髓，失去造血功能。成年人的红骨髓主要分布在不规则骨、扁骨和长骨两端的骨松质中，终生都具有造血功能。一旦人体大量失血，黄骨髓就会转变成

- 正常人体206块骨头分布
  - 中轴骨
    - 头骨
      - 面颅骨
      - 脑颅骨
      - 听小骨
    - 躯干骨
      - 椎骨
      - 肋骨
      - 胸骨
  - 附肢骨
    - 上肢
      - 肩胛骨
      - 锁　骨
      - 上臂骨：肱骨
      - 前臂骨：尺骨、桡骨
      - 手　骨：腕骨、掌骨、指骨
    - 下肢
      - 髋　骨：髂骨、耻骨、坐骨
      - 大腿骨：股骨
      - 小腿骨：胫骨、腓骨
      - 足　骨：跗骨、跖骨、趾骨

图3-1　正常人体骨骼图

红骨髓，恢复其造血功能。

骨的成分主要包括有机物和无机盐。无机盐指的是磷、钙化合物，这些物质可以使骨变得更加坚硬；有机物主要是指骨胶原等蛋白质，能够让骨变得更加有弹性，增加其韧性。

婴幼儿的髋骨是由耻骨、髂骨以及坐骨构成，这三块骨头借由软骨互相连接，在16岁左右这些软骨才逐渐骨化，形成一块髋骨。

婴儿出生时的颅骨缝呈分离状态，在3～4个月时闭合。新生儿颅骨的骨化尚未完成，有些骨的边缘没有互相连结，形成头顶前后两块没有骨质的囟门，即前囟和后囟。婴儿出生时前囟长度一般为1.5～2cm（对边中点连线长度），通常会在12～18个月龄时闭合。而婴儿出生时的后囟很小或已经是闭合状态，通常最晚在2～4个月时闭合。正常婴儿坐位时，囟门略微凹陷。囟门的表面是头皮，其下面是脑膜，脑膜覆盖着大脑并充盈大量脑脊液。脑脊液的压力随着心脏搏动、血压波动而变化，将手指轻放在囟门上，可以摸到与脉搏一致的跳动。颅骨随脑的发育而长大，如果发育不良会呈现各种病状，如脑发育不良时头围小、前囟小或关闭早；颅内压增高时前囟饱满，脱水时前囟凹陷；甲状腺功能降低时前囟关闭则会延迟。

（二）肌肉

肌肉一般有平滑肌、骨骼肌和心肌三种。平滑肌也可以称为不随意肌，它分布在内脏器官中，不受人的意识支配。骨骼肌又可称为随意肌，能够接收神经系统发出的舒张、收缩的指令，在人的意识支配下产生各种运动；其内部有大量血管，在肌肉收缩时能挤压血管、促进血液循环，因此又被称为人体的“第二心脏”。心肌仅存在于人的心脏之内，能够自动、有节律地收缩、舒张，产生有节奏的搏动，也是不随意肌的一种。新生儿的肌肉质量仅占体重的1/5，随着年龄的增长，肌肉占体重的比例会逐渐上升，在5岁时能达到1/3左右。男性幼儿的肌肉含量以及肌肉力量都高于女性幼儿。肌肉主要是由水和蛋白质等物质组成的，婴幼儿年龄越小，肌肉中的水分越多，而男性幼儿肌肉的水分又高于女性幼儿。

依据骨骼肌的颜色不同，可将其分为红肌纤维（Ⅰ型）和白肌纤维（Ⅱ型）两类。白肌纤维周围的毛细血管少，主要依赖于无氧酵解产生的ATP供能，因此反应速变快，收缩力量大，故可称其为快缩肌纤维。红肌纤维由于周围有着丰富的毛细血管而呈现红色，主要依赖于有氧代谢产生的ATP供能，所以氧化能力较强，约是白肌纤维的4倍。骨骼肌纤维的类型与功能见表3-1。

表3-1 骨骼肌纤维的分类和具体功能

类　型	红肌纤维	白肌纤维
特点	毛细血管丰富，呈现红色	毛细血管较少，呈现浅红色
氧化酶含量	较多	较少
收缩反应速度	慢，持续时间长	快，持续时间短
收缩力量	小，不易疲劳	大，易疲劳
供能类型	有氧代谢为主	无氧酵解为主

一般来说，肌肉组织的发育会遵循一定的规律。在人长身高的阶段，肌肉主要是长度有所增加；而长体重阶段，肌肉则主要是增粗肌纤维。身体内部的各肌肉群的生长发育并不平衡，通常大肌肉先发育，小肌肉则发育较晚。

对于幼儿来说，其肌肉比成人柔软，肌纤维较细，间质组织相对较多；肌肉所含水分也相对较多，蛋白质、脂肪、糖及无机盐相对较少，导致能量储备较差。因此幼儿肌肉的收缩力差，容易疲劳，但同时新陈代谢旺盛，较易恢复。幼儿年龄越小，这些特征就越明显。由于肌肉发育的不平衡，幼儿上、下肢的大肌肉群发育较早：3~4岁时上下肢的活动已比较协调；但手部的细小肌肉发育较迟，直到5~6岁时才能初步做些精细的动作，而且时间不能过长；8~9岁以后肌肉发育速度加快，力量增大。肌肉发育往往和神经系统的发育有着密不可分的联系，人们会根据幼儿动作发展的情况来测量其智能发育的水平。

（三）骨连结

骨连结包含无腔隙骨连结、有腔隙骨连结和过渡型骨连结三种形式。

1. 无腔隙骨连结

在骨与骨间的连接面上没有腔隙存在，一般包含软骨连结、纤维连结以及骨性结合等类型。

（1）软骨连结：如第一肋与胸骨之间的软骨连结和椎间盘等。

（2）纤维连结：如腓骨和胫骨之间借助韧带的连接；颅骨的骨与骨之间有“人”字缝。随年龄增长，骨缝逐渐骨化。

（3）骨性结合：如各骶椎之间形成骨性结合。

2. 有腔隙骨连结

在骨与骨的连结面上有明显的腔隙，因此是肢体运动的枢纽。四肢骨和其与躯干骨之间的连结都为此种类型，如髓关节、肩关节。

3. 过渡型骨连结

介于无腔隙和有腔隙两种连结形式之间，在连结面上有一条很小且尚未完全贯通的裂隙，活动性很小，如耻骨连结。

通常把可以活动的骨连结称为关节，如图 3-2 所示。关节包括关节面、关节囊和关节腔。关节面包括关节头和关节窝，两者相互嵌合，表面有软骨，能减少活动时产生的摩擦和震动。包围着关节面的纤维组织叫关节囊，关节囊外有韧带，起固定和保护关节的作用。关节囊与关节面之间的间隙称关节腔，充满滑液，可以润滑关节。

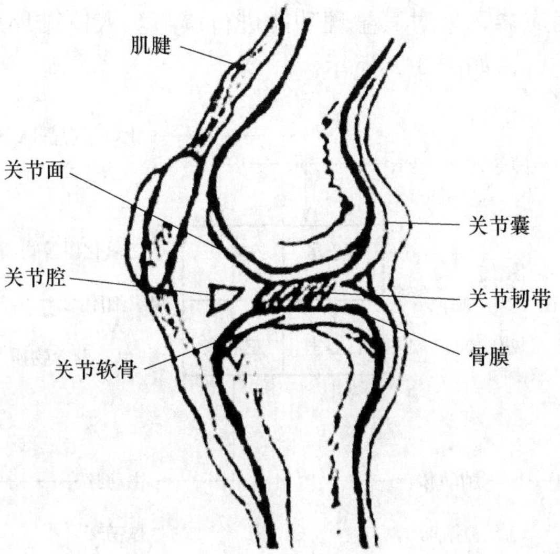

图 3-2 人体关节结构图

由于各个身体部位的关节结构不同，其牢固程度及活动范围也有所差异。如髋关节的关节头呈球状，关节窝很深，大部分都牢牢嵌合在一起，因此有着很强的牢固性，但是活动范围较小，这也导致大腿的活动远不及上肢灵活，但大腿能牢固支撑身体。上肢肘、肩、腕部关节因关节窝较浅，所以活动范围较大，可以内伸外展、旋转自如，但牢固性较差，在外力作用时容易脱臼。运动环节围绕某一关节的运动轴而进行的各种运动就是我们常说的关节运动。尽管人体的运动非常复杂，但假如从运动解剖学的角度来分析，可以把这些运动简化为运动关节绕三个基本运动轴在三个基本面内的运动，一般来说包含外展与内收、屈与伸、回旋和环转等四种基本运动。

需要强调的是，幼儿关节的伸展性及柔韧性比成人要好得多，因此关节的活动范围要比成人大。但幼儿关节的牢固性较差，如果外力作用不当，极易发生脱臼，肘关节、髋关节尤为明显，而脱臼时常伴有关节囊撕裂及韧带损伤，严重的还会失去运动功能，因此不论是日常生活还是体育活动的过程中，都要十分小心。

二、循环系统结构

循环系统是人体内执行运输功能的封闭式循环管道系统，由心血管系统和淋巴系统组成。心血管系统由心、动脉、毛细血管、静脉组成，在系统循环内流动着红色的血液。淋巴系统则由各级淋巴管、淋巴器官以及散在的淋巴组织构成，淋巴液沿淋巴管向心脏流动，汇入静脉，因此淋巴管对静脉也起到了一定的辅助作用。

（一）心脏

心脏在胸腔内部，在横膈之上、两肺之间偏左的位置，其底部和主动脉相连，形状和桃子相似。心脏由心肌构成，分左心房、左心室、右心房、右心室四个腔。心脏左右两半互不相通，在房室之间有单向开合的瓣膜，保证血液从心房流向心室而不会倒流。在神经体液调节下，血液沿心血管系统循环流动。机体呼吸、消化、泌尿等系统及皮肤通过循环系统来实现营养物质的送达和代谢废物的排出。内分泌腺及心脏自身所分泌的激素也可以借助循环系统输送到相应器官来对其生理功能进行调节。人体循环系统可分为肺循环和体循环，两种循环同步进行，如图 3-3 所示。

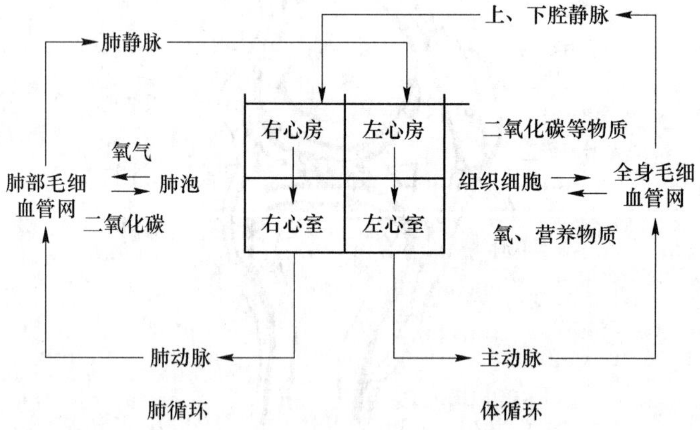

图 3-3 人体循环系统示意图

（1）体循环，又称大循环。血液由左心室射入主动脉，经各级动脉分支最后送到身体各部位的毛细血管。血液通过毛细血管壁与其周围的组织细胞进行物质和气体交换后，经各级静脉，最后汇入上下腔静脉流回右心房。体循环的流经范围广、路径长，借由动脉血滋养全身各个器官，又把代谢产物通过静脉运回心脏再进行下一轮循环。

（2）肺循环，又称小循环。血液由右心室射入肺动脉，再经各级分支进入肺泡周围的毛细血管网，通过毛细血管壁和肺泡壁，然后排出二氧化碳、吸入氧气，完成气体交换后，经肺静脉流出肺，进入左心房。肺循环的路径短，只通过肺，使静脉血变成含氧丰富的动脉血。

（二）血管

假如按照比例来进行计算，成年人血管内径是小于幼儿的，年龄越小血管壁就越薄，血管的弹性就越差。随着年龄的增长，血管壁逐渐加厚，弹性纤维增多，弹性增强。血管是血液循环的通道，一般有动脉、静脉和毛细血管三种。

1. 动脉

动脉强而柔韧，是它运载的血液从心脏流向全身的管道，在行程中不断分支，最后分为毛细血管。主动脉和左心室相连，其管径较粗大，管壁厚且富有弹性，这种回弹性有助于维持两次心搏之间的血压。由于血管壁的弹性及心室收缩的推动力，主动脉内的血流速度通常比较快。主动脉分为腹主动脉、颈动脉、冠状动脉等，再逐级分支，分支越来越细，管壁也越来越薄，血液流速也相对降低。

2. 静脉

静脉是血液流回心脏的主要管道，因为毛细血管开始逐渐汇合，静脉管壁也逐渐变厚。根据静脉的管径和管壁结构可将其分为小、中、大三级。和动脉恰好相反，它是越来越粗，连接右心房的上、下腔静脉最粗大。经过物质交换后的血液从静脉进入右心房，再进入肺部进行气体交换。由于静脉的管壁薄且通常管径比动脉大，因此在运送相同体积的血液时，流速比较慢，压力也相对较低。

3. 毛细血管

毛细血管是由大动脉分化出来的，是人体内分布最广、管径最细的血管。毛细血管非常细小，管壁非常薄，由一层内皮细胞组成，管径极小，一般为6～8μm。它是动脉与静脉间的桥梁。血液流经毛细血管时，速度极慢，内含的氧及养料透出毛细血管壁输送给细胞的同时，细胞代谢的废物又透过管壁进入毛细血管再进入静脉。由此可见，毛细血管管壁允许血液中的氧气和营养物质进入组织，同时也允许组织内的代谢产物进入血液。

（三）血液

按照每千克体重来计算，成年人血液容量要比幼儿少，一般新生儿约为85mL/kg，幼儿期则为75～80mL/kg。血液主要存在于血管和心脏中，由血浆和血细胞组成。

血浆是半透明、淡黄色的液体，它为血细胞提供赖以生存的环境，能够运送血细胞、养料，还有运送细胞和代谢废物的功能，而其含有的纤维蛋白酶原有止血作用。

血细胞分为白细胞、红细胞、血小板三种。

1. 白细胞

白细胞的数量相对较少，但体积较大，幼儿的白细胞自出生后开始逐渐下降，最初每立方毫米血液中约20000个，4～5岁时下降至8000个，且随着年龄的增长日趋达到成年人的水平（7000个/mm^3）。白细胞可以吞噬病菌，如果其数量低于正常值，机体抵抗力就会降低，容易感染疾病。因此，临床上通常使用白细胞分类计数来作为诊断不同疾病的指标。

2. 红细胞

红细胞中含有的血红蛋白是一种含铁的蛋白质，它能使血液呈红色，因此又称为血色素。红细胞可以把氧气输送到身体的各个部位，并把二氧化碳运送到肺。成熟的红细胞是没有细胞核的，双面呈凹陷的圆盘状，体积较小，数目很多。新生儿每立方毫米血液中有红细胞500万～700万个，血红蛋白浓度在每100mL血液中为15～22g，以后逐渐减少，至出生后2～3月达到最低水平，会出现生理性贫血，刺激造血器官生成大量红细胞和血红蛋白。血红蛋白能够与氧结合，把氧输送到身体各组织中去，再与二氧化碳结合，把它输送到肺。

3. 血小板

血小板有凝血和止血功能。当皮肤上的伤口出血时，血浆中的纤维蛋白原会和血小板共同作用，凝成血块堵住伤口。当伤口较大时，血小板能够使血管收缩，减少出血。新生儿每立方毫米血液中有血小板10万~30万个，出生后6个月血小板计数和成年人相同，自此趋于稳定，不再受年龄影响。

（四）心率、脉搏和血压

幼儿的心脏质量约是体重的0.8%，其心肌纤维相互交织，弹性纤维少，心脏收缩力弱，因此心输出的血液量少。一般情况下，幼儿在1~2岁时的心跳为110~120次/min，2~6岁随着心功能增加和心脏发育逐渐完全而下降到90~100次/min。因为婴幼儿心脏输出血量少而新陈代谢旺盛，为满足身体需要，必须通过加快心脏收缩来补偿，年龄越小的婴幼儿心率越快。对于幼儿来说，其心率很容易受到运动、情绪、进食等内外因素的影响。

脉搏是指心脏有节律地收缩舒张时，引起主动脉的搏动并沿着动脉管壁传播，使身体其他部位的动脉管壁也跟着搏动。脉搏通常能展现出人体动脉和心脏的机能状况。

血液在流动时对血管壁产生的侧压力，也就是血压，通常指的是动脉压。心室舒张时产生的压力称为舒张压，心室收缩时产生的压力称为收缩压。一般而言，年龄越小，血压越低，因此幼儿的血压往往要低于成年人，而伴随着年龄的增长血压也会逐渐升高。

循环系统对于人体来说是非常重要的，从以下几个方面要注重幼儿这一系统的保健：

（1）在日常生活中要进行适当的运动和锻炼，改善心肌纤维的收缩性和弹性。每次运动前都要做好准备活动；剧烈运动后喝水不要过多，以免增加心脏负荷；由于每个幼儿的发育情况不同，因此在活动中要密切观察幼儿的情况。

（2）饮食安排要合理，注重营养均衡，注意摄入含铁和蛋白质丰富的食物，以免贫血。

（3）避免过度或突然的神经刺激，对心脏以及血管的正常机能有不良影响。

（4）幼儿的衣服和鞋袜不能太小、太紧，否则会影响心脏活动和血液循环。

（5）保持充足的睡眠和适当的休息，能对心脏起到保护作用。

三、呼吸系统结构

人体在进行新陈代谢的过程中，通过呼吸系统从外界吸入氧气，借由循环系统把氧气运送到全身的组织和细胞中，同时把细胞和组织产生的二氧化碳再借由循环系统运送到呼吸系统排出体外，这整个过程就是呼吸。呼吸系统由呼吸道和肺组成。肺是气体进行交换的重要场所，呼吸道则是气体出入肺的通道，包括鼻、咽、喉、气管和支气管。幼儿的呼吸道黏膜组织薄嫩，在黏膜上有丰富的淋巴管和血管，因此很容易受到损伤。

（一）呼吸道

呼吸道是呼吸时气流所经过的通道。人的呼吸道分上、下两部分，鼻、咽和喉合称上呼吸道，可以调节温度、清除异物。上呼吸道开始的部分是鼻子，鼻子内有鼻毛，前部有皮肤，其余部分覆盖着黏膜，分布着丰富的血管，可以湿润和温暖吸入的空气。黏膜可以分泌黏液，空气进入鼻腔被鼻黏膜和鼻毛净化、过滤。婴幼儿时期面部颅骨发育尚不完全，鼻腔相对较小，没有鼻毛，要到4岁左右才逐渐形成鼻道。同时，幼儿鼻黏膜柔嫩，血管丰富，极易引起感染，造成鼻黏膜充血、肿胀，导致呼吸困难。鼻旁窦是鼻腔周围含气的空腔，发音时起共鸣作用。鼻中隔前下方血管丰富，容易因干燥、外伤等原因出血，称为"易出血区"，易出现流鼻血现象，一般多见于六七岁儿童。幼儿的鼻泪管较短，一旦呼吸道被感染，病菌就能通过鼻泪管侵入眼结膜，引起泪囊炎、眼结膜炎症。

咽是呼吸道和消化道的共同通道。在鼻咽部周围有扁桃体、舌及腭。婴幼儿刚出生时，其扁桃体非常小，到1岁末才开始发育，4～10岁达到高峰，如果有肿胀就会引起气道阻塞。扁桃体炎在幼儿和学龄儿童内比较常见。在鼻咽部后壁的两侧上方有一对咽鼓管开口，通过咽鼓管和中耳鼓室相通。婴儿的鼻咽部和咽腔相对较狭小，方向垂直。幼儿的咽鼓管粗短且直，呈水平状，因此一旦上呼吸道感染或者游泳后污水经耳道进入中耳，会引起中耳发炎，对听力造成一定程度的损害。

喉既是呼吸道的组成部分，同时也是发音器官。喉腔前上部有一块叶状的会厌软骨，人在吞咽时喉会上升盖住喉口，避免食物误入呼吸道。喉腔侧壁左右各有一条声带，两条声带之间的空隙叫声门裂。发音时声带拉紧，声门裂缩小，呼出的气流冲击声带使其振动而发出声音。幼儿喉部的保护性反射机能尚不完善，进食时说笑容易将没有嚼碎的食物呛入呼吸道，从而造成窒息。同时，由于其喉部相对比成人短，黏膜柔嫩，血管和淋巴组织较多，软骨较软弱，声带短且薄，声门肌肉容易疲劳，假如不做好保护，声带就会受伤造成声音嘶哑。此外，因为喉腔、声门较狭小，会引起喉部肿胀，极易发生喉梗阻，严重的还会呼吸困难。

气管与支气管都属于下呼吸道。气管上方和喉相连，下部则被胸腔分为左、右支气管。气管壁内覆盖着一层有纤毛的黏膜，它能分泌出黏液，黏住吸入的尘粒与病菌，再借由这些密集的纤毛向喉口方向的不断摆动，利用咳嗽把痰排出体外。幼儿的气管与支气管较成年人狭窄，软骨柔软，肌肉发育不完善，缺乏弹力组织，黏膜血管丰富，但分泌的黏液不足而相对干燥，黏膜上的纤毛运动能力也比较弱，无法把异物和微生物及时排出，因此容易引起感染，阻塞呼吸道。

（二）肺

肺在胸腔内部，分布在纵隔两侧，在膈的上方，左、右各一个。肺表面光滑润泽，脏胸膜覆盖其上。新生儿的肺部呈淡红色，随年龄增长，由于不断吸入空气中的尘埃，颜色逐步变为灰暗色乃至蓝黑色。没有呼吸过的新生儿和胎儿肺内不含空气，密度大，能够沉于水底。由于调节呼吸的运动神经中枢发育尚未完善，婴幼儿呼吸节律常常不稳定。新生儿每分钟呼吸40～44次，1岁以内约每分钟30次，1～3岁约每分钟24次，4～7岁约每分钟22次。由于幼儿的新陈代谢旺盛，机体需氧量比成人多，要加快呼吸频率来满足需要，因此年龄越小，呼吸频率越快。婴幼儿出生时肺泡数量较少，一般约200万个，随着年龄的增长而逐渐增加，8岁时能够增加到1400万个。新生儿的肺容积为65～67mL，8岁时则是这一数值的7倍。

呼吸的形式一般有两类，以横膈运动为主完成的呼吸形式称为腹式呼吸；以胸廓运动为主完成的呼吸形式称为胸式呼吸。婴儿时期肌张力较弱，呼吸肌不发达，因此吸气时肺扩张有限，换气不够充分，以腹式呼吸为主。站立行走后，呼吸肌增强，幼儿逐渐形成腹、胸混合式呼吸，9岁以后则逐渐以胸式呼吸为主。由于幼儿的肺弹力组织发育较差，血管丰富，整个肺脏内的含气量少、含血量多，肺泡数量少，一旦受到感染，很容易引起黏液阻塞而造成肺气肿、肺不张及肺瘀血等症状。因此幼儿的呼吸系统要保护得当，通常在生活中注意以下几个方面：

（1）用鼻子呼吸而不要用嘴巴，使空气通过鼻腔进行一定的过滤，避免灰尘和细菌进入肺部。

（2）学会用正确的方法擤鼻涕，避免因为鼻腔内压太大，而使细菌进入耳咽管，诱发中耳炎。

（3）保护嗓音，尽量不要长时间唱歌、呼喊，以免声带因为过度紧张而肿胀、变厚，在感冒或咳嗽时要多喝水。

（4）培养正确的呼吸姿势，进行适度的体育锻炼，以促进胸廓和肺的正常发育。

（5）不要一直待在室内，多进行户外活动，室内也要勤通风、勤换气。如果处在气温较低的地区或者到了冬天，不能为了取暖一直闭门闭窗，应当及时吸取新鲜空气。

（6）进食时要注意，尽量不要谈笑，避免食物误入气管，引起严重后果。

四、神经系统结构

人体各个器官系统的功能通过体液和神经的调节实现了彼此之间的协调和联系，促使人体成为一个统一的整体，来适应内外环境的变化。神经系统主要由中枢神经系统和周围神经系统两部分组成，前者包含脑和脊髓，后者则包含脊神经和脑神经。

（一）脑

脑在颅腔内部，由大脑（又称端脑）、小脑、间脑、脑桥、中脑和延髓六部分组成，其中脑桥、中脑和延髓可以合称为脑干。人类的一切思维和意识活动都是通过大脑进行的，它属于中枢神经系统的最高级。大脑的表面集中了大量神经元细胞体，2～3mm 厚，即为大脑皮层。大脑皮质的神经元能接受刺激，对信息进行整合和处理，并以记忆的形式对其进行储存。大脑表面是凹凸不平的，隆起处称为“回”，凹陷处称为“沟”，这些“回”与“沟”使得大脑的表面积得到了扩展。左右两侧大脑半球通过胼胝体进行连接。大脑皮质内蕴含着数量极多的神经纤维，使大脑与脑的其他部分之间及大脑两半球之间发生广泛联系。根据大脑皮质各部位主要机能的不同，可划分为许多功能区，如躯体运动、躯体感觉和语言等，各种功能活动在大脑皮质上均由相应的最高中枢控制。其中，身体各部位在躯体运动区和躯体感觉区的局部定位关系呈倒置人形投影。间脑的主要部分是下丘脑和背侧丘脑，参与感觉和对体温、摄食、生殖、情绪活动、水盐平衡以及内分泌活动等的调节。延髓和脑桥的后上方是小脑，它主要是对紧张的肌肉进行调节，使得躯体运动协调进行，维持人体的平衡状态。

婴幼儿时期的大脑发育迅速，出生时平均脑质量基本在 370g 左右，6 个月时就能达到 700g 左右，1 岁时重约 900g，7 岁左右达到约 1250g，几乎是出生时的 4 倍，这一阶段已经接近成人水平（1500g）。大脑皮质的形成从胎儿 8 周开始，主要是由神经元构成的一层灰质，出生前半年至出生后 1 年是脑细胞数量增长的重要阶段，以后脑细胞的数量不再增加，而是细胞体积的增大和功能的复杂化。婴幼儿大脑皮质功能的发育形态缓慢，年龄越小，大脑发育越不成熟，形成的条件反射少、速度慢，且不太稳定。随着年龄的增长，脑的机能也逐渐复杂、成熟和完善起来，为建立各种条件反射提供了生理基础。幼儿的大脑皮质发育尚未完善，兴奋占主要地位，形成抑制的过程比较慢，但通常兴奋时间持续不长，很容易泛化，体现在幼儿具体行为上则是很难对某一事物保持较长时间的注意力，会随着自身兴趣的转移而转移，动作也很难做到非常准确。

（二）脊髓

脊髓在椎管内部，通过脊髓的横切面可以看见其中央有一细管，即为中央管，中央管周围的蝶形结构称为灰质，灰质周围的结构称为白质。脊髓能够传达脑的信息并完成反射活动，例如我们常说的膝跳反射、排便、排尿等。正常情况下脊髓的反射活动是在脑的控制下进行的。一旦脊髓完全横断，骨骼肌运动和损伤平面以下的感觉无法恢复，就会出现肌腱反射亢进，肌肉张力增高，排尿、排便反射无法随意控制等症状。

（三）周围神经系统

脊神经和脑神经分别与脊髓、脑相连（见图3-4），背神经与脑神经数量分别为31对、12对。脊神经主要支配躯干和四肢的运动并感受刺激，而脑神经支配头部各个器官的运动并接收外界信息，使人产生感觉和表情。

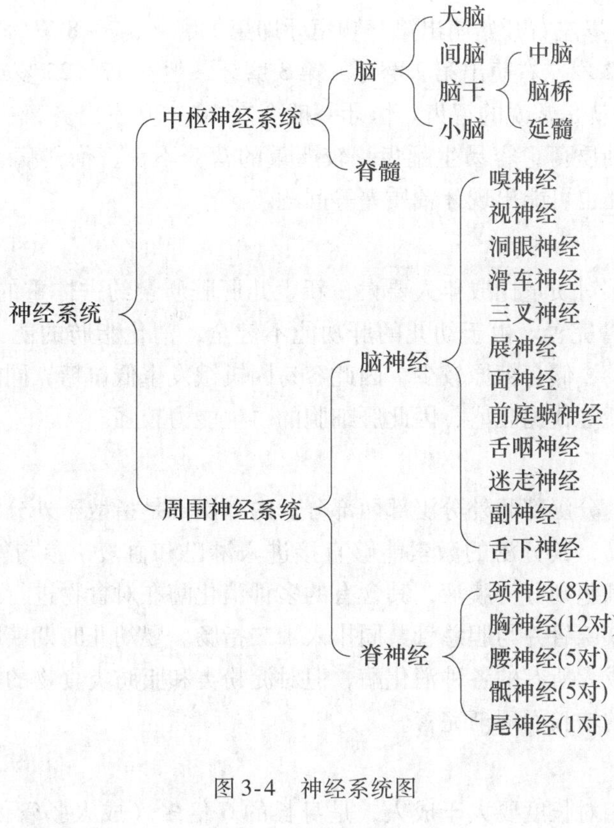

图3-4 神经系统图

五、消化系统

消化系统包含两大部分，分别是消化道和消化腺。消化道包括口腔、咽、食道、胃、小肠（十二指肠、空肠、回肠）和大肠（盲肠、阑尾、结肠、直肠、肛管）等部分。临床中的上消化道一般指的是口腔到十二指肠的这一部分，下消化道则是空肠以下的部分，而胃肠道则包含了食管至肛门的部分。消化腺有小消化腺和大消化腺两种。小消化腺散在消化管各部的管壁内。大消化腺主要包括胰、肝和三对唾液腺（腮腺、舌下腺、下颌下腺）。消化系统，顾名思义，主要对食物进行消化，把食物中的营养进行摄取和消化并充分吸收，为机体提供能量，构筑细胞和组织，最后排出食物残渣（粪便）。另外，口腔、咽等部位还和人体的呼吸、发音以及语言活动有一定的联系。

（一）口腔

幼儿口腔内部的黏膜上有着非常多的血管，因此很容易受到损伤。舌头上有舌苔、味蕾，幼年时由于舌系带较短导致吐字不清。新生儿及小婴儿由于唾液腺未发育成熟，分泌唾液较少，因此口腔较干燥。婴儿出生后 3～4 个月时，唾液腺逐渐发育，分泌的唾液增多，经常流出口外，形成“生理性流涎”，随着生长会逐渐消失。婴儿出牙时个别会出现烦躁、低热、流涎、睡眠不安等反应。乳牙共 20 颗，一般于 4～10 个月开始萌出，最迟不应晚于 1 岁，2～2.5 岁出齐 20 颗乳牙。乳牙萌出时间受很多因素影响，如内分泌、遗传、食物性状等，这也造成了个体间比较明显的差异。儿童 6～7 岁时开始换牙，乳牙脱落后第二次萌生的牙叫恒牙，按功能和形态的不同，牙齿从中间向两侧依次被分为尖牙、切牙和磨牙三种。6 岁左右开始萌出第一颗恒牙即第 1 磨牙，7～8 岁后乳牙按萌出顺序逐个脱落换成恒牙。12 岁左右萌出第 2 磨牙，第 3 磨牙一般在 17～25 岁或更晚时萌出（甚至终生不萌出），也就是常说的智齿。恒牙一般会在 20～30 岁出齐，一共 32 颗。乳牙因牙本质较松脆、牙釉质薄，容易生龋齿。较严重的营养不良、佝偻病、甲状腺功能减低症、先天愚型等患儿也可能出现牙釉质差等问题。

（二）肝脏

婴幼儿的肝脏相对质量比成年人要大，新生儿肝脏质量约占体重的 4%，5 岁时约占 3.3%，8 岁时才发育完善。由于幼儿的肝功能不健全，消化脂肪的能力相对较差，肝脏分泌的胆汁也比较少，储存糖原较少，因此容易因饥饿发生低血糖，同时解毒能力相对较差。但由于幼儿的新陈代谢旺盛，因此肝细胞的再生能力较强。

（三）胰腺

胰腺主要包含内分泌部和外分泌部两部分。内分泌部是指散于外分泌部之间大小不一的细胞团，又称胰岛，其分泌的激素能够直接进入淋巴和血液，参与能源物质代谢的调节。外分泌部的腺细胞则分泌胰液，其含有的多种消化酶在对食物进行消化时起到了重要的作用，胰液流入胰腺管并与胆总管共同排入十二指肠。婴幼儿时期胰腺的结缔组织和血管较多，尽管也有成人所有的各种消化酶，但对淀粉类和脂肪类食物的消化能力较弱，胰腺功能会随着年龄的增长而逐渐完善。

（四）肠

婴幼儿肠管的相对长度要大于成人，是身长的 6 倍多（成人肠管仅为身长的 4 倍），这也使得其消化面积相对比成人大。小肠黏膜有丰富的毛细血管和淋巴管，吸收能力较强，但自主神经的调节能力差，肠壁肌肉组织和弹力纤维发育还不完善，所以肠的蠕动能力较弱，容易发生肠道功能紊乱，引起腹泻、粪中毒或便秘。小肠与大肠的长度比例在不同的年龄也有一定的差异，一般新生儿为 6∶1，婴幼儿为 5∶1，成人为 4∶1。幼儿结肠壁薄，没有明显的结肠带和脂肪垂，升结肠、直肠与腹后壁的固定性相对较差，容易造成肠扭转和肠套叠。

（五）胃

新生儿的胃容积为50~80mL，3个月时约为100mL，1岁时约为250mL，3岁时约为700mL，6岁时约为900mL。婴幼儿胃黏膜薄嫩，胃壁肌肉薄，胃的容量小，胃组织弹性较差，胃壁分泌的消化液和各种消化酶较少且消化能力较弱，富含脂肪和蛋白质的食物在胃中停留的时间较长。给幼儿提供的食物以及每餐的间隔时间，应考虑到年龄特点。

六、其他器官系统

身体运动除了对幼儿的血液循环系统、运动系统、神经系统以及呼吸系统有着重要的促进作用外，对身体的其他系统、器官也会产生一定程度的影响。举例来说，幼儿进行适当的身体运动，能够增加食欲，加快肠胃的蠕动，使得食物更好地被身体消化与吸收。

需要注意的是，幼儿进行身体运动的时间尽量不要安排在饭前或饭后，通常情况下至少要间隔30min以上。这是由于如果在饭前进行身体运动，会减少供给胃肠部位的血液量，在进食时会影响胃肠对食物的吸收与消化，而且还会降低幼儿的食欲。同样的道理，如果在饭后进行身体运动，肌肉组织的工作量会明显加大，需要大量的血液供给肌肉组织，此时机体供给胃肠部位的血液量就会相应减少，这必定会使胃肠的消化工作减慢或暂时停滞，对食物的消化和吸收产生负面作用。

此外，幼儿经常进行身体活动，能使其对外界和环境的适应能力逐渐增强，幼儿机体的免疫机能得到改善，减少疾病的发生，促进身体的健康发展。

身体的运动主要是通过神经系统的支配和调节，依靠肌肉、关节、骨骼的共同合作来实现的。而在这一个过程中，肌肉的运动更离不开氧气，这就要靠呼吸系统的参与；而氧气、养料、废物的运输，则需要血液循环系统有效地工作；同时肌肉的活动还需要能量的供给，这就要依赖消化系统摄取足够的营养物质……这些系统的功能都通过运动得到了不断的强化。因此，开展适合幼儿的身体运动，能有效地提高幼儿身体各器官系统的功能，促进幼儿正常的生长发育，为其身体健康以及更好地适应社会生活奠定坚实的物质基础。同时，幼儿的运动卫生也要引起高度重视，否则不仅起不到锻炼身体的作用，反而会适得其反，对幼儿的身体造成一定的伤害。

第二节　身体运动与幼儿身体发展

身体运动对增强幼儿的体质、促进幼儿的生长发育起到了重要的促进作用，应当充分加以利用。但事实上，并不是所有的身体运动都适合幼儿参与，且身体运动会和诸多因素彼此影响，部分也会对幼儿产生负面的影响。因此，幼儿在参加身体运动时，运动卫生要贯穿整个过程。

身体运动对幼儿身体的很多系统、器官有着十分重要的影响，而在这中间又以对血液循环系统、呼吸系统、运动系统和神经系统影响最为明显。

血液循环系统和呼吸系统是保证身体运动得以顺利进行、圆满完成不可缺少的内在动力；运动系统是身体运动产生外在反映的器官；神经系统对身体运动主要起着支配与调节的作用。而身体运动的基础则是知觉感受器、运动效应系统、中枢神经系统一系列的神经生理学。

身体运动通过对幼儿的身体施加一定程度的运动刺激来实现对其身体发展的促进。一定的运动刺激作用于幼儿的机体，使幼儿的机体承受着相应的生理负荷，把这种刺激变得经常化，就能促使幼儿机体内部不断地进行调整而产生适应性的变化，从而使机体在形态、结构和机能上得到一定的完善和提高。

一、血液循环系统与幼儿身体的发展

血液循环系统也可以称为心血管系统，它是由心脏和血管组成的一个封闭式的管道系统。血管是运输血液的管道或通道，心脏是血液循环的动力器官，而血液是具体担负运输任务的工具，保证着机体新陈代谢的正常进行和机体内环境的相对稳定。

在身体运动的过程中，肌肉组织细胞的工作量要大于人的安静状态，机体所需的氧气和营养物质以及代谢产物也相应增加。为了保证肌肉活动的顺利进行，满足机体的需要，血液循环系统必须用力和加快收缩来提高相应的运输量，这就使得心脏的输血量增大和心率加快。虽然身体运动会加重幼儿血管和心脏的负担，但只要负担适中，就能对幼儿的血管和心脏起到很好的锻炼作用。

（一）促进幼儿血管壁的生长

幼儿的血管壁较薄、弹性较小，运动时血管中的血流量增大，而且肌肉有节奏地收缩，可使毛细血管得到扩张和压缩，从而增强血管的弹性，锻炼血管的伸缩能力，使血管壁得到良好的生长，为其承受较大的压力、适应较激烈的运动奠定相应的基础。

（二）增强幼儿的心脏功能

心脏运动的主要手段是心肌有节律地收缩造成的。幼儿心脏容量较小，心肌收缩力较弱，每搏输出量也相对较少。

适当的身体运动，可以让幼儿的心脏承受不超出范围的生理负荷，使心肌得到有益的锻炼，有助于增加每搏输出量，并能提高幼儿心肌的收缩能力。运动还能使心率加快，从而拉大了幼儿运动时与安静时心率的差距。这种有益的锻炼又可以逐渐增强幼儿心脏的调节功能，提高心脏的储备能力，使心脏能适应较大量的活动或突如其来的变化。

心脏功能的增强主要表现为：一般活动时心率升高较少，安静时心率较低；活动后心率能较快地恢复到安静状态时的心率；紧张或激烈活动时心率升高较多等。这些反应都充分体现出心脏的良好储备能力和调节功能。

二、呼吸系统与幼儿身体的发展

幼儿多参加户外身体运动，可以增强呼吸系统的功能，并维护呼吸系统的健康生长。

（一）使幼儿的肺活量、肺通气量增加

幼儿肺活量的弹力组织发育相对较差，且肺泡的数量和容量都比较少，呼吸肌较弱，肌张力较差。由于肺容量较小，因此肺通气量和肺活量也比较小，呼吸浅而快。幼儿在参加身体运动时，机体对气体交换的需要量会明显增大，这就促使幼儿肺脏参与呼吸运动的肺泡增多，从而有效地促进幼儿肺泡的生长发育；而且幼儿在参加运动时，呼吸会加快加深，有利于提高肺脏壁的弹性，使呼吸肌逐渐增强，进而使得肺通气量和肺活量变大，增

强幼儿的肺部功能。

（二）保证幼儿肺部的健康

幼儿在身体运动中会使呼吸的深度得到加强，尤其是进行呼吸节律与深呼吸的活动或动作的有节奏的配合时，能促使幼儿肺部充分地运动，从而把那些沉积于肺尖部位的病菌排出体外，保证肺部的健康。

（三）有利于幼儿的呼吸运动

幼儿胸腔较小，胸肌的收缩能力较弱。在身体运动中，扩胸、伸展、投掷等动作的练习，可以锻炼胸肌和肋间肌。幼儿期是由胸式呼吸向胸腹式混合呼吸过渡的阶段，胸肌和肋间肌力量的逐渐增强，可以使胸廓的范围增大，使呼吸肌的力量增强，对肺部的呼吸运动十分有利，也能满足幼儿身体对气体交换的需求。

（四）改善幼儿呼吸道的适应力和抵抗力

幼儿呼吸道的管腔狭窄，呼吸道黏膜柔嫩，血管丰富，非常容易被感染。假如幼儿能经常到户外参加活动，多接触新鲜的、较寒冷的空气，既能满足机体生长发育的需要，又可以适当地刺激和锻炼呼吸道的黏膜，提高呼吸道管腔对空气变化的适应能力以及对病菌的防御能力。

三、神经系统与幼儿身体的发展

神经系统作为重要的调节系统，在人的生命活动中占据着非常关键的地位。人体通过神经系统的调节和支配，使得各器官系统互相协调、配合，完成一系列的生理活动，成为统一的整体。

神经系统对于身体的运动也起着调节和支配的作用。大脑的中枢神经与伸向身体各部位肌肉的神经相连，而身体运动恰恰是通过神经所支配的肌肉的活动来实现的。同时，肌肉的活动也会通过这种神经联系反过来刺激大脑的中枢神经。因此，经常性的肌肉运动，能使中枢神经对于肌肉组织的控制与调节由泛化状态逐渐变得分化和精确化，从而使中枢神经对肌肉活动的控制能力得到进一步的提升。

（一）运动能使幼儿的神经过程变得均衡

幼儿大脑皮层的抑制过程和兴奋过程的强度是不均衡的，其中兴奋过程占主要优势，具体体现在幼儿的行为中则是容易好动、兴奋、控制身体的能力较差、动作不够协调等。身体运动能改善幼儿神经过程的不均衡性，加深大脑皮层的抑制，使抑制和兴奋更加集中。例如，让幼儿练习单脚站立、走平衡木、转圈后停下来等身体活动，能有效增强幼儿大脑皮层的抑制过程，使抑制加深，提高和发展幼儿控制身体的能力。而幼儿经常参加躲闪跑、追逐跑、躲避他人掷过来的沙包等活动，又能使幼儿神经过程的兴奋性变得更加集中，对幼儿神经过程的灵活性有所提高。

（二）运动能使幼儿神经系统的调节功能增强

身体运动的过程中，一般需要人体各器官系统的生理活动互相配合，而这种配合主要是靠神经系统的调节功能来完成的。因此适当的身体运动，能够完善神经系统的功能，使其对机体调节控制的能力得到进一步的增强。可以通过具体的活动来进行分析，诸如跑步、行走、攀登、爬动等活动，能够提高幼儿肌肉—神经活动的熟练程度；而慢跑、快跑、跳跃等活动，能有效增强幼儿神经系统对心肺系统的调节功能；抛接球、助跑跨跳、拍球、跳绳等活动，则能逐步发展幼儿神经系统对于肌肉运动、感知的综合调节能力，使幼儿身体运动的准确性和协调性得到提升。

但需要指出的是，幼儿神经系统相对脆弱，大脑神经细胞容易感到疲劳，幼儿脑组织对缺氧十分敏感，且耐受力普遍较差。因此在组织幼儿身体运动时，还必须注意：活动的安排要动静交替，合理搭配；活动量不宜过大等。让幼儿以愉快的心情参加身体运动，为其提供良好的情绪体验，对幼儿神经系统的健康生长是大有裨益的。

四、运动系统与幼儿身体的发展

无论哪一种身体运动，都要通过运动系统来完成。借助神经系统的支配和调节，肌肉发生收缩，牵动骨骼，从而产生各种身体动作或运动。在身体运动的过程中，运动系统的功能也会得到进一步的增强。

（一）骨骼

运动量适中的身体运动，能使幼儿的骨骼在形态结构上发生良好的转变，主要体现在以下两点：

（1）能够使幼儿的骨骼向纵向方面增长。身体运动能够加快幼儿机体血液循环的速度，加强骨的新陈代谢，增加骨细胞营养物质的供给，使得骨细胞的生长能力得到增强。

（2）能够使幼儿的骨骼变得更加坚固。适当的身体运动能增厚骨密质，使得骨小梁根据张力和压力的变化排列得更加整齐、更加有规律，并使骨径变粗。这些形态结构上的变化能使幼儿的骨骼变得更加坚固和粗壮，也使其抗压、抗弯曲、抗折等方面的能力得到进一步的增强。

（二）肌肉

幼儿多参加适当的身体运动，能有效地增强肌肉组织的功能，使肌肉的力量与耐力都得到改善。

（1）在身体运动的过程中，肌肉“第二心脏”的作用和功能能充分得到发挥。在机体各种组织和细胞之间存在着很多毛细血管，血液流经毛细血管时，便借助于组织液与其周围的细胞进行物质交换。物质交换的速度和动力受多方面因素的影响，血液流量的大小是比较重要的因素。当人体处于运动状态的时候，毛细血管就会在肌肉有节奏地收缩和放松的这种动力作用下全部呈扩张状态，致使血流量大大增加，物质交换增快，新陈代谢增强，也加快了血液循环的速度。因此，肌肉在运动的过程中便成了心脏最好的助手，成为人体的“第二心脏”。这一功能的发挥不仅能满足幼儿机体对血液的需要量，促进机体的新陈代谢，而且还能减轻血管和心脏的压力，协助心脏进行血液循环，为心脏工作创造更好的条件。

（2）参与身体运动时，幼儿脊柱周围大肌肉群的力量进一步增强，对幼儿脊柱的正常发育非常有益。人体的躯干姿势主要取决于脊柱的解剖位置是否正确。正常成人的脊柱，从侧面看有四个明显的生理弯曲，对于人的运动、劳动及大脑的健康都非常有利。在整个幼儿阶段，由于幼儿的骨化过程没有完成，因此这四个生理弯曲也并未完全固定下来。由于幼儿脊柱比较柔软而富有弹性，各椎骨之间以软骨连结，因此幼儿脊柱支撑身体躯干姿势的力量就显得较弱，坚固性也较差。随着肌肉、骨骼的发育以及动作的不断发展，才会逐渐形成定性的生理弯曲。

为了使幼儿的脊柱能正常发育，更好地起到支撑整个身体的作用，还需要增强幼儿脊柱周围大肌肉群和韧带的力量，因为它们能起到类似支架的作用。这些大肌肉群主要包括颈部、背部、胸部、腰部等。如果幼儿这些部位的肌肉力量较柔弱或发展不协调，就无法稳固和均衡地支撑脊柱，也就不能减轻脊柱的负担。假如幼儿的身体姿势长时间不正确或负重过大，就有很大概率造成脊柱后凸、脊柱侧弯或其他脊柱弯曲的现象。这不仅会影响人的体形和身体姿势的优美，而且还会影响到呼吸、循环等系统的正常发育和生理机能的完善。所以，要密切注意幼儿的营养供给，教他们学会正确的身体姿势，鼓励他们参加适当的身体运动，在身体运动中适当对幼儿脊柱周围大肌肉群和韧带进行锻炼，逐渐增强幼儿躯干部位的肌肉力量，这对幼儿脊柱的正常发育有着非常重要的作用。

（3）身体运动能够提高幼儿颈部和腿部的肌肉力量，使他们更好地适应社会生活。幼儿的身体形态相对特殊，一般呈现出头大腿短、头重脚轻的现象。从小锻炼幼儿的颈部肌肉，增强其颈部肌肉的力量，能使幼儿稳固地抬起头，支撑住较重的头颅，保持呼吸的畅通，保证供给大脑充足的血液。而幼儿下肢部位肌肉的发展相对较晚，肌肉的力量较弱。这就需要加强发展幼儿腿部的肌肉力量，使其有力地支撑整个身体的质量，保持身体的平衡，以满足日后各种身体活动和生活劳动的需求。

（三）关节

幼儿参加适当的身体运动，对身体相应部位的关节进行活动和锻炼，既能锻炼关节周围的肌肉、肌腱和韧带，又可以保持幼儿关节具有一定的活动范围，从而加强关节的稳定性。而幼儿关节稳定性的提高能够加强对关节的保护作用，达到增强幼儿关节牢固性的目的。

但要额外强调的是，关节的活动一定掌握好合适的度，否则不仅不能增强关节的牢固性，反而会导致关节松动或脱臼，对幼儿的关节生长发育起到相反的作用。

五、其他器官系统与幼儿身体发展

人体各个器官的功能和担负的任务各不相同，但它们相互依赖、紧密合作，作为一个统一的整体而存在并发挥出相应的作用。有效的身体运动需要整个机体的高度配合、高度协调才能够实现，如感知觉系统、消化系统等在人的身体运动过程中也发挥着重要作用，并通过适当的锻炼得到了进一步的发展。

不过幼儿的身体尚未完全发育成熟，不恰当的运动方式和生活习惯也更容易对幼儿柔嫩的身体器官系统造成伤害。所以，在积极开展锻炼活动的同时，也要注意实施科学的保护，两者协同作用，共同促进幼儿身体的健康发展。

第三节　身体运动与幼儿心理发展

身体运动不是单纯的物理性运动或人体运动，它既有着解剖生理的重要意义，又在心理上产生了巨大的价值。这是由于在身体运动的过程中，不仅有身体的行为，同时也有人的认知、情感、意志和个性等方面的心理因素掺杂其中。身体的运动能对幼儿发展产生良好的刺激，对其智力的发展能起到良好的促进作用。因此，身体运动对幼儿心理发展的影响也是不容小觑的。作为幼儿体育教师，应当对其潜在的教育价值进行更深层次的挖掘，更好地促进幼儿全面、协调的发展。

一、身体运动对幼儿认知发展的影响

很多专家学者对身体运动、运动能力的发展和智力发展间的关系进行了深入的研究，对运动员、幼儿、少年儿童等做了大量调查，最后研究的结果也是各不相同，因为这两者之间的确是存在着非常复杂的关系。

通常情况下，研究对象的年龄越小，这两者之间的关联度就越高，而研究对象的年龄越大，运动形式越简单，两者之间的关联就逐渐缩小。这是由于随着年龄的增长，身体运动的发展与心理发展逐渐分化，它们之间的关系也就变得微弱了。虽然如此，运动与智力之间依然存在着正相关性。儿童的动作发展不但与智力发展有着密切的关系，且在3岁前儿童智力的发展中，占据着重要的地位。

（一）健康的身体是智力发展的物质基础

健康的身体，尤其是机能完善、功能健全的感觉器官、神经系统、心肺系统等，是智力活动不可或缺的物质基础。

适当的身体运动，能增进幼儿身体的健康，促进幼儿的生长发育，尤其对幼儿心肺系统的功能有着明显的提高，能改善大脑供氧状况，加速血液循环，提高机体对氧的利用率。这些都对大脑神经系统的工作效率得到提升十分有利，为幼儿的智力活动提供先决条件。

适当的身体运动，还能使幼儿精神饱满、体力充沛、心情愉快。在这一基础上，幼儿才能积极进行智力活动，培养幼儿集中的注意力、敏锐的观察力、丰富的想象力、持久的记忆力以及灵活的思维能力，使他们进行有效的学习从而得到一定的知识经验。

（二）身体运动能促进大脑功能状况的发展

智力的发展水平其实是大脑的功能状况的反映，而脑功能的基础是大脑的神经活动。

正常人智力发展水平的高低并不是取决于大脑的体积和质量，而是大脑的功能状况和结构。神经细胞突起与分支的多少、神经细胞之间的联系网络的复杂程度以及信息传导的速度都决定着大脑的功能和结构，而身体运动恰恰能促进这三方面的发展。

身体运动中的大多数动作都是在较短的时间内甚至是一瞬间内完成的，且要求有一定的精确性。因此，它对大脑皮层细胞有着较强的刺激，所动员起来的神经细胞也比较多。适当的运动刺激，能提高大脑皮层神经细胞活动的灵活性、强度、均衡性以及大脑分析综合的能力，建立起各种复杂多变的神经联系，使整个神经系统的功能得到有效增强，为智力的发展创造良好的条件。例如，动作的灵活性、速度的提高，与大脑神经细胞信息传导的速度有关；跳绳、助跑跨跳等活动，又能使神经细胞之间建立起比较复杂的神经联系等。

大量实验研究也表明，让幼儿经常进行手的活动，能有效地开发和刺激大脑皮层上的许多区域，对大脑皮层神经细胞的成熟与功能的完善非常有益，对儿童智力的发展也有着非常积极的意义。

国内有很多专家经过研究发现，7～8个月的婴儿若是很少进行爬动的练习，在未来可能会出现语言发展上的障碍。这是由于人在爬行的过程中，头部必须向上抬起，如此一来，颈部的肌肉活动就可以刺激到大脑皮层上的语言中枢，这种经常性的刺激，对婴儿将来顺利地学习语言十分有益。

（三）身体运动对幼儿观察能力的影响

根据相关实验发现，幼儿的观察能力并不会随着年龄的增长而发展，他们观察能力的发展相对迟缓，处于比较稳定的状态，而身体运动则对幼儿的观察能力有重要影响。例如，幼儿在参与游戏过程中会无意识地观察各个玩具的特点以便完成任务或动作，通过游戏使其观察能力得到了提升。有个叫“小兔子拔萝卜”的游戏，在游戏中，幼儿需要跨越跨栏。在初次跨栏的时候，幼儿通常会在栏杆前面徘徊不定，犹豫一会儿才能下定决心是要跳过去还是要跨过去。如果第一个栏杆比第二个栏杆稍微低一点，幼儿会察觉到两根栏杆高度不一样，减少之前跨越时犹豫的时间。由此可见，让幼儿参加适当的身体活动，对幼儿观察能力的发展能起到一定的促进作用。

（四）身体运动对幼儿思维发展的影响

人的思维发展在整体的发展中占据着关键地位。在幼儿时期，思维处于形象思维阶段，凭借对事物的内在关系和本质的理解而进行，很少通过判断、概念和推理来进行思维。打比方来，一个幼儿能正确回答“2 人平分 4 块糖，每人可以分到几块”的答案，但不知道“2 +2 =4”，这说明他们还不能把具体的数字和糖联系起来。幼儿之所以喜欢动画片和童话故事，是因为在这两者中的人物形象非常生动鲜活，理解起来也十分符合幼儿的思维。

大量的实验也表明，随着年龄的增长，幼儿的思维能力会得到缓慢的发展，且身体运动对其产生的影响相对较小。这是因为集体类的身体运动往往把侧重点放在团队意识上，对个体某方面的发展通常不大考虑；而且幼儿的思维主要是具体形象思维，要通过生动鲜明的具体形象才能得到正确的理解。

各种各样的体育活动和身体运动在幼儿的体育教学中是一项非常重要的内容，占用的课时也较多，所以要尽可能地在体育活动中加入提高幼儿思维能力的因素，例如融合一些具体事物的形象，对幼儿的形象思维产生相应的刺激，促进其发展。

（五）身体运动对幼儿记忆力的影响

人类在不断的生活中积累了生存以及生活的经验，并且经过记忆来进行储存。幼儿在成长的过程中，伴随着活动的逐渐复杂化以及语言能力的不断发展，其记忆能力也随之得到了一定的发展。通常情况下，幼儿记忆的能力和容量是随着年龄增长而增大的。在幼儿初期，他们容易记住的都是特色鲜明的、自己感兴趣的、无意识就记住的，这就是无意识记忆，这种记忆不带有策略性和目的性。相关调查研究显示，5 岁以前幼儿的记忆普遍没有策略性，在 5 ~7 岁时逐渐向策略性记忆进行过渡。

很多实验显示，经过一定的训练可以有效地改善幼儿运用记忆策略的能力，而身体运动能非常有效地促进幼儿记忆能力的发展。通过一个个特色的小游戏，使幼儿把这些活动的过程记下来，以此来实现对幼儿记忆能力的促进。通常情况下，为了体现记忆这一过程，每种体育活动都会设计多个环节。

举例来说，在游戏“小松鼠摘果子”中，除了包含跳、跑、投等一些身体动作之外，还要求幼儿完成这些动作后与下一个小朋友击掌，方能使下一个小朋友继续游戏。刚开始的时候，幼儿总是忘记击掌，即使提醒也不知道自己忘了做什么，需要教师把他带过去击掌，而且有些幼儿重复两三次，还是记不住。但是经过多次重复和不断地提醒和强化记忆，幼儿们最终可以记住活动的规则和流程，并最终可以在没有教师帮助的情况下顺利完成游戏。这种体育活动既能使幼儿在集体中愉快地玩耍，又能注意到游戏活动的规则和过程，并在其他小朋友或教师的帮助下得到更多的游戏经验。而体育活动显然不止这一种，不同的活动包含着不同的规则和过程，经常参与到这类活动中，显然对幼儿发展有策略性的、有目的性的记忆能力大有裨益。

总的来说，身体运动能够在一定程度上促进幼儿认知的发展。英国著名学者克洛威尔曾说过："动作是智力大厦的砖瓦。"这句话也是对身体运动在智力发展方面所产生的重要价值的精准凝练和概括。

二、身体运动对幼儿个性发展的影响

很多专家与学者做了大量深入的研究，指出运动能使人的心情开朗、精神振奋、性格活泼，而身体运动是否能够促进人的个性形成和发展，也是专家们竞相研究的课题。他们发现，由于成人的个性已明显形成，因此一般情况下，身体运动对成年人的个性没有太大的影响。但儿童在幼儿期和少年期的运动经验，对其个性的形成却有着非常重要的影响，这一观点也得到了很多理论和实践证实。

（一）身体运动会对幼儿的自我概念产生影响

幼儿身体活动的能力会成为自身行动或行为的基础，并且年龄越小，基础越深。幼儿能做什么，不能做什么，是由其身体活动的能力来决定的。从这个层面上来说，幼儿对自己身体活动能力的确认，很有可能成为其"自我概念"的中心。

人在幼儿期开始逐渐形成个性，这个阶段也是"自我"的萌芽时期。幼儿在这一阶段有怎样的经验以及外界对他的态度与评价，会在很大程度上决定其形成什么样的自我概念，为其日后的个性发展奠定不一样的基础。

举例来说，幼儿如果能自己扣衣服上的小扣子，系鞋带，学会独立跳绳，登上攀登设备，下雨后可以自己跳过小水坑，往往都会得到成人较多的赞许以及小伙伴的羡慕和钦佩，他们也会感到自己很了不起、很有能力，从而逐渐形成肯定自我的概念。这种良好的感觉，会促使他们对其他的事情也抱有较强的自信心，愿意独立而大胆地去尝试新的活动。因此这些幼儿的行为一般都有着较强的积极性和主动性，其探索精神、自主性、独立性也要比同龄的幼儿要强。

幼儿体格发育的过程和他们对外界的态度之间究竟是否存在着某种关联呢？针对这一问题，卡根等人进行了观察和研究，结果发现，幼儿期身体发育的程度，同一般活动行为和水平的积极性有着紧密的联系。一般情况下，凡是胸围宽、肌肉发展良好的儿童，对外界的态度都是能动的、积极的，其社会性的发展也好；相反，肌肉和体格虚弱、发育不良的儿童，其活动水平相对就低得多，对外界也是被动接受的态度，缺乏一定的社会性，对亲人和熟悉的环境有着较强的依赖性。

幼儿在参加身体运动时，一般都会伴有强烈的情绪和情感体验。一旦其成功地完成了某一个动作，由此带来的喜悦心情会促使幼儿自我感知水平得到提高，自信心增强，以后当他再度面临新的活动，甚至困难或挑战时，他也会充满信心地去尝试或克服。这样良好的情绪体验，对幼儿心理的健康发展是极为重要的。

综上所述，在对幼儿进行身体运动的指导和教育时，教师应该不断地提高发展他们身体素质和身体活动的能力，促使其身体机能的协调发展。这样做的最终目的就是让幼儿获得对自己能力的认可和更多成功的体验，能使他们变得更加主动、积极、独立和自信。与此同时，教师也要注意自己的言行，懂得尊重儿童，尤其是对那些反应较慢、动作较笨拙的幼儿，不应当粗暴地批评和催促，更应该耐心地帮助和指导，并给予更多的鼓励和关心，这对幼儿个性的健康发展有着非常重要的影响。

（二）身体运动能提升幼儿的运动能力、个性特征

大量的研究结果显示，幼儿的性格与其身体的柔韧性、平衡性并没有太大的关系，但幼儿的瞬发力、肌耐力、协调力却与性格密切相连。除此之外，运动的持久性也与性格有很大的关联，这是因为运动往往需要意志的伴随。具体的情况是顽固而缺乏通融性的幼儿，其各项运动能力的测定成绩均较差；明朗活泼但有点慌张的幼儿，测定的成绩不稳定；做事较慢但很认真、努力的幼儿，其运动能力测定的成绩都较好，尤其是肌耐力；老实但缺乏气力的幼儿，瞬发力、肌耐力基本上是幼儿中最差的。

另外，许多专家学者也进行了其他的研究，来证明个性特征与运动能力之间也存在着密不可分的关系。例如，喜欢运动的幼儿，其性格较为开朗，且判断力较强，做事比较果断；反应较迟钝，但意志力很强的幼儿，往往做任何事情都能坚持到底，这样的孩子虽然在富于敏捷性、瞬发力或技巧性的动作中表现相对较差，但发挥时比较自信、从容。

作为幼儿体育的教师，应该对幼儿个性、行为与运动发展的特征之间的关系有清晰的认识和掌握，借助于不同类型的身体运动，有针对性、有目的地促进幼儿某些良好个性品质的形成，这也是一种因人施教。在开展教学的过程中，对于那些比较灵敏、活泼爱动，但稳定性和自控能力较差或者缺乏意志力的幼儿，可以让他们多参加需要意志力或者与平衡能力有关的活动；对于那些意志力较强，但不够敏捷的幼儿，可以多让他们进行躲闪跑、跳跃等能够锻炼其身体灵活度的活动。

（三）身体运动能提高幼儿的社会适应能力

从大量的实践教育中不难发现，对于儿童来说，其身体活动的能力往往是其他一切行为的基础，且年龄越小，这个特点就越明显。从这一点上来说，幼儿对自己身体活动能力的肯定程度，对其以后的意识发展和精神的成长非常重要。身体运动的项目和种类很多，有一些是可以个人单独进行的，但绝大多数运动需要在社会性的场合中进行。这时，幼儿需要学会与他人友好合作，克服自己的冲动，遵守游戏规则，学会等待和忍耐，在活动中提高自己的自信心。

参加体育运动，还需要有一定的团体意识和竞争意识，有较强的责任感，幼儿通过这些活动培养了自身的团队意识，对其以后的发展起到非常关键的作用。很多幼儿在上幼儿园之后经常出现孤立、胆子小的情况，协作意识也比较欠缺。因此，对幼儿的教育应充分考虑到这些现象，要帮助他们树立起团队意识，要多给他们提供可以培养团队意识的环境，让他们自己在这种环境中健康成长。培养幼儿团队意识的体育活动有接力赛、儿童足球等。通过这些活动把孩子们组织到一起，让他们在这种既愉快又紧张的氛围中逐步树立团队意识。这种教育方式，让幼儿学会在生活中充当不同的角色，在无意识中不断地积累集体生活的经验，学会自我约束，从而使他们的团队意识得到进一步加强。

总的来说，身体运动为培养幼儿良好的个性品质和社会适应能力创造了有利的条件和机会。

（四）身体运动能激发幼儿愉快的情绪

运动可以帮助人从紧张的心理状态中走出来，使人心情愉快、忘却烦恼，这一点已经得到了众多研究学者的一致认可。幼儿进行适当的身体运动，能够刺激其情绪中枢，使其产生兴奋、愉快的感受和情绪体验。运动可以减少幼儿不良情绪的产生，转移幼儿的注意力，或者使他们的不良情绪得到适当的释放或发泄。幼儿参加具有一定活动量的身体运动，还可以使体内过多的能量得到消耗，这能使他们感到轻松。运动过程中，一旦幼儿获得成功，带来的良好情绪感受会使他们更加积极、活泼、开朗并且充满自信。

综上所述，幼儿体育教师应当充分认识并且挖掘身体运动对幼儿心理发展的重要价值，使他们在身体运动中既能得到身体上的锻炼，增强体质，又能在心理上得到有益的发展，促进他们身心健康、和谐、全面地发展。

第四章　幼儿体质的测试与评价

第一节　幼儿体质测试与评价基础知识

一、体质与健康概述

（一）体质概述

1. 体质的定义

体质，顾名思义，即人的身体质量，它具体指的是人体的健康水平以及对外界的适应能力。它是在遗传性和获得性的基础上，表现出来的人体形态结构、生理功能和心理因素的综合的状况和特征，而这种特征和状况往往因人而异。

幼儿在体质方面所具有的差异性较为鲜明，这能够通过形态发育、生理机能、心理状态、身体素质、运动能力、对环境的适应能力及对疾病的抵抗力等诸多方面体现出来。要想切实增强幼儿的体质，不仅要改善物质生活条件，同时还要增加幼儿的体育锻炼。

2. 理想体质的含义

理想体质具有明显的人群特征，如年龄、性别、种族和职业等。理想体质是指人体良好的质量，它是在遗传的基础上，经过后天的努力塑造所达到的全面良好状态。

理想体质主要标志如下：一是身体健康，主要脏器无疾病；二是身体形态发育良好，体格健壮，体型匀称；三是对自然和社会环境有较强的适应能力；四是有较强的运动能力和劳动工作能力；五是呼吸系统、心血管系统和运动系统具有良好的生理功能；六是心理发育健全，情绪乐观，意志坚强，有较强的抗干扰、抗刺激的能力。

（二）健康概述

1. 健康的定义

在各个历史发展阶段中，健康这一概念所具有的阶段性是较为明显的，对它的概念的阐释有着较为鲜明的时代特征。关于健康，传统观念认为“无病即健康”，而现代人对这一概念的阐释则更加具有整体性，并且认为心理健康具有和生理健康同样的重要性。根据世界卫生组织给出的解释：健康不仅指一个人身体有没有出现疾病或虚弱现象，而且还指一个人生理上、心理上和社会上的完好状态，这就是现代关于健康的较为完整的科学概念。这一概念是积极的、科学的，是从生理、心理和社会方面进行完美的理解和论述。因此，现代人的健康内容包括躯体健康、心理健康、心灵健康、社会健康、智力健康、道德健康、环境健康等。

2. 理想健康的含义

健康是人类的一项重要财富。世界卫生组织把理想健康标准的标志概括为以下十个方面的内容，具体如下：

（1）善于休息，睡眠良好。

（2）头发有光泽，无头屑。

（3）能够抵抗一般性感冒和传染病。

（4）适应力强，能适应环境的各种变化。

（5）眼睛明亮，反应敏锐，眼睑不易发炎。

（6）肌肉、皮肤富有弹性，走路感到轻松。

（7）体重得当，身材均匀，站立时，头肩臀位置协调。

（8）牙齿清洁无空洞，无痛感，齿龈颜色正常，无出血现象。

（9）处事乐观，态度积极，乐于承担责任，事无巨细不挑剔。

（10）有足够充沛的精力，能从容不迫地应付日常生活和工作的压力而不感到过分的紧张。

3. 健康的标准

人体健康的标准有以下几条：

（1）食得快。进食时有很好的胃口，能快速吃完一餐饭而不挑剔食物，这证明内脏功能正常。

（2）便得快。有便意时能很快排泄大小便，且感觉轻松自如，说明胃肠功能良好。

（3）睡得快。上床能够很快熟睡，且睡得深，醒后精神饱满，头脑清醒。

（4）说得快。语言表达正确，说话流利，表示头脑清楚，思维敏捷，中气充足，心、肺功能正常。

（5）走得快。行动自如、转变敏捷，证明精力充沛旺盛。

（6）良好的个性。性格温和，意志坚强，感情丰富，具有坦荡胸怀与达观心境。

（7）良好的处事能力。看问题客观现实，具有自我控制能力，适应复杂的社会环境，对事物的变迁能始终保持良好的情绪，能保持对社会外环境与机体内环境的平衡。

（8）良好的人际关系。待人接物能大度和善，不过分计较，能助人为乐，与人为善。

（9）适量运动。运动能改变血液中化学成分，有利于防止动脉血管硬化，保护血液、维护心血管系统的健康。要经常参加以耐力性为主的运动项目，如跑步、球类、登山等。

（三）体质与健康的关系

体质和健康这两个概念之间既具有一定的联系，又存在着区别。

体质的强弱和健康（广义的）状况的好坏，都涉及形态发育、生理功能、心理状态和社会因素等方面。不同的是，体质是人体的质量，是一切生命活动的物质基础，主要反映着身心的内在因素；而健康则是体质状况的反映和心理健康水平的表现，反映着身心两方面的外在因素。

二、幼儿体质测试和评价的基础知识

（一）测定幼儿体质的意义

测定幼儿体质的意义有以下几个方面：

（1）此项工作能够对教师制订教育计划起到协助作用。教师能够以幼儿身体发育水平、机能状态、身体素质及心理状态等方面的情况为重要依据，很好地制定今后工作的教育方案，选择教育内容，安排活动进度，选择不同的教育方法，以及对教育课程进行全方位的调控和改革等一系列的工作。测定幼儿体质为提出符合实际的教育活动目标，改善和调控课程的全过程提供了科学依据。

（2）掌握对体质测定和评价工作的一套严密的科学测量、统计、组织管理等方法，有利于教师把握好幼儿体质变化发展的具体规律，从而有利于在日后的教学和工作中对幼儿体质理论和方法展开更加深入的探索和研究。同时，在教育的实施过程中，教师可以根据幼儿体质的差异，密切地与家长配合，对幼儿提出不同要求，因材施教，提高他们参加身体运动的积极性和自觉性，从而达到增强其体质的目的。

（3）体质测定和评价所得出的数据和分析的情况，对领导者发现问题、研究对策、改进工作措施等方面均有一定的参考价值，这就可以为上级领导部门对今后工作的决策，提供有价值的信息和理论依据。如卫生部、教育部制定学前教育纲要和教育法规时，必须要以这些信息和数据作为理论依据。

（4）学前教育机构为了增强幼儿体质，必须要认真分析和研究影响体质强弱的各种因素，总结工作经验，及时采取相应的措施，如改善环境条件、平衡膳食及加强体育活动等，这为学前教育机构制定教育目标以及实现教育方针提供了科学的依据。

（二）幼儿体质测定与评价

针对幼儿开展定期的体质测定和评价，既能够对幼儿体质的发展规律和趋势等有一个明确的把握，对幼儿体育工作和增强幼儿体质的实效加以检查和评定，还能够据此对幼儿体质强弱的诸多因素展开分析和研究，并从加强科学的体育活动与身体锻炼、改善营养和环境条件等方面出发，及时采取相应的措施，以便更加有效地增强幼儿的体质。所以，幼儿体质的测定与评价工作，是研究幼儿体质状况的两个紧密相连的环节。

1. 幼儿体质的测定

若要获得真实可靠的、科学有效的反映幼儿体质基本状况的原始数据资料，那么体质这个概念就不再是复杂和抽象的了，而是变得数据化和具体化。因此，幼儿体质的测定，就要选择若干个客观、有效和切实可行的项目指标，运用准确经济、简便易行的测量手段，采取严密、科学的测试方法和程序，从若干个方面对幼儿的体质特征进行测量。

2. 幼儿体质的评价

幼儿体质的评价，是指依据所收集的定向的数据资料，按照可靠的、有效的评价理论、标准和方法，评定幼儿体质强弱、优劣的过程。幼儿体质测定的结果本身，并没有什么意义可言，只有加以分析、比较和评价之后，才具有实际的意义和价值。所以，在评价幼儿体质之后，还要以此为基础对影响幼儿体质强弱的主要因素加以研究和分析，并有针对性地提出增强幼儿体质的方法和措施等。

深入开展幼儿体质的测定与评价工作，加强对幼儿体质的调查研究，既是幼儿园顺利开展工作的前提和必要条件，也是增强整个中华民族的体质、提高人口素质的一项重要措施。幼儿体质测定与评价的整个过程，可以通过图 4-1 反映出来。

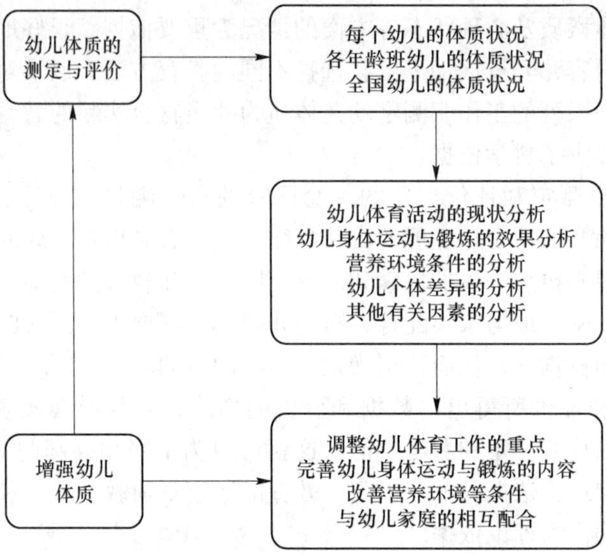

图4-1 幼儿体质测定与评价的过程图

第二节 幼儿营养卫生

在机体生长发育的过程中，必然离不开营养素这一物质基础。幼儿更加需要合理的营养，其原因在于幼儿正处于身心发育极为旺盛的时期，他们所需要的各种热量和营养素相对比成人多。加之营养对于幼儿生长发育的影响是一个渐进的过程，营养失调对机体产生的不利影响，需经过较长时间的生物化学变化，最终才以各种形式的营养性疾病表现出来，有些成年期疾病（如动脉硬化、肥胖症等）的预防，也需要从儿童时期开始调整饮食营养。因此，研究幼儿营养卫生有着重要意义。

一、与营养有关的定义

营养是指机体摄取、消化、吸收和利用食物的整个过程。营养素是指能满足机体维持正常生理功能和从事劳动所需要的热量以及提供细胞组织生长发育与修复的材料的各种营养成分，即蛋白质、脂肪、碳水化合物、无机盐、维生素和水，其中蛋白质、脂肪和碳水化合物又称为产能营养素，无机盐、维生素和水又称为非产能营养素。为了满足幼儿生长发育的需要，必须通过每日膳食向机体提供一定数量的各种营养素，这一数量被称为每日膳食中营养素供给量。营养素供给量是根据机体对营养素的需要量而确定的。营养素的需要量是指维持人体正常生理功能、保持健康所必需的营养素的最低量。供给量不仅要考虑到机体的生理需要，而且要考虑到食物的加工制作和饮食习惯以及不同个体的吸收等因素。

二、幼儿所需热量

人类的身体在新陈代谢时往往伴随着各种形式的热量转换。若是较长一段时期内身体都处于能量供应不足的状态，那么幼儿的生长就会减慢，其体重也会下降；而长期热量摄入过多，同样会引起生理功能的改变，甚至导致疾病的发生。因此，为幼儿提供合理而适宜的热量是保证健康的必要前提。

热量单位用千卡（1kcal = 4.184kJ）表示，1kcal 即在正常大气压下，将 1kg 水从 14.5℃加热到 15.5℃所需的热量。食物经体内氧化后可产生一定的热能，经测热器测定，每克蛋白质产生热量 4.1kcal，每克脂肪产热 9.3kcal，每克碳水化合物产热 4.3kcaL。但在消化过程中，热量稍有损失，故这三种营养素产热的实际值分别为每克 4kcal、9kcal、4kcal（又称生热系数）。一般来说，幼儿对热量的需要包括以下五个方面。

（一）基础代谢需要消耗热量

基础代谢是指机体在清醒、安静、空腹的情况下，在气温为 20～25℃的适宜环境中，为维持体温、肌张力和内脏生理活动的代谢过程所需要的热量。基础代谢率随体表面积的增加而逐渐减少，婴儿期每日每千克体重约需热量 55kcal，7 岁时每日每千克体重约需 44kcal，12 岁以后至成年每日每千克体重约需 30kcal。不同器官在基础代谢中所占的比例也随年龄有所不同。例如，脑代谢占总基础代谢的比例在婴儿期为 1/3，到成年时减少到 1/4；而肌肉消耗的热量在婴儿期仅占总基础代谢的 8%，到成年期则占 30%。相对来说，幼儿有着较高的基础代谢率，除了因体表面积相对较大、热量散失较多以外，还与幼儿的机体组织生长旺盛，从而参与新陈代谢的组织占有较大的比例有关。

（二）食物的特殊动力作用需要消耗热量

食物的特殊动力作用是指机体由于摄取食物而引起体内能量代谢的增加。食物的特殊动力并不会增加热量来源，而只是会让机体的热量消耗有所增加。食物的特殊动力作用与进食的总热量无关，而与食物的种类有关。各种营养素或食物都表现出食物的特殊动力作用，其中蛋白质最强，相当于蛋白质所产生热量的 30% 左右，持续时间长达 10～12h；碳水化合物为其本身所产生热量的 5%～6%，脂肪为 4%～5%，持续时间约为 1h。对婴儿来说，食物的特殊动力作用占总热量的 7%～8%，而对采用混合膳食的儿童来说则为 5% 左右。

（三）幼儿活动需要消耗热量

肌肉运动会消耗身体的热量。不同幼儿的肌肉活动所消耗的热量也具有较大的不同。消耗多少热量主要是由活动量、活动时间、动作熟练度等决定的。通常，安静型的儿童消耗热量较少，而同龄的好哭多动的幼儿所消耗的热量比安静型儿童多出 3～4 倍。初生婴儿只是啼哭、吮吸乳汁，因此这部分热量消耗不多，一般来说，婴儿每日每千克体重需 15～20kcal 热量。随着年龄的增长，儿童活动量、活动时间以及活动的复杂程度增加，这部分的需要量也相应增加，到 12～13 岁时，每日每千克体重约需 30kcal 热量。

（四）幼儿生长发育需要消耗热量

幼儿的生长发育有着较快的速度，并且这种生长速度与其生长所需热量是成正比的，所以说婴幼儿期和青春期生长需要消耗更多的热量。出生 6 个月以内的婴儿，每日每千克体重需要的热量可达 40～50kcal；6 个月～1 岁，每日每千克体重需要的热量为 15～20kcal；1 周岁以后减少到每日每千克体重需要热量 5kcal；青春期又增高。

（五）幼儿排泄需要消耗热量

尽管人体每天会摄入很多食物，但是这些食物的热量并不能全部被人体吸收。一般来说，从食物不被吸收部分丢失的热量大概占总热量的10%以下。

以上提到的几个方面就是幼儿所需热量的总和。实际应用时主要根据年龄、体重和生长速度加以估计，不同年龄的幼儿每日每千克体重所需的总热量见表4-1。

表4-1　不同年龄幼儿每日每千克体重所需总热量 (kcal)

新生儿第1周	60	4周岁	约100
新生儿第2~3周	100	7周岁	约90
出生2~6个月	110~120	15周岁	约60
出生6~12个月	100~110		

通常，幼儿有着较快的生长速度，有着较高的基础代谢率，且有着较大的活动量。和成年人相比，他们所需要消耗的热量相对较多，并且年龄越小，他们所需要的热量就会越多。但应当指出的是，即便有些儿童体重、年龄等非常相似，但也会因个体差异等而使热量的消耗有所不同。

三、产能营养素

（一）蛋白质

1. 蛋白质的生理功能

蛋白质的生理功能主要有以下三种：

（1）对机体组织进行合成和修补。蛋白质是合成机体细胞原浆和体液的主要成分，在人体的化学组成中，其含量仅次于水，约占成人体重的1/5。肌肉和神经组织内蛋白质成分最多，其他组织中含量也很丰富。人体内蛋白质处在不断合成和分解的过程中，旧的组织需要不断更新和修补。幼儿不仅需要蛋白质补充损耗，还要满足其生长发育的需求，故所需蛋白质数量相对较多。

（2）对生理功能予以调节。蛋白质是构成抗体、激素、酶等物质的基本原料，这些物质都参与调节机体的生理功能。蛋白质还促进某些无机盐和维生素的吸收和利用，调节细胞内、外液的渗透压和体液的酸碱平衡。

（3）供给人体所需热能。在组织不断更新的过程中，有一小部分氨基酸不再被机体利用而分解产生热量。在一般情况下，人体每天所需要的热量有10%~15%来源于蛋白质，蛋白质不是热量的主要来源。但当机体从肠道中吸收的氨基酸数量过大（即摄入过量蛋白质）或其他产热营养素摄入不足时，体内蛋白质将作为人体热能的主要来源，这样既不经济，也影响蛋白质的利用。

2. 蛋白质的营养价值

下面分析蛋白质的组成、种类、来源和供给。

（1）蛋白质的组成：蛋白质由多种氨基酸组成。已经发现的氨基酸有20余种，可以分成两类：一类是必需氨基酸，即必须由食物提供、人体自身无法合成的氨基酸；另一类是非必需氨基酸，即人体可以合成或可由其他氨基酸转化而来的氨基酸。人体内各种各样的蛋白质就是由氨基酸的不同组合形成的。

幼儿在生长发育期间需要九种必需氨基酸，它们是赖氨酸、色氨酸、蛋氨酸、苯丙氨酸、亮氨酸、异亮氨酸、苏氨酸、缬氨酸、组氨酸。必需氨基酸供应不足时，人体不能合成新生和修补机体组织所需的蛋白质，从而导致蛋白质营养不良。人体除了需要一定数量的必需氨基酸之外，还要求各种氨基酸之间的比例必须符合人体的要求，如果缺乏某种必需氨基酸，那么其他氨基酸也无法得到充分的利用，理想的氨基酸需要量模式，见表4-2。各种食物的氨基酸比例不可能完全符合理想模式，但可以利用蛋白质的互补作用，提高食物的营养价值。所谓蛋白质的互补作用是指将几种营养价值较低的或营养价值不同的食物合理搭配、混合食用，使食物蛋白质之间相互补偿相对不足的氨基酸，使其比例接近理想模式，从而提高蛋白质的营养价值。

表4-2　理想的氨基酸需要量模式　(mg/g)

名　称	每克蛋白质的含量	名　称	每克蛋白质的含量
异亮氨酸	40	苯丙氨酸＋酪氨酸	60
亮氨酸	70	苏氨酸	40
赖氨酸	55	色氨酸	10
蛋氨酸＋胱氨酸	35	缬氨酸	50

（2）蛋白质的种类：根据营养价值的高低，蛋白质可分成以下三类：

1）完全蛋白质。含有的必需氨基酸种类齐全，且相互之间的比例适当，数量充足。例如，乳类中的乳蛋白和酪蛋白、蛋类中的卵蛋白、黄豆中的黄豆蛋白等，其成分与人体蛋白相似，既能维持人体的生命和健康，又能促进儿童的生长发育。

2）半完全蛋白质。含有的必需氨基酸种类齐全，但相互之间的比例不适当。例如，小麦、大麦中的麦胶蛋白，当这类蛋白质作为膳食蛋白质的唯一来源时，仅能维持机体的生命，而不能促进儿童的生长发育。

3）不完全蛋白质。含有的必需氨基酸种类不全，例如，肉皮中的胶质蛋白、玉米中的玉米胶蛋白。当这类蛋白质作为膳食蛋白质的唯一来源时，既不能维持生命活动，更不能促进生长发育，是一种营养价值很低的蛋白质。

4）蛋白质的利用率：食物蛋白质在机体内消化吸收后被利用的程度称为蛋白质的利用率，一般用“生物价”（即蛋白质生物学价值）来表示。完全蛋白质的生物价较高，半完全蛋白质和不完全蛋白质的生物价较低，见表4-3。

表4-3　几种常见食物蛋白质的生物价

鸡蛋	94	大米	77
鸡蛋黄	96	小麦	67
鸡蛋白	83	玉米	60
脱脂牛奶	85	小米	57
鱼	83	白面粉	52
牛肉	76	熟大豆	64
猪肉	74	生大豆	57

3. 蛋白质的来源和供给量

瘦肉、鱼、奶、蛋四类食物是动物性蛋白质的主要来源，豆类、硬果类和谷类是植物性蛋白质的主要来源。其中以动物性食物的蛋白质与豆类（主要是大豆）蛋白质所含的必需氨基酸比较齐全且比例适当，因此又称为优质蛋白。各类食物的蛋白质含量，见表4-4。

表4-4 各类食物的蛋白质含量 （%）

肉鱼类	鲜奶类	蛋类	干豆类	硬果类	谷类	薯类
10~20	3~3.8	11~14	20~40	15~30	6~10	2~3

幼儿生长发育较快，他们需要更多的蛋白质供应量。幼儿由蛋白质所供给的热量占每日总热量的8%~15%，为了满足机体生长的需要，每日摄取的蛋白质最好有一半是优质蛋白。幼儿如果蛋白质摄入不足，就会导致生长发育迟缓，体重减轻，易疲劳，易产生贫血，抵抗力下降，创伤和骨折不易愈合、恢复缓慢等问题。蛋白质严重缺乏时，会出现营养不良性水肿。

摄入蛋白质的总需要量常以“能满足多数人的最小需要量”来表示，世界卫生组织称为“安全水平”。由于发现当能量摄入足够时，可降低机体对蛋白质的需求，故近年来蛋白质需要的推荐量逐渐减少。

（二）脂肪

依照化学构造的不同，脂肪可分为单纯脂肪和复合脂肪两大类。单纯脂肪中的真脂是由甘油和三个脂肪酸构成的，故又称为甘油三酯。食物所含脂肪大部分为真脂，游离脂酸、卵磷脂及胆固醇等仅占一小部分。构成真脂的脂酸，有饱和与不饱和两种。脂肪所含的几种不饱和脂酸，如亚麻二烯酸、亚麻三烯酸、花生四烯酸等不能在体内由碳水化合物及蛋白质合成，称为必需脂肪酸。

1. 脂肪的生理功能

脂肪的生理功能包括以下几个方面：

（1）脂肪是人体不可或缺的组成部分。脂肪是神经组织、脑、心、肝、肾等组织的组成物质，摄入充足的磷脂对大脑的发育和代谢是有益的。

（2）供给人体所需热能。每克脂肪在体内完全氧化能产生9kcal的热量，比碳水化合物及蛋白质的产热量高一倍以上。人体内的脂肪是热能的储存仓库，热能摄入超过消耗时就变成脂肪储存在体内，而当热能摄入不足时就首先消耗脂肪。

（3）提供必需脂肪酸。必需脂肪酸是构成人体组织细胞的重要成分，一旦缺乏便会影响儿童的生长发育，表现为皮肤角化不全、伤口愈合不良、心肌收缩力降低、免疫功能发生障碍、血小板减少、生长停滞等。

（4）提供脂溶性维生素，并促进脂溶性维生素的吸收。食物脂肪中常含有丰富的脂溶性维生素，如鲨鱼肝油中含有较多的维生素A和维生素D，植物油中含有较多的维生素E。脂肪还能促进脂溶性维生素的吸收，食物中的维生素A、D、E、K必须溶于脂肪后才能被机体消化吸收，故膳食中若长期缺乏脂肪，则容易导致脂溶性维生素A、D、E、K的缺乏。另外，脂肪还能增加幼儿的食欲和食物美味。

（5）对机体组织和器官起到保护作用。脂肪层犹如软垫，使机体各器官减少相互间的摩擦，并起固定和保护作用。例如，足底脂肪垫在人行走时可起到一定的缓冲作用。

（6）减缓散热。脂肪不易传热，有助于机体保持体温恒定，并抵抗寒冷。

2. 脂肪的食物来源及供给量

一般来说，植物脂肪、动物脂肪是最主要的脂肪来源。乳类、蛋黄、猪油、肉类、奶油、肝类、鱼类、鱼肝油、植物油等，都是食物脂肪的重要来源，必需脂肪酸的最好来源是植物油类。

若幼儿摄入过多的脂肪，就会对其身心发展造成不利影响，不仅会让幼儿消化差、大便多，而且会为以后的动脉粥样硬化埋下隐患。所以应该对幼儿的脂肪摄入量有所控制，特别要注意的是不要让幼儿摄入胆固醇含量过高的食物。

（三）碳水化合物

碳水化合物又称为糖类，由碳、氢、氧三种元素构成。根据其分子结构，可分为单糖、双糖、多糖等数种。单糖有葡萄糖、果糖、半乳糖等；双糖有乳糖、蔗糖、麦芽糖等；多糖有五谷粉、淀粉、糖原、纤维素和果胶等。除单糖外，其他糖类必须先经过唾液、胰淀粉酶分解为双糖，再经肠道的消化酶分解为单糖后，才能被小肠吸收。其他未被吸收部分在回肠下部及结肠内受细菌作用而发酵分解，产生乳酸及其他低级脂酸，从而促进肠的蠕动。

1. 碳水化合物的生理功能

碳水化合物在人体中有以下生理功能：

（1）产生热能。每克碳水化合物在体内氧化后，可产生 4kcal 热量，虽然低于脂肪，但它可以大量食用，且在体内释放能量较快，因此，碳水化合物是人体最经济、最主要的热量来源。葡萄糖则是脑组织唯一的能量来源。

（2）构成细胞和组织。正常细胞含有 2%～10% 的碳水化合物，这些碳水化合物与脂肪酸或蛋白质结合，构成糖脂、糖蛋白和蛋白多糖，它们主要分布在细胞膜、细胞浆以及间质中。

（3）抗生酮和解毒作用。当体内缺乏碳水化合物、以脂肪为供热的主要来源时，可能因氧化不全而产生酮体。酮体是一种较强的有机酸，在血液中达到一定浓度时即发生代谢性酸中毒。碳水化合物的解毒作用还体现在它能增加肝脏内肝糖原的储存量，从而加强肝脏的解毒能力。

（4）膳食纤维对胃肠的保护作用。膳食纤维是植物食物的一种成分，主要是不能利用的碳水化合物，它可刺激肠道蠕动，促使粪便排出，从而减少肠胃疾病，也有利于防治肥胖。

2. 碳水化合物的食物来源和供给量

在食物中，谷类和块根类首先是碳水化合物的主要来源，它们含有大量淀粉以及少量的单糖或双糖；其次是各种食糖，如蔗糖和麦芽糖等。蔬菜和水果是纤维素和果胶的主要来源，并含有少量的单糖。

幼儿膳食所供碳水化合物的热量占总需热量的 50%～60%。若碳水化合物供应不足，机体将动用脂肪和蛋白质来保证热量需求，这样既不经济，也会引起生理机能的紊乱。幼儿膳食中碳水化合物供给量的比例不宜太高，占总热量的 50% 即可。若摄入过多的碳水化合物，可在体内转变成脂肪储存起来，因此最初体重增长十分迅速，但因蛋白质相对供应不足，易出现面色苍白，而且容易导致血浆白蛋白和免疫球蛋白降低，发生营养不良性水肿。

四、非产能营养素

（一）维生素

要想维持人类正常的生活，并不可少的一类营养素就是维生素。维生素无法在体内合成或者在体内合成的量不足，所以人类更多的是从外界获取到维生素。维生素不是热能来源，也不构成机体组织，其主要功能是调节人体的新陈代谢，尤其是与酶有密切关系。如果膳食中某种维生素长期缺乏，可引起机体代谢紊乱，出现病理改变，形成维生素缺乏症。维生素的种类很多，根据其溶解性，可分为脂溶性维生素和水溶性维生素两大类。

1. 脂溶性维生素

脂溶性维生素的特点是溶解于脂肪及脂肪溶剂中，可储存于体内，排泄缓慢，无须每日供应，缺乏后症状出现较迟，但摄入过量易中毒。脂溶性维生素包括以下几种。

（1）维生素 A。维生素 A 的活性形态是维生素 A 醇（维生素 A_1），它易氧化为相应的维生素 A 醛，这个氧化过程是可逆的。在视网膜杆体细胞中，维生素 A 醛与视蛋白结合成的视紫红质，为暗光中视觉所必需。因此，维生素 A 缺乏会妨碍视紫红质的合成，从而导致夜盲。维生素 A 还与皮肤和黏膜的完整性有关，若缺乏可造成皮肤角化过度、黏膜干燥，外分泌腺的导管可被角化过度的细胞所阻塞，泪腺上皮不健全，分泌停止，发生眼干燥症，甚至失明，故维生素 A 缺乏症又有夜盲症、干眼症及角膜软化症之称。

维生素 A 主要存在于动物性食物中，以动物肝脏含量最丰富，其他如鱼肝油、蛋黄、乳类以及各种红、黄、绿色蔬菜和水果中也含有大量维生素 A。

维生素 A 的需要量与幼儿的生长成正比，幼儿的需要量相对比成人多。每日膳食中不同年龄幼儿维生素 A 的供给量分别为：初生 ~1 岁 200μg，1 ~2 岁 300μg，2 ~3 岁 400μg，3 ~4 岁 500μg，5 ~7 岁 750μg。

摄入过量鱼肝油或注射维生素 A 过量可导致机体维生素 A 中毒，表现为食欲减退，颅内压增高，多汗，脱发，皮肤干燥，肝脾肿大，四肢疼痛，易发生骨折，生长发育停滞。

（2）维生素 D。植物中的麦角固醇及人和动物的皮肤和脂肪中含有的 7 - 脱氢胆固醇，经紫外线照射后，分别形成维生素 D 和维生素 D_3。食物中的维生素 D_3 常与脂肪一起在小肠内被吸收。维生素 D_3[25(OH)D] 为维生素 D 在血液的主要形式，也是判断人体维生素 D 营养状况的重要指标。

维生素 D 能够促进钙、磷的吸收，对骨骼的生成极为重要。婴儿缺乏维生素 D 易发生佝偻病及手足搐搦症。

通过正常膳食和接触阳光，成人一般不会发生维生素 D 缺乏症，但对处于生长发育过程中的幼儿和其他特殊人群来说，要注意多晒太阳，并以食物适当补充维生素 D。维生素 D 含量丰富的食物有肝脏、禽蛋等，奶类及植物性食物含量均偏低。鱼肝油虽含有丰富的维生素 D，但在作为以奶为主的婴儿补充鱼肝油时，要注意不可过量，否则易引起维生素 D 中毒，导致食欲不振、呕吐、便秘、血钙过高，甚至发生肾及其他脏器钙盐沉淀，严重损害肾功能。幼儿每日需要维生素 D 10μg。

（3）维生素E。维生素E又称为生育酚，是一种黄色油状的脂溶性维生素，是细胞膜的稳定剂或保护剂，保护红细胞膜的不饱和脂肪酸免于氧化破坏。维生素E缺乏可导致新生儿溶血增加。

（4）维生素K。天然产物的维生素K_1和K_2是脂溶性的，化学合成的维生素K_3是水溶性的。维生素K能够刺激凝血酶原的形成，使凝血作用得以顺利进行。

菠菜、白菜、海带、栗子中维生素K含量较高，肝脏、蛋黄、黄豆、米糠中含量也比较丰富。人体肠道细菌也可合成维生素K，长期使用抗生素可抑制肠道细菌的繁殖，从而造成维生素K的缺乏。新生儿出血症往往就是因为新生儿肠道内细菌太少，合成的维生素K不足，导致凝血失常。

2. 水溶性维生素

水溶性维生素有以下几种：

（1）维生素B_1（硫胺素）。维生素B_1是碳水化合物正常代谢的必要物质，能影响组织的能量供应，增强机体的心肌收缩力，有利于神经冲动的传导。维生素B_1不溶于脂肪，在弱酸溶液中很稳定，但溶于水，在碱性溶液中或遇热时极易被破坏。维生素B_1存在于肝、肾、瘦肉（特别是猪肉）、乳类、米糠、豆类、硬果类等食物中。谷类加工过细会损失大量的维生素，食物中常含有抗硫胺素因子，故食物存放时间过长也会降低维生素B_1含量。

维生素B_1的缺乏可导致消化、神经和心血管诸系统的功能紊乱。维生素B_1缺乏症即脚气病，表现为容易疲乏、四肢无力、肌肉萎缩、感觉迟钝，甚至心力衰竭。乳母缺乏维生素B_1，可导致乳儿脚气病的发生，一般表现是烦躁不安，哭声嘶哑，吸吮困难，颈肌和四肢肌肉无力，严重时可发生惊厥，易造成死亡。

人体全身大概含维生素B_1 30mg，主要在小肠内吸收，多余部分从尿中排泄。

（2）维生素B_2（核黄素）。维生素B_2是机体多种辅酶的组成成分，这些辅酶与特定的蛋白质结合形成黄素蛋白。维生素B_2在氨基酸、脂肪和碳水化合物的代谢以及细胞呼吸中起着重要的作用。维生素B_2溶于水，在碱性溶液中和光照下易被破坏，耐热，耐酸，不易被氧化。

鸡蛋、肝脏、乳类、瘦肉、鱼等动物性食物中含有较为丰富的维生素B_2，绿色蔬菜中也有一定的维生素B_2，但含量不高。因此，在以植物性食物为主的人群中，维生素B_2缺乏者较为常见。

维生素B_2缺乏症表现为口角糜烂，阴囊发炎，角膜溃疡，生长停滞。

（3）维生素PP（烟酸）。维生素PP中具有生理活性的衍生物烟酰胺，参与辅酶Ⅰ和辅酶Ⅱ的形成，数百种脱氢酶需要辅酶Ⅰ或辅酶Ⅱ的协同作用才能发挥应有功能，故维生素PP具有广泛的生理作用。维生素PP易溶于水，性质比较稳定，不易被酸、碱、热破坏，也不易被氧化。

肉类、肝脏、花生、酵母等食物中含有较为丰富的维生素PP，其他动植物食物中含量较少。

每60mg色氨酸可在体内形成1mg烟酸，但转换能力因人而异。维生素PP缺乏可导致癞皮病，表现症状为皮炎、腹泻、精神抑郁。

（4）维生素B_6。维生素B_6包括吡哆醇、吡哆醛和吡哆胺三种可以互相转换的形式，已经发现人体中有60多种酶需要磷酸吡哆醛以构成其辅酶。维生素 B_6 参与蛋白质和脂肪的代谢，是人脑发育的重要物质。维生素 B_6 还作用于色氨酸使之成为烟酸，故维生素 B_6 的缺乏也可出现癞皮病。维生素 B_6 溶于水，对光和碱敏感，加热后极易被破坏。

蛋黄、肉、鱼等食物中含有较为丰富的维生素 B_6，谷物和蔬菜中也有少量。加工和烹调十分容易造成维生素 B_6 的损失。

婴儿缺乏维生素 B_6 会躁动不安，发生惊厥。幼儿维生素 B_6 缺乏会导致生长停滞。孕妇缺乏维生素 B_6 会影响胎儿的脑发育。

（5）叶酸。叶酸是B族维生素的一种，广泛存在于绿叶蔬菜中，微溶于水，易被光、酸、热破坏。缺乏叶酸，可造成DNA合成障碍，导致巨幼红细胞性贫血，抑制淋巴细胞的免疫功能。维生素C对叶酸有保护作用。

（6）维生素 B_{12}（钴胺素）。维生素 B_{12} 的生理作用与叶酸有密切的关系，缺乏时红细胞成熟停滞，寿命缩短，降低叶酸的生理功能。幼儿缺乏维生素 B_{12} 会出现记忆力减退、肌肉萎缩、运动失调。维生素 B_{12} 存在于肉、内脏、鱼、蛋、乳等动物性食物中，植物性食物含量很少。

（7）维生素C（抗坏血酸）。在人体的结缔组织中，维生素C能催化原胶原纤维中脯氨酸和赖氨酸的羟化和交联，促进伤口的愈合；在体内氧化和还原反应中，促进铁的吸收和叶酸的代谢，对缺铁性贫血、巨幼红细胞性贫血有一定的治疗作用。维生素C易溶于水，且极不稳定，在氧化、高温、接触碱类和铜器的情况下，往往失去作用。新鲜蔬菜和水果是维生素C的重要来源，西红柿、辣椒、芹菜、萝卜、橘子、山楂、柚子、枣等食物中含量特别丰富。植物中的有机酸及其他抗氧化剂可使维生素C免受破坏，而按一般的烹调方法，维生素C的保存率仅为50%～60%。只要经常食用足够的蔬菜和水果，并注意科学的烹调方法，人体一般不会缺乏维生素C。

维生素C缺乏会导致坏血病，即毛细血管通透性增大，引起皮下、黏膜、肌肉、牙龈等多处出血。维生素C的缺乏，还将出现伤口愈合缓慢，毛细血管壁脆性增加，骨质疏松，抵抗力下降。

人乳喂养的婴儿若其乳母膳食平衡，一般不会缺乏维生素C。幼儿每日所需维生素C为30～50mg，年龄越大，每日的需要量越多。

（二）无机盐

存在于人体的各种元素，除碳、氢、氧、氮主要以有机化合物的形式出现外，其余各种元素统称为无机盐（矿物质）。无机盐是人体不可缺少的营养素，它们虽然不供给人体热量，却是构成机体的组成成分，能够调节生理机能。现知人体必需的无机盐有20余种，其中钙、磷、镁、钠、钾、氯、硫七种元素的含量超过了体重的万分之一，被称为宏量元素或常量元素；而含量少于体重万分之一的元素被称为微量元素或痕量元素，如铁、铜、锌、碘、氟、硒、锰、铬、钴、镍等。

幼儿生长发育过程中比较容易缺乏钙、铁、锌、碘、铜、氟、硒等几种无机盐，下面分别加以介绍。

1. 钙

钙是构成骨骼和牙齿的主要成分。成人体内钙含量约为1.2kg，占体重的2%左右，大约有99%的钙集中在骨骼和牙齿中，其余1%存在于血液、间质液及细胞内液中。钙的沉积和溶解一直在不断进行，骨钙和血钙不断地进行更新，幼儿的骨钙每 1 ~ 2 年更新一次，成人每年有 2% ~ 4% 或更多的钙在进行更换，一般 10 ~ 12 年更新一次。

离子钙是多种酶反应的催化剂，在调节细胞膜的通透性和神经肌肉兴奋性、神经递质的释放、激素的分泌、血液的凝固、保持正常的心力和肌力等方面有着重要作用。受较多因素的影响，钙在小肠的吸收很不容易，通常只能吸收 20% ~ 30%，其余的随粪便排出。

乳糖和多种氨基酸均可促进钙吸收；维生素 D 可激活钙结合蛋白，从而促进钙的吸收；而食物中的植酸、草酸可与钙离子结合成不溶性钙盐影响钙的吸收，食物中的纤维素也会妨碍钙的吸收；机体脂肪消化不良时，钙与未吸收的脂肪酸形成钙皂，从而降低钙的吸收率。钙的吸收率与机体对钙的需要量成正比，幼儿、孕妇和乳母等对钙有特殊需要的人群，吸收率可达 50%。

奶和奶制品不仅是食物中钙的最好来源，也是最有利于幼儿吸收的钙源。小虾皮、海带等含钙也特别丰富。另外，蔬菜、豆类及其制品中钙含量也比较多，但由于植物中又同时含有植酸、草酸，故吸收率较低，常见蔬菜中，苋菜、菠菜等含草酸较高。幼儿每日钙的需要量为 600 ~ 800mg。

足月胎儿骨骼所需钙的 80% 是在妊娠期最后三个月中获得的，如果孕期的膳食缺钙，则新生儿储钙量偏低。幼儿缺乏钙，会影响骨骼和牙齿的发育，容易发生佝偻病，导致骨骼变形；同时由于血钙偏低，神经和肌肉的兴奋性会大大增加，从而发生手足搐搦症。

2. 铁

幼儿每日铁的需要量为 10mg。体内总铁量的 2/3 存在于血红蛋白中，铁缺乏影响血红蛋白的合成而导致贫血；体内 3% 的铁合成肌红蛋白，肌红蛋白与氧的亲和力较强，起到氧气的储存作用，当缺氧时可以放出氧以供肌肉收缩的需要；还有极少量的铁构成人体必需的酶，如各种细胞色素酶、过氧化氢酶等，是细胞代谢不可缺少的物质。其余的铁储存于肝、脾和骨髓中。铁在机体中参与氧的转运和交换。

人体中的铁主要通过摄取食物获得。像动物肝脏、动物血、黑木耳、海带、肉类、蛋类、鱼类等食物都富含铁，而乳类之中所含有的铁则较少。日常生活中常用铁锅，也能得到相当量的铁盐。此外，红细胞在体内破坏后，从血红蛋白中分解出来的铁几乎会全部重新合成血红蛋白或为其他组织提供所需要的铁。

植物性食物中铁的吸收率很低，仅为 1% 左右，而肉类食品中的铁以血红素的形式存在，其吸收率较高，为 10% ~ 22%。机体越需要铁，铁的吸收率越高，因此幼儿、孕妇等人群体内铁的吸收率较高。若鱼类或其他肉类食物与植物性食物同时摄入，则可使植物性食物中铁的吸收率增加。蛋类中的铁吸收率较低，但由于含量丰富，仍然不失为幼儿尤其是婴儿重要的铁来源。维生素 C 能使三价铁还原成二价铁，有利于铁的吸收。一般来说，凡是与铁结合成可溶性小分子络合物的，均可促进铁的吸收，如各种氨基酸、葡萄糖、柠檬酸等；与铁结合成不溶性沉淀物的，均妨碍铁的吸收，如鞣酸、草酸、碳酸盐、磷酸盐等。

若是人体中缺少铁元素，那么就会发生缺铁性贫血，同时还会对各种含铁酶的活性造成一定影响，使肌肉收缩力和机体免疫能力较低，阻碍对食物的消化吸收，损害神经系统的功能，使幼儿注意力分散，记忆力减退，智力发展迟缓。

幼儿每日铁的需要量为10mg，以乳类为主的婴儿要适时添加蛋黄及其他含铁丰富的食物。

3. 锌

锌为人体必需的微量元素之一，是100多种酶的组成成分，因而与蛋白质的合成、激素的代谢、免疫功能的成熟等有着十分密切的关系。

成人体内的锌约有2g，60%存在于肌肉中，30%存在于骨骼中，另有一些存在于皮肤（包括头发）和内脏中，头发中的含锌量可以反映膳食中锌的长期供给量。

含锌较丰富的食物有牛肉、瘦肉、海产品、奶类、蛋类，谷类等植物性食物的含锌量较少。锌的吸收率较低，食物中的草酸、植酸可与锌形成不溶性络合物，降低吸收率。

缺锌的原因较多，儿童挑食、偏食，长期营养不良，造成锌摄入不足；各种原因的腹泻均会减少锌的吸收，尤以慢性腹泻为重。幼儿由于生长发育迅速，锌的需要量较大，也容易造成锌的相对不足。幼儿发热时，锌需要量增加，而食欲下降，摄入量减少，也易缺锌。

目前缺锌儿童较为常见。幼儿体内缺锌时，味蕾功能减退，食欲不振，导致厌食。缺锌妨碍核酸和蛋白质的合成，影响生长发育，幼儿往往身材矮小，严重者有侏儒症，而补锌后身高体重恢复较快。缺锌还表现为性成熟障碍、免疫功能低下、皮疹及脱发等。

婴儿每日锌的需要量为5mg，1～7岁儿童为10mg。

4. 碘

碘是构成甲状腺素的重要成分，它以有机碘和无机碘的形式从消化道吸收，然后很快被甲状腺摄取，促进机体的生长发育和新陈代谢。

碘缺乏时，甲状腺素合成不足，引起甲状腺肿大。由于先天因素使甲状腺素分泌减少导致生长发育减慢、智力迟钝的疾病，称为呆小症或散发性克汀病。这类儿童生长发育迟缓，智力低下，表情呆滞，出牙、坐、站、走均落后于同龄儿童，身材不匀称，上、下部之比维持婴儿水平。地方性克汀病大多出现在甲状腺肿大流行区，这类地区自然环境中碘缺乏，患病率可高达地区人口的5%～10%。此病是胚胎时期和出生后早期碘缺乏、甲状腺功能低下所造成的大脑与中枢神经系统发育障碍的结果。妊娠时母体甲状腺功能减退是地方性克汀病高发病率的一种危险指标。

含碘丰富的食物主要为海产品，如海鱼、海虾、紫菜、海带等，加碘盐对预防碘缺乏病有显著效果。

5. 铜

铜参与30多种酶的形成，为体内主要酶的构成原料。人体含铜100～150mg，铜与铁的吸收、神经递质的合成等有密切关系。铜缺乏时出现贫血、肌张力低下、腹泻、厌食及智力低下。含铜较丰富的食物为鱼类、肝、贝壳类、硬果类（如核桃）等，谷类、蔬菜、水果的含铜量因土质不同而有差异，人乳及牛乳中含铜均不多。

6. 氟

90%的氟存在于牙齿及骨骼中，氟在牙釉质及骨质中形成坚硬耐酸的氟磷灰石，防止龋齿并增加骨的强度。食物中氟含量与地方水质及土质有关。正常情况下，人体每日需要氟1～2mg，缺氟者易患龋齿；每日摄入超过4～8mg时，牙齿出现斑点，失去光泽，导致斑釉症，而且骨质变脆。

7. 硒

硒参与人体酶的代谢，与心肌功能有关，也可能有节约维生素 E 的作用。谷类、肉和海产品中含硒量都较高，一般膳食中不易缺乏。地方性缺硒与克山病（以心肌病变为主的地方病）有关，低硒为克山病共有的水土因素之一。儿童对硒的需要量较大，缺硒时发病率最高，表现为心肌实质的严重损害。硒摄入过多，可致脱发及指甲变脆。

(三) 水

水是维持人类生命活动的另一个不可缺少的条件，对于人类来说，水的重要性仅次于空气。

1. 体液的总量

儿童体内水分相比成人较多，新生儿体液总量约占体重的 80%，出生后 1 个月降至 75%，幼儿占 65%~70%。儿童体格的生长也与水分的蓄积有很大关系，如婴儿每日体重增加 25g，其中水分即占 18g，蛋白质及脂肪各 3g，矿物质及微量糖原 1g。

2. 水的生理功能

人体中的水与以下生理功能有关：

(1) 构成全身组织，是细胞的主要成分。成人体液约占体重的 60%，其中细胞内液约占体重的 40%，细胞外液约占体重的 20%。

(2) 调节体温，保持体温的相对恒定。人体通过血液循环，将体内代谢产生的热量均匀分布全身，并通过排汗散热调节体温。

(3) 加速化学反应，促进机体的新陈代谢。水是溶解物质的溶剂，机体内一切化学变化都必须有水的参与。

(4) 充当各种营养物质吸收、运输及排泄的携带体。即使不能溶解于水的蛋白质和脂肪，也必须以胶体形式混悬于体液之中。

(5) 水是机体良好的润滑剂。通过胸腔、腹腔的浆液，呼吸道、胃肠道的黏液，以及泪液、唾液和关节滑液，发挥良好的润滑作用。

3. 水的需要量

水的需要量决定于机体的新陈代谢和热量的需要。幼儿新陈代谢旺盛，热量需要较多，而肾脏浓缩功能较差，故需水量较多。另外，儿童活动量越大，外界气温越高，机体散热越多，需水量越多。多食富含蛋白质的食物后，因排泄这些食物需水较多，故也增加水的需要量。

一般来说，年龄越小，需要的水分相对越多。婴儿每日每千克体重需水 110 ~ 155mL，1 ~ 3 岁儿童每日每千克体重需水 100 ~ 150mL，4 ~ 7 岁儿童每日每千克体重需水 90 ~ 110mL。幼儿如果摄取的水量低于每日每千克体重 60mL，即可发生脱水症状。儿童若摄入大量的水而超过正常需要量，也会对身体产生危害。

4. 水的来源

水不仅来自摄入的液体，还来自固体食物中的水分，混合饮食每生成 100kcal 热量，就会产生水 12g。

第三节 幼儿体质的测试

幼儿体质测定项目指标的选择是否恰当，在很大程度上决定了幼儿体质调查研究是否具有价值以及可信度。所以说，在对项目指标进行选择或者设计的时候要遵循五项原则——有效性、可靠性、客观性、经济性及项目指标的规范化。

参照以往幼儿体质测查的方案以及多年来的幼教实践与科研，幼儿体质测定的项目指标主要包括以下几个方面。

一、身体形态生长发育方面的指标及测查

幼儿身体形态生长发育的项目指标，主要包括身高、体重、胸围、头围、坐高等，以及由此而派生出来的身高体重指数、身高胸围指数，上身长与下身长比值和头围与胸围比值。

（一）身高

身高是幼儿身体纵向的生长发育指标，反映了幼儿在骨骼方面发育的情况。

测量方法：用专门的身高计测量或用软尺钉在墙面上进行测量，零点要与地面平齐。受测幼儿需赤脚测量，以厘米为单位，保留一位小数。

（二）体重

体重反映了幼儿骨骼、肌肉、皮下脂肪以及内脏器官质量增长的综合情况，它体现了幼儿身体的充实度。

测量方法：用专门的体重计测量。受测幼儿只穿短裤测量，以千克为单位，保留两位小数。

（三）胸围

胸围指人体胸部外圈的周长，是幼儿身体宽度和厚度最具代表性的测量值，反映了幼儿胸骨、胸腔及体态生长发育情况。

测量方法：用软尺测量，受测幼儿处于立位，裸上身，两手自然下垂，量尺绕经后背两肩胛骨下角至胸前两乳头上一圈，软尺的松紧度要适宜，取呼气时的周围量度和吸气时的周围量度的平均值，即为胸围的数值。以厘米为单位，保留一位小数。

（四）头围

头围指经眉弓上方、枕后结节绕头一周的长度，反映了幼儿大脑的发育以及体态的生长发育情况。

测量方法：用软尺测量，受测幼儿处于立位，量尺绕经枕骨突起处至额部眉梢间一圈，软尺要紧贴头皮。以厘米为单位，保留一位小数。

（五）坐高

坐高一般用以表示躯干的长短，并通过适当的统计计算，了解幼儿下肢部位骨骼的生长发育情况。

测量方法：用带调节座位的专用坐高计或用凳子附加于身高计上进行测量，受测幼儿处于坐姿，测量颅顶点至座位平面的垂直距离。以厘米为单位，保留一位小数。

（六）测查指标的派生指数

五个最基本的测查指标可以派生出四项指数和比值，这些指数与比值可以从不同的角度反映幼儿基本体型的状况。

（1）身高体重指数：指数越大，表示体重越重。身高体重指数 = 体重 ÷（身高 × 身高）(体重单位：kg；身高单位：m)

（2）身高胸围指数，反映胸廓发育状况，借以反映体型。指数越大，表示胸围相对较大，身躯相对较粗壮。身高胸围指数 = 胸围 ÷ 身高 ×100（单位：cm）。

（3）上身长下身长比值，反映了躯干与下肢之间的比例关系。上身长下身长比值 = 上身长 ÷ 下身长 = 坐高 ÷（身高 − 坐高）(单位：cm)。

（4）头围胸围比值，反映了基本体型的发育、发展趋势及状况。头围胸围比值 = 头围 ÷ 胸围（单位：cm）。

二、生理机能发育方面的指标及测查

幼儿生理机能发育的项目指标，主要包括安静心率、血压、呼吸率、呼吸差、肺活量、背肌力、握力等。

（一）安静心率

测查幼儿在安静状态的心率，反映了幼儿心脏发育的功能状况。

测查方法：使用秒表或三针式台钟计时。测查时间通常在幼儿睡醒以后、起床之前，用听诊器采取心前区听诊法测查心率，条件不允许的话，还可以用中指切脉的方法测查。以 10s 为单位，连续测查 3 次，其中 2 次心率数相同并与另一次相差不超过 1 次时，即可读数记录，否则还需继续测查。统计心率时以 1min 计算，单位为次/min。

（二）血压

血压，主要测定动脉血压，反映了幼儿心脏、血管发育的基本情况。此项指标的测查一般只限于 5 岁以上的幼儿。

测查方法：测前幼儿不要做任何活动量较大或情绪较激动的活动，最佳时间是在幼儿睡醒以后、起床之前测查。使用儿童水银血压计、听诊器，并认真记录其收缩压和舒张压。

（三）呼吸率

测查幼儿在安静状态下的呼吸率，反映了幼儿肺脏发育的功能状况。

测查方法：受测幼儿处于立位，测试者用一只手轻轻按在幼儿的上腹部，上腹部一起一伏为呼吸 1 次，以 0.5min 为单位，连续测 3 次，其中 2 次呼吸次数相同时即可读数记录。使用秒表或三针式台钟计时，统计时以 1min 计算，单位为次/min。

（四）呼吸差

呼吸差反映了幼儿呼吸肌在呼吸时的活动能力。

测查方法：呼吸差就是吸气时的胸围围度与呼气时的胸围围度的差值。以厘米为单位，保留一位小数。

（五）肺活量

肺活量指在一次深吸气后的最大呼气量，反映了幼儿呼吸机能的潜力。此项指标一般只限于5岁以上的幼儿测查。

测查方法：使用单浮筒式肺活量计，测查前应向幼儿讲解操作的具体方法，并让幼儿练习一两次，待幼儿掌握基本方法以后再测。每人测3次，每次间隔0.5min，3次均要记录，统计时选取最大值，单位为毫升。注意正确使用仪器的方法以及卫生要求。

（六）背肌力

背肌力反映幼儿背部、腰部、腹部等部位肌肉的收缩机能。此项指标一般只限于4岁以上的幼儿测查。

测查方法：使用指针式背力计，正式测查之前，可以让幼儿先练习一两次。在测查的过程中，幼儿的膝关节要求挺直。每人测3次，每次均要记录，统计时选取最大值，单位：kg。

（七）握力

握力反映了幼儿整个上肢部位肌肉的收缩机能，尤其是掌肌和前臂肌。此项指标一般只限于4岁以上的幼儿测查。

测查方法：使用指针式Ⅱ型握力计，测查前教会幼儿正确使用仪器的方法，并让幼儿先练习一两次。幼儿左右手各测3次，每次均要记录下来，统计时选取最大值，单位：kg。

三、身体素质和基本活动能力发展方面的指标及测查

幼儿身体素质和基本活动能力发展的项目指标，又称为幼儿基本体育活动能力发展的项目指标，主要包括沙包掷远，单脚站立，立定跳远，坐位体前屈，20m快跑，100m、200m、300m慢跑等。

（一）沙包掷远

沙包掷远反映幼儿上肢部位的肌肉力量和爆发力。

准备工作：找一块长约20m、宽约8m的开阔场地，在场地的一端画一条投掷线；自制不同质量的沙包，3～4岁组幼儿使用100g重的沙包，5～6岁组幼儿使用150g重的沙包。

测查方法：受测幼儿站在投掷线后面，单只手拿着一只沙包，用肩上投掷的方法向远处用力投掷沙包；用软尺丈量沙包落地点到投掷线之间的垂直距离，落点需在前方6m宽的区域内，越过此范围计作失败，不计成绩；受测幼儿左手和右手各投掷3次，记录每次成绩。统计时取最大的数值，单位：cm。

（二）单脚站立

单脚站立反映了幼儿静态的平衡能力。

准备工作：自制一根小木条（长25cm，宽5cm，高5cm）；秒表1块。

测查方法：幼儿脱鞋穿着袜子，单脚站立在小木条上，正确的姿势是踩在木条上的支撑腿要伸直，另一条腿（称悬空腿）慢慢地离开地面。受测幼儿左脚、右脚各测定2次，记录从悬空腿离开地面时起，一直到出现以下四种情况中的任何一种的失败动作为止的持续时间。

（1）悬空的脚碰到地上、木条上或另一条腿上。

（2）身体其他的部分碰到地面上，如手。

（3）支撑腿移动或落到地上或木块移动。

（4）支撑腿的膝盖出现弯曲。

（三）立定跳远

立定跳远反映了幼儿下肢部位的肌肉力量、爆发力以及身体协调能力。

准备工作：在平整的土地上用粉笔画一条起跳线。

测查方法：受测幼儿站在起跳线后面，做两手用力摆臂、两腿用力蹬地，同时向前跳远的动作，落地时要基本站稳。用软尺测量起跳线与离起跳线最近的一只脚的脚后跟的垂直距离。测 3 次并做记录，统计时取最大的数值，单位：cm。

（四）坐位体前屈

坐位体前屈是对幼儿躯干柔韧性的状况测查的一种方法，一般只限于 4 岁以上的幼儿测查。

准备工作：选一张低矮的桌子，在桌子上画出零点标志线，如图 4-2 所示。

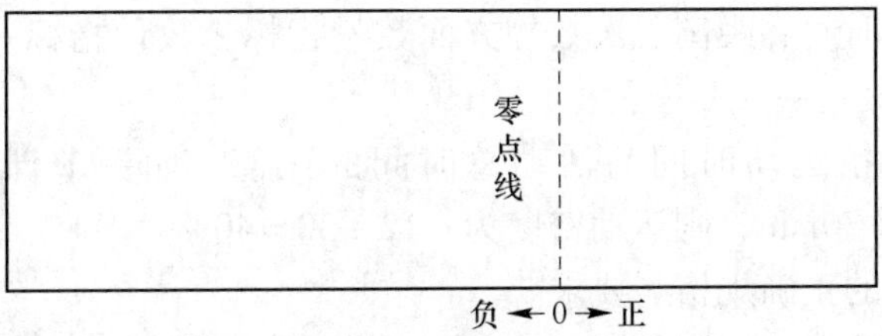

图 4-2　幼儿坐位体前屈零点标志线

测查方法：受测幼儿脱去鞋子，坐在桌面上，将两腿伸直；两脚后跟紧靠零点标志线，两脚稍分开 15 ~ 20cm；幼儿将两手置于两腿之间，上体尽可能向前弯曲，两手同时尽可能沿桌面向前伸展，这时的两腿不能屈膝（可以让协助者双手按住受测幼儿的两个膝盖，以防弯曲）；在离脚底线（即零点标志线）最近的一只手的中指触摸点上用粉笔做上记号，然后测量此点与零点线之间的垂直距离；若超过线即为正分，若不过线则为负分，正好在线上即为零分。测 3 次，并做记录，统计时取最好成绩，单位：cm，保留一位小数。

（五）20m 快跑

20m 快跑项目反映了幼儿身体位移的速度。

准备工作：在一块平整的地面上画两条笔直的跑道，长约 25m，每条跑道宽约 1.5m，再在场地的两边画一条起跑线和一条终点线，其距离为 20m；秒表 2 块。

测查方法：记录幼儿快跑 20m 所用的时间。最好请 2 位快跑能力相差不大的幼儿站在起跑线后面，每人各站在一条跑道内，当听到起跑信号后立即跑动。秒表从每名幼儿出现抬腿动作时开始启动；当幼儿一只腿迈过终点线时，秒表即停止。每名幼儿测 2 次，记录每次成绩，统计时选取最快的数值，单位为秒，保留一位小数。

（六）100m、200m、300m 慢跑

100m、200m、300m 慢跑主要测查幼儿在身体运动过程中的耐力以及心肺系统的功能

状况。

准备工作：将每个年龄组测查内容安排下去，3 岁半 ~4 岁半组的幼儿测 100m 慢跑，5 岁 ~5 岁半组的幼儿测 200m 慢跑，6 岁以上的幼儿测 300m 慢跑。此外，还要根据幼儿园的具体情况，选择慢跑的场地及路线，地面要求平坦，丈量的距离要准确，注意设置起跑点和终点的标记；秒表若干块。

测查方法：通常为了测查时的方便，可以连续测幼儿跑后 6min 内的心率数，在统计时再看其几分钟内才恢复到跑前的心率。统计时需将 10s 的心率数换算成每分钟的心率数。如果时间允许的话，也可以测受测幼儿在跑前 10s 的心率数（用脉搏测查法），待其跑到终点后再测其 10s 的心率数。然后领幼儿散步，每隔 1min 测一次心率数，直到恢复跑前心率为止。此项目只测定一次。在该项目测查过程中，教师应要求幼儿轻松地、自然地跑，避免快跑。

（七）相关知识：影响体育活动中生理、心理负荷的因素

影响体育活动中生理、心理负荷的因素主要有以下五点。

（1）强度：单位时间的生理负荷量，常用心率来表示。

（2）数量：包括时间、距离、次数等方面数量指标，数量指标一般与运动负荷成正比关系。

（3）运动密度：指运动时间与活动总时间的比值。如一节课各项练习总时间是 12min，上课时间总计 30min，则运动密度为：12 ÷ 30 = 40%。

（4）质量：练习的正确规格与要求。

（5）活动项目的特点：不同的活动项目对身体的影响不同。如幼儿做直体滚动时前庭器官所受的刺激大，而整个身体负荷却不大；相反，跑步时全身负荷较大，但前庭器官所受刺激较小。参加感到有趣的体育活动时情绪负荷大，学习新体操时认识负荷比复习旧体操时要大。影响心理负荷的因素还有练习难度与重复次数，以及教师的教态与教法、环境、气候、教具等。

四、和体质有关的心理状态项目的测定

根据很多的实验和研究可以知道，对幼儿的手部活动加以训练，能够对他们大脑皮层上的很多区域给予有效刺激，并且能够让他们的大脑皮层神经细胞变得更加成熟和完善。儿童智商测定方案中就有幼儿“拣豆豆”和“穿纽扣”等活动项目。这些活动项目要求幼儿的注意力高度集中，并且要眼手协调，迅速进行活动。所以说，通过这些运动项目对幼儿的心理状态发展水平进行测定是存在一定科学道理的。

“穿纽扣”项目主要反映了幼儿动手及手眼协调活动的能力，用于测定幼儿心理发展水平。以下是“穿纽扣”项目的测定过程。

准备工作：室内只允许测试人员与被试者停留；秒表若干。在一块长宽各 10cm、厚 1cm 左右的木板上固定一根直径 1mm、长 30cm 的电工绑线；准备 25 个颜色相同，厚为 2mm、孔径为 1.5 ~2mm 的纽扣（其中 5 个为备用扣）。

测查方法：先将绑线放在桌上，纽扣盒子置于木板绑线前方，让幼儿坐下，测试人员告诉幼儿游戏的方法和规则。为更好地引导幼儿将游戏继续下去，教师示范后也可以和幼儿在一起练习穿纽扣。当说“开始”后，幼儿的手触到第一粒纽扣时，即启动秒表。当

幼儿将最后一颗扣子拉向木板的动作完成时，秒表即停。要求做两次取其平均值。记录至小数点后一位，误差不得超过0.2s。

注意事项：(1) 幼儿每次手中只能拿一个，正反面均可；(2) 若幼儿不慎掉扣，不要让幼儿捡，应马上用备用的纽扣补足；(3) 两次比赛中间可休息10~15s。

为了对幼儿体质发展的状况和趋势有更加全面的把握和评价，除了上文提到的几个项目之外，还能够对幼儿开展体质方面的其他项目的测查。举例来说，幼儿脊柱、视力的发育状况，幼儿机体对外界气温变化的适应能力，有关的心理状况，幼儿是否缺钙、缺铁、缺锌或患有龋齿，对疾病的抵抗能力等。

第四节　幼儿体质的评价

对幼儿体质进行测定仅仅能够将其当前的状况反映出来，唯有展开幼儿体质评价，才能判断出其现状的好坏。从信息论的角度来说，测定幼儿体质，实际上就是采集所有能够反映幼儿体质特征的各种信息的过程。而对幼儿体质测定状况的评价，则是通过对这些已有的信息进行分析、处理，实现对幼儿本人、家庭、社会以及幼儿园体育工作反馈的过程。所以说，幼儿体质的测定和评价这两个过程是彼此联系的，学前教育一定要对幼儿体质评价工作予以充分的重视。

一、评价的分类

（一）以评价对象为分类标准

1. 个体评价

个体评价，主要是对幼儿个人的体质状况进行具体、全面的比较与分析。一方面，要将测查结果与正常幼儿的平均值相比较，分析该幼儿的体质发展状况是否处于幼儿发展的正常范围，若发现有较大的差距，则应该进一步探究其原因，以寻找改进现状的具体措施和方法；另一方面，要将测查的结果与幼儿自己前一个阶段的体质状况进行比较，分析出个体体质发展的基本特点与趋势。

2. 群体评价

群体评价主要是对不同年龄阶段幼儿体质发展的总体特征与趋势进行分析与研究。它可以使我们对不同年龄阶段幼儿体质发展的总体特征与趋势有所了解，从中分析出幼儿体育教育工作的成效和不足，并为不断地改进工作、更好地增强幼儿体质指明有针对性的努力方向。

（二）以评价内容为分类标准

1. 单项评价

单项评价也称为单项指标评价，是指对幼儿体质测定中的某一个测定项目指标的测查结果进行具体分析评价的过程，包括基本测试指标和由指标派生出来的指数。

2. 多项评价

多项评价，是指对幼儿体质测定中的某几项指标的结果进行分析评价的过程。

3. 综合评价

综合评价，是指对幼儿体质测定中的所有相关联的项目指标的结果进行综合评价的过程。这使得教师可以对幼儿的体质发展状况有一个比较全面、完整的认识，对于所发现的问题，再进行深入分析，以便进一步研究促进幼儿体质增强的具体措施。综合评价是幼儿体质评价的核心和关键。

（三）以评价性质为分类标准

1. 定量评价

定量评价，是指采用数学方法进行定量计算或数字描述的评价。

2. 定性评价

定性评价则是采用文字描述的方法做出判断。在具体实施体质评价时，应注意定性评价与定量评价相结合。

（四）以评价功能为分类标准

1. 诊断性评价

诊断性评价又称前期评价，是在开展体育活动之前进行的预测性评价，或者对评价对象的发展基础和条件加以测定。其目的是了解评价对象的基本情况，发现存在的问题。

2. 形成性评价

形成性评价又称中期评价，是在体育活动中针对活动效果而进行的持续性评价。其目的在于及时获取反馈信息，适时调整教育进程、方法、手段，以便达成教育目标。

3. 总结性评价

总结性评价又称终期评价，是在体育计划实施后对其最终结果所进行的评价。它以预先设定的幼儿身体素质发展的目标为依据，判断评价对象达成目标的实际水平。

二、评价的基本思想

在评价幼儿体质的具体过程中，不仅要对幼儿生长发育的规律、各类指标的特点及理想的体质模式等进行考虑，还要将评价思想明确出来，也就是确立正确的评价观念。

在展开单项评价的时候，一项必要工作就是对相关的指标和指数的特点及其特定含义加以考虑，有些指标和指数越大越好，而有的是越小越好；在生长发育的某一阶段，部分指标是越大越好，而一旦过了这个阶段，可能就不是这种情况了；而有些指标和指数并不是看其大小，而是要确定正常值范围。

构成体质的各种成分对于体质的影响和作用的大小不尽相同，导致了幼儿体质的综合评价比较复杂。因此，在进行体质评价的过程中，应当根据各类指标对体质影响和作用的大小，以及各类指标本身受遗传、环境等因素影响的大小，分别考虑它们各自在综合评价中的地位和价值。

一般来说，有些指标受后天的生活环境、营养条件，特别是身体锻炼的影响相对较大，可通过主观的努力和加强科学的体育锻炼在相对较短的时间内有一定的提高。所以，在进行综合评价时，就应该适当地提高它们的价值和地位，从而鼓励幼儿积极参加体育锻炼。而有些受先天遗传因素影响稍大的方面，不能在短时间内改变，因此在综合评价时，可以适当地降低它们在综合评价中的地位。从改善生活环境与条件等方面的意义上讲，这种评价的观念才是比较积极的、合理的。

此外，幼儿期，个体身体形态的生长发育处于稳步增长阶段，是为今后人体正常体型发展打基础的重要时期。这就要求对幼儿各项形态指标的单项评价不宜过细，不必分为各种等级，对正常发育的幼儿只要各项指标是在基本正常的范围内即可。因此，我们在对幼儿的体质进行具体评价时，要抓住评价的重点和关键方面，结合评价的基本思想，更加客观地、辩证地来看待和分析幼儿的体质。对于幼儿身体形态生长发育的评价，应把重点放在综合的体型评价上。

幼儿正常体型通常应具备以下两个基本条件：一是身高和体重的比例基本符合幼儿体型发育的特点；二是上身长与下身长的比例要合适、正常。

幼儿期生理机能的发育是否正常，是奠定幼儿终生健康的基础，它反映了幼儿体质的发展状况。由于幼儿生理机能的变化与功能的增强受多方面因素的影响，如年龄、测定时的身心状态等。所以，一方面要做好测查工作，以求得到较为客观、可靠的数值；另一方面，在进行幼儿生理机能发育的评价时，不能在进行具体数值比较之后就简单地做出正常与否的结论，还需视具体情况加以分析。

因此，幼儿综合的体型评价除了要参照幼儿五项形态指标引申出来的四项指数或比值，即身高体重指数、身高胸围指数、上身长与下身长比值、头围胸围比值，还要将幼儿在这四项指数或比值方面的数值与我国同年龄组男女幼儿的平均数值进行比较，数值若接近即为正常，若相差较多，则再从身高、体重、坐高、头围、胸围五项形态指标上寻找原因，进行具体分析。

针对幼儿体质展开单项评价和综合评价，能够对幼儿个体和群体的体质状况有一个全面的了解，能够为完善幼儿园的教育体育工作提供一些有价值的建议。此外，针对幼儿体质开展的其他项目的测定和评价也有其重要性，它们同样是不可或缺的。总的来说，评价幼儿体质的目的在于将一切工作做好，让幼儿体质得到进一步的增强。

三、幼儿体质评价的标准及方法

（一）评价标准

幼儿体质评价的标准是通过一次大数量的样本调查，搜集若干幼儿发育指标的测量数值，经过统计学处理后所获得的资料。制定发育标准时应该以身体健康的幼儿为测量对象，并且以此制定的标准是相对的、短暂的，只能在一定地区和一定时间内使用。

一般来讲，制定全国性或地区性（如华东地区）的评价标准，同性别年龄组的幼儿样本量，最低不能少于500人，如果能在1000人以上更为理想。各省（市）的评价标准最低不能少于300人，基层单位制定评价标准最低不能少于200人。另外，要求测量仪准确，测量方法和年龄的计算必须统一。

（二）评价方法

1. 指数评价法

指数评价法是指利用数学公式，根据身体各部分的比例关系，将两项或多项指标相关联，转化成指数进行评价，是一种了解幼儿生长发育状况较为常见的方法。其基本思想是通过多方面，选择多个指标，并根据各个指标的不同权重，进行综合评价。

2. 发育年龄评价法

发育年龄又称生物年龄，发育年龄评价法是指用身体的某些形态、功能、第二性征指标的发育平均水平及其正常变异，制成标准年龄，评价个体的发育状况。常用的发育年龄有形态年龄（如身高年龄、体重年龄等）、性征年龄、牙齿年龄和骨骼年龄等四种。

3. 离差评价法

离差评价法是指将个体儿童的发育数值和作为标准的均值及标准差比较，以评价个体儿童发育状况的方法。根据与该均值差异的大小和高低，评定该儿童发育良好还是低下。

正常儿童的发育指标是呈正态分布的，其中68.3%的儿童发育水平在均值±1个标准差范围内，95.4%的儿童发育水平在均值±2个标准差范围内，99.7%的儿童发育水平在均值±3个标准差的范围内。

4. 百分位数评价法

百分位数评价法有多种表示方法，其中以百分位数曲线图法使用最广泛，其制作原理、过程与离差法相似，但基准值（P50）和离散度（P3、P25、P75和P97等）均以百分位数表示。其优点是无论指标是否呈正态分布，都能准确显示其分散程度；缺点是制定标准时对样本量的要求较高。若各性别－年龄组人数不足150，制成的标准曲线两端（P3、P97）值摆动较大，直接影响标准的应用价值。

5. 生长速度评价法

生长速度是评价生长发育和健康状况的重要指征，常用指标有身高、体重和头围（尤其是3岁以下的幼儿）等，身高最常用。遗传、环境因素综合作用于机体所产生的变化，可通过生长速度的加快或减慢反映。

6. 营养状况评价法

营养状况评价，是指对幼儿的营养状况所获资料进行综合分析。观察指标主要有身高、体重、皮脂厚度等。制定营养评价标准，一般应以那些生活环境适宜，膳食摄入合理、生长发育良好的幼儿作为参照人群。

7. 百分位评价法

百分位评价法是以某发育指标的第50百分位数为基准值，以其余百分位数为离散距，制成生长发育标准，对个体或群体幼儿的发育水平进行评价的一种方法。通常以3、10、25、50、75、90、97等几个百分位数值划分发育等级。对个体幼儿的发育水平进行评价时，只需将某项指标的实测值与当地发育标准中同年龄、同性别的相应指标做比较，根据其所处的百分位数就可确定发育水平。若个体幼儿的实测数值低于第3个百分位数或高于第97个百分位数，则应进行密切的追踪观察，并结合体格检查以确定是否属于发育异常。

8. 相关回归评价法

相关回归评价法利用身高和体重、胸围等指标间的密切关系，以其中某项指标为因变量，求得方程并编制成回归评价表，进行发育评价。根据回归方程中变量的多少可以有一元回归、二元回归等。其优点是能综合应用多个指标的结合，准确反映发育水平和身体匀称度，直观性强，缺点是标准图制作烦琐限制了其应用。

评价时要首先找出与被评价者年龄、性别相应的回归表，根据身高的实测值与表中确定身高发育水平的等级，再以被评价者体重和胸围的实测值与回归表中该身高组相应的估算值进行比较，从而确定身体发育的匀称程度。

第五章　幼儿体育能力与兴趣发展指导

第一节　走 步 能 力

本节主要对走步能力发展的指导进行重点阐述，在指导过程中，教师要突出注意下列几个方面。

一、发展幼儿走步能力的关键事项

（一）对幼儿形态教育予以重视

幼儿走步能力发展和幼儿的走步动作在很大程度上会受到幼儿形态发展的影响。举例来说，下肢长直接影响其步长和步频；下肢骨畸形（O 型或 X 型）影响其走步动作；鸡胸、驼背、脊柱侧屈都会使走步姿势不好。在教学过程中，教师要对幼儿的形态发育予以重视，并且在走步活动的具体过程中帮助他们预防和矫正形态方面的不足，避免幼儿因为形态问题使自身的走步能力、走步姿势等受到不良影响。

（二）重视幼儿肌肉系统的发育

幼儿肌肉系统，特别是躯干和下肢肌群的力量、耐力和放松能力对其走步能力影响很大。要采用仰卧起坐、爬行和体操中的躯干运动来发展躯干肌群，采用走、跳、跑、攀登等动作发展下肢肌群的机能，以提高走步能力。

（三）重视走步技能教育

幼儿期是形成走步技能和姿势的关键时期，尤其要注意摆腿和落地动作以及躯干姿势的正确形成。八字脚、落地重、两脚用力不匀、低头含胸是此时期易犯的毛病，要注意预防和纠正。培养走步动作不能仅在集体体育活动中进行，还要在日常生活中进行。要帮助幼儿掌握前脚掌走、脚内外侧走、持物走、轻轻地走、模仿性走等多种多样的走步动作，它们能丰富走步技能，激发走步活动兴趣，提高生活和审美表现能力，不要把走步教育局限于排队走活动。

（四）让幼儿在走步时集中注意力

教师要提醒幼儿在走步的过程中避免东张西望，让他们的眼睛看着前方的地面。若是幼儿的注意力不集中，那么就常会掉队或者是摔倒。

（五）走步关系着幼儿身体发展

教师要为幼儿提供尽可能多的走步机会，以促进他们身体的更好发展，尤其是城市的幼儿园和家庭更要重视此事。

（六）调节走步的节奏以及步幅、步频

教师要注意在排队走步活动中培养幼儿走步的节奏和发展调节步幅、步频的能力。

常用的方法有：（1）随呼数、音乐、拍响节奏走，并不断变化节奏；（2）走步中不

断变换步幅。

（七）家长和教师应规范自身走步动作

教师要特别注意自己的走步动作，并应做好家长的工作，平时重视身教，关心孩子走步动作的发展和走步能力的提高。

二、走步的练习方法

（一）唱儿歌走步练习法

此种练习方法能够集健身、娱乐、审美、语言教育于一体，对培养幼儿优良品德有一定价值。应根据步法和队形变化特点选择和创编儿歌，幼儿喜爱问答歌和连锁调等形式的儿歌。

（二）击响走步练习法

此种练习方法能够让幼儿更有活力，对走步更感兴趣，并能够使他们的节奏知觉和节奏反应能力得到发展，在击响的过程中他们会使动作更加整齐。拍击穴位走步还有保健医疗的功能。击响的方法除用手击响和用物击响外，还有用脚踏地击响和用物击地出响等方法。用脚踏地击响可用全脚掌击地，也可像踢踏步那样用脚尖和脚跟击响，可以做震脚走连续踏地作响，也可以走几步震一次脚。踏地击响时还可拍手和出声。

（三）配乐走步法

配乐走步能振奋精神，激发兴趣，活跃想象，陶冶情感，满足审美需要，发展审美意识和调节步伐，使走步整齐一致。要根据走步动作特点选用乐曲，排队齐步走宜放进行曲，做模仿性走步应根据模仿对象的形态和动作特点选择不同曲调的乐曲。可以配乐集体走步，也可以放乐曲分散走步，个人可根据自己对音乐的感受和意愿选择走步的方式。

（四）变化队形法

在采用该法练习走步的过程中，不要对中小学的队列练习加以照搬，因为那种训练较为枯燥和单调，很难让幼儿所接受。幼儿园的队形变化应符合幼儿年龄特点。

（1）走步动作应多样化，可以做齐步走，更多的是做拍响走、模仿走、附加手臂动作的走、手拉手、手搭肩等活泼的走步。

（2）配乐走或说儿歌走。

（3）变化队形要简单、活泼，富有变化，有时可在地面画上标志，以降低走步难度。

（五）散步和游览

此种方法对锻炼和发展幼儿的走步能力有着很好的效果，并且在开展此种走步活动的过程中还能够进行多种教育。可以选择树木茂盛、空气清新、优雅清静的环境作为游览和散步的场所。走步的时间和距离要根据幼儿体力而定，一般不宜长。最好让幼儿比较自由地走，一般可不要求保持队形，但教师应注意观察和照顾他们，以免丢失和出事故。如幼儿多、年龄小、教师少、行人乱时，可以手拉手走，拉着长绳走。在散步和游览时可以边走边看，不必着急抵达某个地方，在此过程中可以让幼儿更多地认识环境、自然和社会，还能在散步的过程中开展其他的艺术活动，这样既能够让活动变得更加有趣，同时也能对幼儿的身体负荷进行调节。

（六）模仿法

可对其他人或者动物的走路姿势等进行模仿，也可模仿操作交通工具行驶。

第二节 跑步能力

一、提高幼儿跑步方面的各项能力

（一）身体供氧和供能能力

在跑步的过程中，身体会供应大量能量及氧气。若是呼吸和循环系统有着较强的机能，身体内有着丰富的营养储备，那么身体的供能、供氧能力就会越强，这也就为发展跑步能力提供了一个良好的物质保证。下面具体介绍提升身体供氧和供能能力的具体方法。

（1）经常参加跳跃、跑步、游泳等运动，这些运动是增强呼吸、循环系统机能的有效手段。

（2）合理安排运动时的身体负荷。在运动过程中可对相关指标进行参考来指导幼儿的锻炼，从而较好地发展幼儿呼吸和循环系统的机能。

（3）合理调节饮食营养。应根据身体负荷的需要，增加营养的内容与数量。一般来说，应摄取含热量较多的糖类食物和各种维生素与矿物质。在安排身体负荷和营养时要注意区别对待，因人而异，特别对体力差，或有慢性病，或处于病后恢复阶段的幼儿应多加关心，谨慎对待。

（二）增强相关运动素质

发展有关的运动素质是提高跑步能力的关键。不同的跑步对运动素质的要求也有差别，四散追捉要求有较高的速度、速度耐力和灵敏素质，20m 快跑要求速度素质更高，5m 往返跑则需要有好的灵敏素质。但它们都要求下肢有很好的爆发力和柔韧性，要求有较好的放松肌肉的能力和协调性，可采取不同的方法来发展这些素质。

发展下肢爆发力的方法：立定跳远、夹包、纵跳、摸高、跳绳、跨跳等运动。

发展下肢韧性的方法：压缩与踢腿相结合的练习或跳皮筋都能有效地发展此项素质。

发展速度素质的方法；下坡跑、顺风跑、追滚动的球跑、追逐跑等运动。

发展灵敏素质的方法：短距离往返跑、跳绳、四散追捉跑等运动。

要用由上述练习所编成的游戏进行练习，不要采用单调的训练方法，练习中要注意掌握身体负荷。

（三）改进幼儿的跑步动作

对幼儿的跑步动作加以改进既能够让他们拥有更好的跑步能力，还能让他们懂得一些科学道理。举例来说，屈臂摆臂能跑得既省力又快，用力向后蹬地能跑得快，上体稍前倾就跑得省力。更重要的是通过改进跑的动作使幼儿养成一种心理定式，即做任何动作都要力求合理、省力且效率高。这种操作活动中的理性意识、效率意识不仅对幼儿自身发展有深远的影响，而且对人类的操作技术的发展，对社会生产的发展都具有直接的推动作用。下面阐述帮助幼儿改进跑步动作的具体方法。

（1）榜样法。这是很有效的方法，首先教师跑的动作要力求正确，其次经常让跑的动作好的幼儿做示范，鼓励大家向他学习。有条件的幼儿园可以组织幼儿看优秀运动员的录像。

（2）游戏法。小班幼儿最好是多做些像“送小动物去玩耍”一类的非竞赛性游戏，让他们在欢乐的、自然放松的奔跑中发展跑的动作。在游戏中可以根据他们的接受能力提一些具体的动作要求，如抬头、眼往前看、屈臂前后摆动，要对准目标跑，落地要轻、迈开步跑等。对个别动作有明显缺陷的幼儿应具体帮助。有时可用由条件法组成的游戏来改进动作，如在圆形窄道内跑能帮助他们掌握合理的圆圈跑动作。

（3）运用合适的讲解语言。讲解动作时，语言应符合幼儿知识经验和理解能力。如一位教师指导小班幼儿摆臂时说：“胳膊弯起来，握拳。”结果大多数幼儿都在紧握拳深屈肘，肌肉僵硬地摆臂。另外一位教师同样教握拳，但她使用了不同的语言：“在跑步时，小朋友们要轻轻地握拳，就像你的手里握着一只小鸡，你如果用力握小鸡会疼的。”这种语言无疑更能够让幼儿所接受，从而做出更加正确的动作。

二、发展幼儿心理素质的方法

（一）增强幼儿跑步兴趣的方法

1. 多组织跑步游戏

跑步游戏除了包含跑步活动，还包含各种模仿活动、竞赛活动、交往活动、审美活动等，有了这些活动，跑步游戏的内容就会更加丰富，使幼儿的多种需要得到满足，兴趣更浓。

2. 身体负荷要适量

若是跑步的身体负荷过小，那么就无法较好地满足幼儿运动的需要，他们的兴致也不会太高，情绪也会受到影响；若是跑步的身体负荷过大，幼儿的身体就会产生不适感，并且会畏惧跑步活动。所以，教师要对跑步的距离、强度、次数、时间等方面做出合理的安排，让幼儿高兴、舒服地进行跑步活动。

3. 给予幼儿激励

在活动过程中应多激励幼儿，使他们在活动中获得积极的情绪体验。要使跑步活动与愉快情绪建立起巩固的联系，使幼儿闻跑则喜。

4. 定期测试

定期进行测试，使幼儿了解自己的跑步速度，看到自己的进步，体验到成功的喜悦，增强他们的跑步兴趣和提高自身跑速的积极性。

5. 对跑步能力较差幼儿给予帮助和鼓励

对跑步能力较差的幼儿应多鼓励和帮助，不要让他们产生自卑感。

（二）培养幼儿竞争精神的方法

跑步活动中的竞赛能够有效地培养幼儿的竞争精神，下面重点论述培养竞争精神的途径。

1. 增强竞争教育意识

首先要认识到竞争精神对幼儿当前和未来发展的重要性，认识到在幼儿阶段培养竞争精神的可能性与适宜性；其次认识跑步活动是具有竞争性的体育活动，是培养竞争精神很好的活动。要把培养竞争精神定为跑步活动的一项重要教育目标。

2. 对幼儿竞争精神的培养要有目的、有计划

从小班起就要有意识地培养幼儿竞争意识。在小班各种非竞赛性的跑步游戏——像“小孩小孩真爱玩”中，要鼓励幼儿努力把活动任务与要求完成得更快、更好，要努力赶上或超过别人，要表扬那些完成任务好，或认真努力按着要求做的幼儿。要适当多安排一些追捉跑和像“小燕找窝”中争先找窝的游戏活动，这些游戏中的追捉、找“窝”实际都是竞赛活动。中班时，除追捉跑一些游戏外，再逐步增加分队竞赛和个人赛跑活动。在大班则应有跑步比赛，并且竞赛内容要丰富，不仅赛跑速，还要赛智慧、赛意志、赛技能。

3. 比赛前制定好竞赛目标

热情地提出期待和鼓励，发挥目标和期待的激励效应。

4. 组织与幼儿能力相符的比赛

应组织实力相当的幼儿进行比赛，使幼儿有获胜的机会，体验胜利的喜悦。对于跑步能力很差的幼儿，应采用激励性教学法，多鼓励其进步，引导他们和自己的过去比，鼓励他们超越自我。

5. 比赛过程中予以恰当形式的激励

比赛时要组织鼓掌、加油等激励措施，造成热烈友好的竞赛气氛，以激励幼儿竞赛热情，体验同伴对自己的期待、关心和鼓励，增进友谊感、责任感和荣誉感，把竞赛过程本身当成有深刻和丰富内容的情感体验过程与意志锻炼过程。现场激励可以一般地呼喊，也可呼名激励，呼名具有更强的情感效应。用哪种方法要根据现场情况和幼儿特点定。

6. 比赛完成后及时展开评价

比赛完成后，教师既要表扬或奖励胜利者，也要鼓励失败者；既要表扬跑速快的，又要表扬肯动脑筋、行为好的，使幼儿逐步意识到竞赛不仅是赛体力，而且是赛智慧、赛意志。奖励一般是精神的，也应有些物质的奖励，一朵小红花、一面小锦旗、一个五角星都可以。这些东西可以由教师制作，也可让幼儿自己折剪绘制。要努力使胜者、负者在竞赛中都能体验到乐趣，要使胜者体验到成功的喜悦，强化其自信心与竞争意识；使失败者不仅不产生挫折感，而且能体验到战胜挫折、锻炼意志的喜悦感，体验到教师和同伴对自己的期待和友谊。

7. 教给幼儿竞赛的相关行为和方法

对于竞赛过程中的一些行为和方法，教师要给予幼儿一定的引导和帮助。举例来说，若是同伴在竞赛的过程中出现了失误，那么幼儿要对他进行鼓励；若是对手在竞赛时摔倒了，那么幼儿应当去把他扶起来；不管双方谁输谁赢，都要给予他们掌声；在分队竞赛过程中，要鼓励对手坚持跑完等。教师要注意让幼儿形成优良的竞赛作风。

（三）强化幼儿意志的具体方法

1. 激励和帮助

当幼儿在跑步活动中出现疲劳但体力尚可支持时，当赛跑双方跑速相当竞赛激烈时，在追捉跑时被对手紧追不放难以逃脱时，当摔倒时或竞赛失败感到懊丧时，当由于过于激

动或紧张而出现失误时，都要及时给予鼓励。教师不仅亲自给予鼓励，而且要组织幼儿相互鼓励并努力使之成为风气。若是幼儿遇到了自身难以解决的问题，那么教师要给予及时而必要的帮助。

2. 及时表扬幼儿克服挫折和困难的行为

要善于发现幼儿勇于克服困难和挫折的行为并应及时表扬，切不可漠然视之，不予扶持。

（四）注意跑步安全

幼儿在跑步活动中容易出现损伤，一种是由于摔伤或碰撞而造成出血、软组织扭伤、挫伤，甚至骨折，或者由于空腹跑步，或负荷过大，造成虚脱；另一种是由于负荷过大，长期疲劳积累成的慢性损伤，如胫骨骨膜炎、心脏疾患等。因此要认真细微地采取安全措施，保护儿童健康。

具体来说要做到下列几点：（1）合理安排身体负荷；（2）要选择平整、较软的场地作为跑步场所，尽量避免在混凝土场地上跑；场地中不要有碎石和其他坚硬的物品；（3）让幼儿穿合适的衣服和软底鞋，以免跑步过程中受到束缚；（4）教给幼儿跑步时正确的呼吸方法；跑步结束后要将汗水擦干净，并且要及时地更换汗水浸湿的衣服。

第三节 跳跃能力

跳跃能力是由跳跃知识、技能、运动素质、心理素质和身体形态、机能所构成，要从这几方面去指导幼儿发展跳跃能力。

一、跳跃动作的指导和教学方法

要把起跳和落地动作作为指导和练习的重点，起跳则应以改进起跳腿的蹬伸动作和提高蹬伸与摆腿、摆臂相结合的能力为重点。下面重点介绍学习跳跃动作的方法。

（一）模仿法

模仿法即仿效所见到的示范的学习方法。目前有两种模仿法：（1）仿效教师和同伴的示范动作；（2）模拟所见到的其他事物的运动，如蛙跳、马跨跳、皮球弹起等。

用好模仿法要注意：

（1）提供好的示范。示范应正确，让幼儿看得清楚并能引起幼儿的学习兴趣。

（2）帮助幼儿掌握合理的观察方法，提高观察能力。观察跳跃动作首先要看清楚起跳动作，起跳动作应重点看腿的蹬摆，然后看蹬摆的协调配合。每次示范一般只着重一个环节。

（3）帮助幼儿发展模仿能力。可从以下四方面发展幼儿模仿能力：提高观察能力，以便获得正确的印象；提高控制动作的能力；发展有关的运动素质；培养观察和模仿兴趣。要针对幼儿的具体情况帮助他们发展模仿能力。

（二）条件法

条件法就是按规定的条件练习动作的方法。如用跳起摸球来改进向上跳的动作时，“球”是条件物；作“青蛙跳荷叶”游戏时，“荷叶”就是条件物。用此法时，一是设置的条件应能引起幼儿的兴趣；二是条件的难度要适当，应是幼儿经过适当的努力能做到的。

（三）创新法

创新法即提出创新的课题让幼儿独立探索出自己以前没见过的动作，如让幼儿想出新的（对他本人来说）小兔跳动作。结构变异创造技能法是发展幼儿创新能力的好方法。

（四）配乐练习法

做连续性跳跃时用配乐、儿歌来激发兴趣和发展动作节奏的方法。要注意引导幼儿记住动作名称和活动要点。实验表明，记住动作名称有利于动作的迁移。

二、对相关运动素质的发展

首先要发展下肢爆发力和摆腿、摆臂的快速力量；其次要发展协调能力，即在跳跃运动中四肢在用力的时间、方向、顺序、力度方面协同一致的能力。

（一）协调能力的定义

协调能力是指人体不同系统、不同器官、不同身体部位协同一致、完成动作的能力。如跨跳时起跳腿的蹬伸、摆动腿和两臂的摆动在用力时间、方向、空间、力度、速度诸方面都能很和谐地配合，头颈和躯干的姿势也便于四肢用力和保持空中的稳定，使人体的运动潜能得到很好的发挥，这就说明做跨跳的幼儿的协调能力好。

（二）影响协调能力的要素

图 5-1 所示为影响人体协调能力的要素。

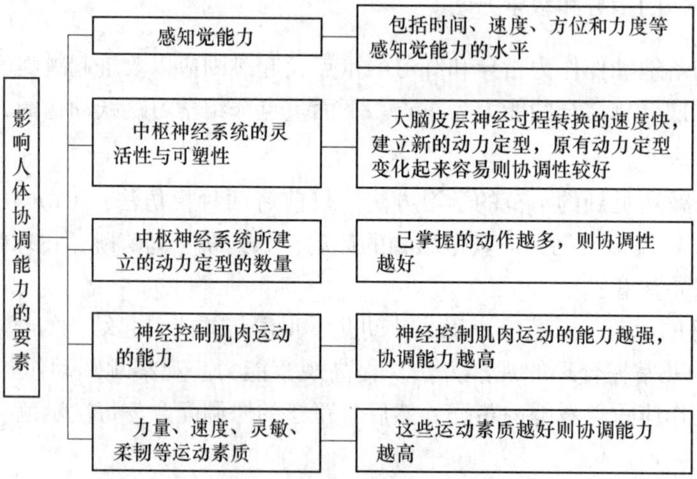

图 5-1　影响人体协调能力的要素

（三）发展幼儿协调能力的方法

发展幼儿协调能力的方法有以下几种：

（1）通过组织幼儿参加游戏来发展其速度、力量、柔韧和灵敏等运动素质。

（2）组织幼儿做发展控制肌肉运动能力的游戏操，如“木偶戏”“机器人”等。

（3）对既有动作进行丰富和发展，让幼儿学习更多的新动作，并教会幼儿学习新动作的有效方法。要鼓励幼儿对动作进行掌握和创造。

三、锻炼幼儿的心理素质

跳越障碍时要正确判断障碍物的高度或宽度，跳摇动绳子或滚动的圈时还要判断绳、圈的运动速度、方向、位置以选择起跳的时间、地点和用力的大小以及空中的姿势，有时还要克服胆怯等心理障碍。因此发展幼儿的跳跃能力必须发展他们的深度知觉、速度知觉、方位知觉、力度知觉和自信、果断、勇敢等心理素质，做连续跳跃时还需要发展节奏知觉和节奏反应能力。

深度知觉也称距离知觉或立体知觉，它是人对同一物体的凹凸和不同物体的距离的知觉。力度知觉是指对自身用力的知觉。常用的方法与指导要点如下：

（1）用各种跳跃动作跳越不同宽度或高度的障碍，如“小青蛙跳荷叶”“小猴摘桃”“踏石过河”等游戏都是用这种方法编成的游戏。

（2）跳跃时要引导幼儿体会跳不同高度和远度时的用力感觉。

（3）帮助5岁以上的幼儿掌握长度的度量单位，并组织他们经常测量自己跳的距离，了解自己跳跃能力和经常锻炼后进步的情况。这能帮助幼儿发展自我认识、自我评价和自我发展的意识，提高他们自我发展的自觉性。

（4）要采用照镜做动作等方法，帮助幼儿了解和评价自己的动作，提高他们自我认识与评价的意识与能力。有条件的幼儿园可以采用录像的方法。

在发展跳跃动作的过程中还要注意培养跳跃动作意识，包括起跳时的协同意识，落地时的缓冲意识，跳跃时的调节注意指向的能力等。

第四节 投掷能力

教师应根据投掷能力结构来发展幼儿的投掷能力。

一、培养幼儿的投掷技能

投掷动作的重点是投出时的上肢动作和全身协调用力。3～4岁时重点发展上肢动作，4岁以后在继续改进上肢动作的同时，掌握全身协调用力的技能。在发展动作过程中要培养出手角度意识和协同用力意识。

掌握投掷技能主要用以下方法：

（1）模仿法。主要模仿成人和同伴的正确动作。在组织幼儿观察示范时要引导幼儿注意看动作的过程，不要只注意看投掷物飞行的远近。

（2）条件法。如用投包过适当高度的绳和投垂直靶来改进出手角度。

（3）提示和自我提示法：如在投掷前和投掷过程中提示或自我提示——蹬腿、转身。

（4）竞赛法。比远、比准、比快、互相投击（如“飞镖手”游戏）都是发展投掷动作的有效方法。

（5）变化法。即变化投掷器械和投掷目标来激发幼儿投掷兴趣。

发展投掷动作时要双臂并重，以促进肢体和大脑均衡发育。

二、发展有关的运动素质

教师要在发展幼儿全身力量的基础上，重点发展他们的上肢爆发力。

要注意对幼儿手腕小肌肉群和腕指关节的柔韧性和灵活性加以锻炼和发展，只有在这些生理条件的基础上，幼儿的动作才能更加准确，出手速度也才更快。

另外，在组织幼儿进行锻炼全身力量和上肢爆发力的游戏时，要视幼儿的具体情况慢慢增加投掷物的质量、投掷的距离以及次数等。

拍球游戏和用握、小包、乒乓球投近距离（1～1.5m）小靶（直径10～20cm）游戏都是发展手腕小肌群和关节灵活性的好方法。

三、增强幼儿的心理素质

投掷时需要对目标物的距离、方向、体积和用力的大小做出判断，投出时还要调节用力顺序、出手时间和力度；投击活动目标时还要判断目标物的运动速度、方向和路线，确定投击点。而在做摔包一类的游戏时，还要观察对手的动态，选择投击对象，采用一定的策略，甚至还要控制激动的情绪，做到快而不慌。掌握和发展投掷技能的过程中还要逐渐培养协调用力、角度等动作意识，要有意识、有目的、有步骤地发展这些心理素质。

（一）发展距离知觉和力度知觉的方法

发展距离知觉和力度知觉的方法有以下两种。

（1）在幼儿的投掷区域做好距离标志，在投掷的时候让幼儿自己估测并说出自己投掷的距离。对于小班幼儿，可以仅要求他们说自己投到哪一个标志；对于中大班幼儿，可以要求他们用计量单位进行表述。

（2）用质量不等的投标物对不同目标进行投击，并让幼儿仔细体会用力的感觉。举例来说，用质量不等的包做跳房子游戏就能够较好地发展幼儿的距离知觉和力度知觉。另外，发展幼儿的知觉能力也可以通过用球投高度不等的篮筐来实现。

（二）对幼儿的协调用力意识进行培养

在以下两个方面对幼儿的协调用力意识进行培养：

（1）教师要引导幼儿逐渐明白只有全身协调用力才能把物体投得更远这一道理。但教师要注意在引导过程中使用生动、形象的语言，从而让幼儿更快地接受。

（2）在练习的时候，教师要多次提示并帮助幼儿熟练掌握协调用力的要领，并让他们主动地、有意识地去做。对于那些动作掌握得比较好的幼儿，教师应及时给予表扬和鼓励。

（三）让幼儿形成发展投掷能力的意识

要定期组织幼儿测验投掷远度和准度，帮助幼儿了解自己的投掷能力，了解自己投掷能力的发展，鼓励他们好好锻炼，不断超过自己原有的水平。

（四）指导幼儿更好地选择投掷目标

在组织幼儿开展打雪仗、投沙包等游戏的时候，教师要让他们知道怎样的对手更容易被击中，让他们学会对对手进行观察，掌握一定的观察方法，强化他们果断、沉着的品质。

第五节　创 新 能 力

本节具体阐述的是指导幼儿发展创新能力的做法和经验。

一、对幼儿体育创新能力结构展开深入研究

只有深入研究幼儿体育创新能力的结构，才能更好地培养他们的创新能力。掌握了幼儿体育创新能力结构就能更加自觉地、有效地指导幼儿发展体育创新能力。

幼儿体育创新能力是幼儿完成体育创新活动所需的身心素质的总和，或者说是幼儿完成体育创新活动的本领。幼儿体育创新能力结构如图 5-2 所示。

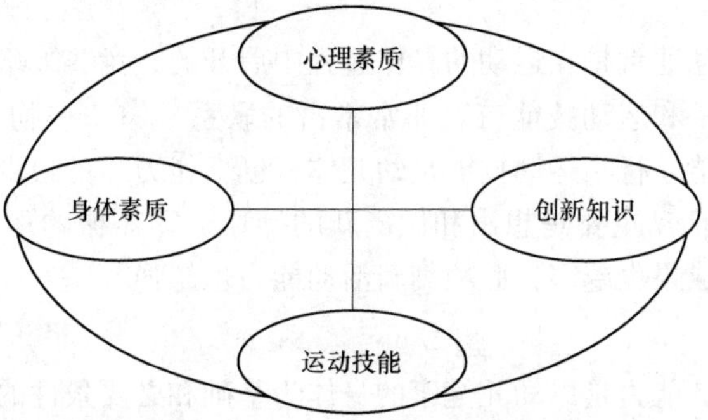

图 5-2　幼儿体育创新能力结构图

（一）心理素质

心理素质是体育创新能力的主体部分，它是活动中的定向、动力、操作和监控成分。它主要包括下列内容：

（1）好奇心、认知、探索、创新、模仿、竞赛、审美和运动需要与兴趣。

（2）敏锐而准确的知觉，特别需要有良好的方法、深度和速度知觉，对自身运动的速度、力度、节奏、体位、幅度、时间和平衡知觉以及感觉整合能力。

（3）良好的观察能力，特别需要具有良好的运动观察能力和对人的观察能力。

（4）快速的注意转移能力和良好的注意集中能力和分配能力，以及调节注意重点的能力。

（5）直觉思维、操作思维和形象思维能力，反思能力和自我认识能力。在思维品质上要求有良好的灵活性、敏捷性、独创性和批判性，还要发展内隐性认知能力。

（6）丰富而活跃的想象力，灵活而广阔的联想力，迁移能力和移情心理。

（7）形象、运动和情感记忆能力。

（8）自主、自立、自尊、自强、自信和自我价值感、自我评价和自我监控意识与能力。

（9）勇敢、果断等意志品质。

（10）愉快而稳定的情绪，对他人和自然的关爱。

（11）体育活动中一切事物都是可变化的观念。

（二）创新知识

发展创新能力必定以知识为基础，知识在创新活动中起着重要的导向作用，能够对创新能力的水平、特点等产生直接的影响。知识包括反映事物本身结构、功能、本质的本体性知识和如何认识该事物的方法性知识。对于创新活动而言，这两种知识都是必要的。掌握有关创新对象的知识越多、越深，结构越合理则对该对象的创新能力越易提高。如中、大班幼儿从拍球活动中掌握到拍球活动的结构要素及其相互关系，掌握了它们的变化方法后，他们就知道从拍球动作、球、组织活动、模仿、竞赛等方略活动、情节、场地诸要素中变化拍球游戏，他们就能创编出上百种新的拍球游戏，而没掌握拍球活动结构和结构变异创造技法的中、大班幼儿的创新活动基本上只停留在拍球动作和模仿活动上，且创新的数量也有限。

（三）运动技能

幼儿体育创新活动通常是在运动的具体过程中展开的，竞赛策略创新、动作创新、审美创新、模仿创新等都和运动技能有着非常紧密的联系。像“一物多用”类活动创新更需要掌握多种运动技能才行，运动技能是幼儿体育创新能力不可缺少的因素。幼儿园常做的“一物多用”创新活动主要是想出和做出新的操作运动器械的运动技能，能想出和做出的技能越多，创新成果也越多，此项创新活动能力也越强。

（四）身体素质

培养幼儿体育创新能力是以幼儿健康的身体为基础和必要条件的。人的感官和神经系统的机能状态与水平、中枢神经系统的类型、中枢神经系统的整合能力和随机应变性直接关系人的运动知觉、运动直觉思维、操作性思维能力以及动作创新能力的发展，这些都是体育创新能力的组成因素。

体育创新能力结构是引导幼儿发展体育创新能力的依据。

二、将体育创新教育目的明确出来

在体育活动过程中开展幼儿创新教育活动主要有以下两个目的：（1）促进体育素质中其他素质的发展，尤其是身体素质的发展；（2）促进创新能力的发展。举例来说，教师组织幼儿进行拍球创新活动，其目的有如下两个：一是丰富拍球动作和拍球游戏，发展拍球能力；二是发展创新能力。在对两个目的的关系进行处理时，通常会将前者放在首位，将后者置于第二位。因为前者的实现程度更多地决定着活动质量的高低，但是要让两个目的有机结合起来。

三、树立新型体育观念

新的体育观念包括体育活动结构观、发展价值观、体育目标观、内容观、方略观、评价观和主体观。特别注意建立以健身为主，全面发展幼儿体育发展价值观和体育教学主体观。当前在幼儿园课程与教学建构中如何发挥和发展幼儿的主体性问题上是重在落实，下面具体介绍落实幼儿主体性的几点措施：

（1）教师要承认和尊重幼儿在体育教学和课程建构中所具有的主体地位。

（2）幼儿在体育方面的发展需要和兴趣应反映到体育目标和内容中去。幼儿对体育方面反映的意见和要求应受到尊重，其合理内容应被教师采纳。

（3）注意幼儿个性特点，发展其创新能力。由于每个人具有不同的智力特点，因此其创新潜能的发展也是有区别的。从成年人看有人在艺术上有创造力，有人则精于文学创作，有人是技术创新能手或数学天才，除后天环境因素外，很重要的原因是其智力特点不同。现代多元智力学说对此做了颇有说服力的解释，因此教师要在幼儿时期注意发现幼儿智力特点并给予不同的指导。

（4）善于创设自由而安全的社会心理环境。自由是创新的必要条件和基本的保证，不仅动作、交往能自由，更重要的是要有思想自由；不仅在创新活动中要创设一个自由的环境，在日常生活管理和各种教育活动中也创设欢乐而自由的环境。对幼儿创新行为和结果应采取鼓励的态度，活动质量好、创新成果新颖应以鼓励，成果或行为上出现不理想之处，不要责备和讥笑，以免挫伤其创新积极性。应记住幼儿创新积极性是易受挫折的，教育家一再提醒，人的创造机能是最容易受到压制和挫折的，而教育既有培养创造精神的力量，也存在压抑创造精神的力量。

（5）幼儿在体育教学的准备、实施和反馈评价的全过程能参与力所能及的活动，发挥其主动性和创造性，以发展幼儿的体育素质和主体意识与能力。

（6）幼儿人格能得到切实的尊重，能平等地和教师交往，互相影响。训斥、讥讽、侮辱、体罚和变相体罚、剥夺幼儿活动权利等损害幼儿身心健康的行为必须杜绝。

（7）所有幼儿应平等地参加活动，接受教育，获得发展。特别在节日、庆祝和接待活动中不能歧视某些能力弱的幼儿。

（8）每天都保证幼儿有一定时间的自主性体育活动，在这期间幼儿可自由选择活动内容与伙伴。

四、掌握体育活动结构原理及游戏特点

教师要切实掌握幼儿体育活动结构原理和各类、各种游戏与体操的结构特点及其变化方法。

教师要有计划地在与幼儿共同活动中深入了解幼儿身心特点，这是指导幼儿发展创新能力的基本功。

五、指引幼儿对结构变异创造技法进行掌握

结构变异创造技法既是对新活动、新动作加以创造的方法，同时它也能够使幼儿的创新能力和创新意识得到增强。下面对该法的运用和实施加以具体介绍。

（一）运用该技法的目的

通过掌握和使用结构变异创造技法主要达到以下目的：

（1）引导幼儿通过创新活动掌握结构变异创造技法。

（2）引导初步形成以下观念：任何动作和体育活动都是可分为几个部分，各部分都是互相影响的，各个部分和整个活动都是可以做多种变化的；自己经过学习可以学会变化多种动作和体育活动的本领。

（3）培养创新兴趣、创新精神和创新信心。

（4）引导幼儿发展直觉思维、操作思维、形象思维，发展思维的灵活性、新异性、

独立性、批判性和敏锐性；引导幼儿发展想象力、迁移能力和联想力。

（二）注意事项

在结构变异创造技法教育中注意以下问题：（1）要通过创新活动引导幼儿掌握结构变异创造技法；（2）在运用创造技法的创新活动中坚持渗透发展观念，联系观念教育，培养主体意识；（3）在运用此技法过程中要善于提出课题，及时引导思路；（4）按照由具体和一般相结合原则，通过对一个个具体的动作和游戏的创新活动，逐步形成运用此创造技法创新的概括性经验。

教师在开展非创新性体育活动的过程中，应在健身为主，全面发展体育价值观和目标观引导下，引导幼儿把发展动作、增进健康，学习知识、发展智力、品德、审美素质和个性心理素质有机地结合起来，特别要注意智力和个性心理素质的发展。全面而深入地掌握幼儿在这些活动中的动机、兴趣、目的活动、感知觉、观察、注意、思维、记忆和自我认识、评价、监控以及情意活动的特点。这些活动虽非创新活动，但所发展的心理素质很多是构成体育创新能力的内容。

六、让幼儿体育创新能力的发展更具针对性

根据各种体育创新活动特点，有针对性地引导幼儿发展各种体育创新能力。

（一）幼儿体育创新活动的分类

幼儿体育创新活动按其新颖性可分为以下三类：

（1）首创活动，创造出以前所没有的事物。

（2）变新活动，对既有事物进行变化或革新。

（3）再次发现，幼儿独立发现他人已发现的事物。

幼儿体育创新活动按创新内容可分为：知识创新和活动创新两大类，这两方面的内容用图 5-3 进行表述。

（二）主要创新活动的指导

1. 探索活动要点的指导

下面分析探索活动要点的含义、要点和创新活动示例：

（1）探索活动要点的指导的含义及要点。探索活动要点的指导，也就是探索应该如何将活动做得更好。举例来说，在组织幼儿进行立定跳远的时候，要引导他们探索如何让起跳更加有劲，如何在落地的时候能够更轻更稳。又如，在排队传球的时候，教师要引导幼儿探索如何做能够让球传得更快、更稳。下面对指导要点进行说明：

1）教师要能够提出恰当的探索课题。这些课题既能够让幼儿产生较强的探索兴趣，又与当前幼儿的能力相符合；另外，探索课题应当是具体、明确的，语言应具有鼓动性和诱导性。

2）要指引幼儿更好地将做、想、看、比、说这几方面结合起来。举例来说，教师在引导中班学生开展“20 次拍球比快”游戏的时候，引导幼儿探索怎样才能拍得又快、又稳，让他们边拍、边看、边想，对自己不同的拍法进行比较，同拍得快的同伴比较，和别人讨论，自己要说出自己的做法和体验。如果幼儿动作做得好，但看不到、说不出时，教师可引导其思路，让其自己表述，而不要“替”他们说。举例来说，有的幼儿因为慌张

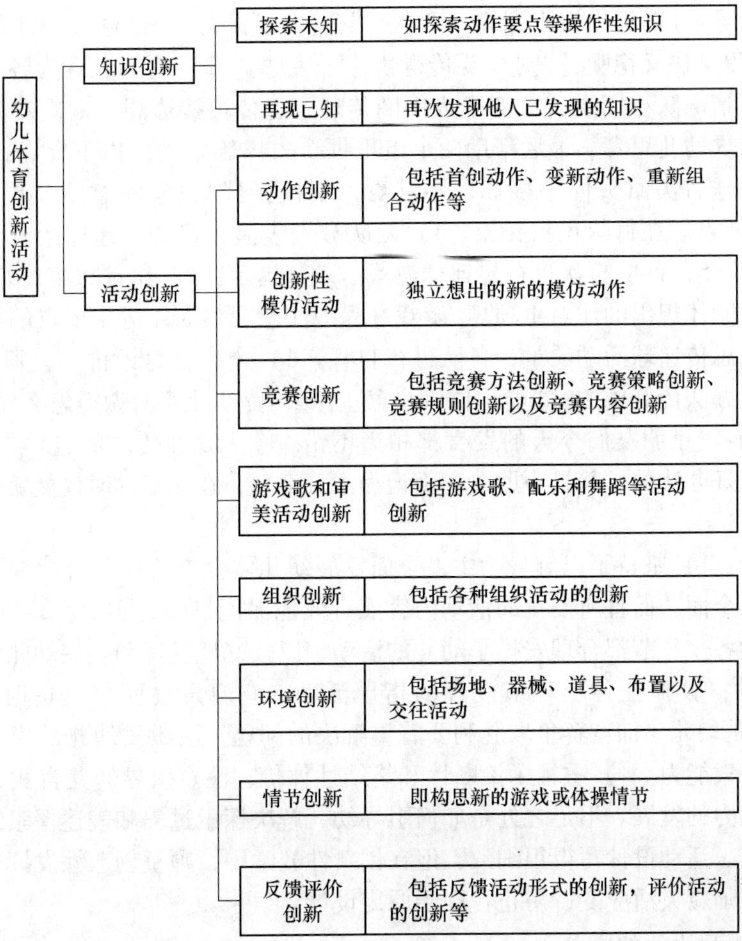

图 5-3 知识创新和活动创新

导致失误但是他们无法自己将要点总结出来的时候，教师就可以通过提问的方式对其进行引导："小朋友，刚刚是不是有人把球拍丢了？""这是什么原因呢？"通过这些问题引导他们从情感调控方面对经验进行总结。

3）教师应注意引导他们用探索出的要点去做动作或活动，既能巩固和发展已获得的知识、经验，也能把探索的成果用来发展自己的动作和活动能力。

（2）创新活动示例。

题目：探索传接球活动要点活动设计与评析（中班）。

活动目标：发展传接球能力；培养探索兴趣与能力，竞赛和协同意识与能力；观察和评价意识与能力以及反馈意识与能力；提高自我认识和自我评价能力，增强自主感、自立感和自信感。

活动准备：1）研究接力传球游戏中传递球的要点；2）调查幼儿传递球能力。幼儿能熟练掌握此动作，但普遍存在以下问题：传球路线不直；传球给同伴时，眼不看接球人手，常把球传丢；传完球不能及时回头转身伸手接球；没想过怎样把球传得又快又稳，而只想传着玩和比赛，没想过动作的合理性和高效性。组织幼儿参与调查。

活动与引导：1）提出探索课题。“小朋友们都想得第一吧！”“如何才能拿到第一？”“怎么让球传得又快又稳呢？”“对！要传得快，不丢球。”2）将幼儿分为各个小组，让他们围圈传球。请两队小朋友，三四个人围圈传球，边传边接边想。依次观察各组探索活动，并及时引导幼儿思考。最后帮助两个组根据个人体验归纳出以下要点：“要直着传，传得快，交完球后快回头伸手接球，不乱看，不慌张！”但应注意幼儿提出的新体验。3）各组归纳要点。在每队互相交流。4）两队分别表演各组的传递球活动。教师引导观赏组观察评价。5）两队再次进行传递球游戏。教师提示：“各组都想出传好的方法了吧？比赛时要记住刚才想出的注意事项！”游戏过程中注意观察幼儿运用要点的情况，每次赛后引导幼儿反思传递球活动质量，各队进行自评。6）全班反思评价。教师引导：“想想今天是用什么办法传好球的？”“能记住该注意些什么吗？”“比赛时做得怎么样？”幼儿发言后，教师归纳：“小朋友们今天的发言都相当不错。今天是在传球的过程中边看、边想，经过讨论得出好办法的，并且小朋友们都记得十分清楚，在比赛的时候能够做到，以后也要经常这样做！”

活动评价：1）坚持了以健身为主，全面发展幼儿体育价值观和目标观。这样做不仅目标内容定得全面，而且所安排的活动内容能有效地保证目标的实现。2）体现了双主体观。在活动的各个环节都合理安排了幼儿的活动，以较好地发挥和发展幼儿的主动性、独立性和创造性；教师在各个环节设计的指导活动，有启发性而且是适时的、必要的。3）探索课题是幼儿参加竞赛争取胜利要着重解决的问题，能激发幼儿的探索兴趣，课题适合幼儿的探索能力。4）重视了诊断性和终结性评价，注意引导幼儿自我诊断、反馈和评价意识与能力的发展。不足之处是如何引导幼儿解决探索过程和表述探索结果上没明确提出具体措施。活动设计写得很细致，但在创新性教学中，师童创造性发挥后，过程发展难以预料，教师应灵活应变，防止自囿于原定设计。

2. 动作创新活动的指导

动作创新活动的指导概述和活动示例如下：

（1）指导概述。幼儿动作创新主要是变化原有的动作和设计出新的动作。此类创新活动主要使用结构变异创造技法，有时也使用迁移法和尝试错误法。下面主要介绍对使用结构变异创造技法变化动作的做法和体会。

1）灵活选取两种不同的创新课题。一种是只提出变化什么动作，不限制从哪个环节变化；另一种是除提出要变化的动作外，还限定变化的环节。如变化移动拍球的方法，前者可称为开放性课题，后者则称为封闭性课题。应根据活动目的、幼儿创新能力、创新活动的进展灵活地提出任一种课题。

2）善于引导思路。通过对所要变化的动作做结构分析后，可以了解到从哪些环节做哪些方面的变化，然后灵活地引导幼儿创新思路。如变化拍球动作时，可从众多环节变化这一动作，但幼儿在变化时往往只局限在少数环节，教师要及时地、巧妙地引导幼儿创新思路，想出更多的新动作，发展思维的变通性（或称思维的灵活性）。

3）在反馈评价中要引导幼儿全面了解动作结构及其变化方法。

（2）活动示例。

题目：单脚跳创新活动实录和评析（大班）。

活动目标：发展单脚连续跳能力、创新能力和迁移能力；巩固和发展结构变异创造技法的经验，创编出多种单脚跳动作。

活动准备：1）研究单脚连续跳动作结构及其变化方法；2）幼儿已熟练掌握此动作，动作连贯性、节奏性、稳定性较好。多数幼儿常做编花篮和跳房子游戏。

活动纪实：

幼儿围教师自然站立，教师亲切地向幼儿说："上次做花样小兔跳好玩吗？""好玩！""还记得想出哪些花样吗？"孩子们热烈地边做出各种兔跳动作边说动作名称。"小朋友记得好清楚，有的小朋友把两手举到头上当兔子耳朵，有的放在身后当兔子尾巴，有的蹲着学兔跳，有的手撑地蹲跳，特别像小兔，有几个小朋友围圈排队跳，有的小朋友后面人手搭前人肩，排成一队跳。小朋友脑子真灵活，能从手、腿、集体合作好几方面来变化动作。今天老师和小朋友一起来做花样单脚跳好吗？"孩子们齐声高喊："好！"没有经过多长时间思索，孩子们就想出好多种单脚跳的方法四处跳动。有的双臂摆动仿鸟飞，有的双臂胸前交叉平屈拍肘跳；有的双手抱摆动腿仿斗鸡；有几个小朋友围起圈后，手搭前人肩做围圈跳。有两个幼儿面对面边跳边做拍手游戏，反映了孩子们已把用结构变异创新技法创新的经验迁移到花样单脚跳。

几分钟后教师和几个幼儿一起拍手把幼儿集合在场地中间。教师："小朋友想得花样又多又快！老师向小朋友祝贺。大家想想是从哪儿方面变的？"孩子们争着大声说："手！""腿！""合作跳！"教师："说得好！把上次变得经验都用上了！小朋友再想想今天有谁想得跟上次不一样？"孩子们都在想，做拍手游戏跳的小朋友突然大声说："今天我们俩单脚跳做拍响游戏！""××他们也做编花篮！"孩子们情绪活跃起来了。教师说："用单脚跳做各种集体游戏是个新想法，大家多想想这方面的玩法。"幼儿高兴地散开去想新的跳法。过一会儿他们就把各种猜拳游戏迁移过来，有的幼儿想出好几种拍响游戏。有两个女孩与他人不同，在用摆动腿模仿踢毽子和跳皮筋，同时双手拍响打拍子。教师和这两个女孩子一块跳，同时齐说："来来来！来看我们跳皮筋。"孩子们循声聚在这三人周围。教师："小朋友想了哪些单脚跳游戏？"孩子们纷纷说出自已想出的新玩法。教师说："大家想得很快，很多。看××、×××跟大家有什么不一样？""她俩不是用手做游戏，是用脚做游戏！"教师："说得好！她俩想出一个新路子！值得我们学习！下面自由跳。"孩子们各自选择自己喜爱的动作跳，有的是跳自已想出的动作，有的则是跳别人想出的动作。

活动结束时教师："今天玩得高兴吗？""高兴！"教师："今天有什么新想法？"做仿踢毽子的小朋友说："要多想跟大家不一样的玩法。"教师："××说得好，希望下次多想些新的、好玩的跳法！"

评析：1）教师主体作用发挥得好，坚持了健身为主，全面发展体育价值观和目标观，目标内容全面，贯彻得好，较好地处理了健身和创新关系，两者结合紧密，相互促进，引导得法适度适时，巧妙地引导幼儿忆旧启新，善于发现创新，及时利用幼儿榜样引导新的思路，鼓励标新立异，活动层次清楚，逐步深入，活泼紧张、有序性好，师童关系平等融洽。2）幼儿活动主动，思维活跃，创新性发挥得好，想出了很多新动作，较熟练地使用了创新技法，思维变通性、流畅性、新颖性以及迁移能力得到发挥和培养，跳跃能力也得到很好的锻炼。

3. 创新性模仿活动指导

这是幼儿体育活动最常使用的方略活动，是主要的创新活动之一，也是幼儿喜爱的创新活动，见表5-1。

表5-1 创新性模仿活动过程结构

项 目	定向阶段			创新阶段		使用成果阶段	
活动目的与内容	确立目的活动	丰富对象知识	观察或回忆	构思活动	模仿活动	表演观赏评价活动	各自或集体选择模仿动作进行活动
指导要点	帮助幼儿明确模仿对象和目的，明确活动方向，激发活动热情	（1）引导幼儿掌握观察方法，提高观察能力和审美能力； （2）帮助幼儿丰富对象的认识，增强对象的感情，激发表现对象的热情； （3）诱发幼儿创造想象、联想和移情等心理活动		引导幼儿回忆已有的模仿同类对象的经验，构思新的模仿动作，鼓励幼儿能独出心裁，标新立异	注意诱导幼儿想象活动，移情于对象	重点引导观赏者，使其能看到同伴创新内容和特点，并进行积极性评价；引导表演者全神投入，感受创新的喜悦	根据活动目的，灵活地选择优秀的活动方法，要和幼儿一起共享创新喜悦和体验创新价值感

创新性模仿活动类同于舞蹈家的创作活动，他们有大体相同的心理历程，可以同视为艺术表演和欣赏活动。其目的和内容深刻性和复杂性有巨大的差别，在引导这一创作活动中应着重抓住以下几点：

（1）帮助幼儿丰富对模仿对象的认识。如做“小青蛙”游戏时，要向幼儿介绍有关青蛙的知识，这种介绍不限于有关青蛙的科学知识，最好是以青蛙为主题的艺术作品，多一些拟人化的描述。如介绍青蛙乐于为人们、为小朋友做奉献，专门捕捉害虫，保护人类种植的庄稼；它们白天不叫，夜里在稻田里为劳累的人们，为玩累的小朋友唱歌、催眠等知识，它们还给人们设计了很好的跳跃和游泳动作，给小朋友做动作示范，帮助我们跳得更远，游得更省力。还可向幼儿们介绍青蛙很聪明，它身穿绿衣裳，好让蛇或害虫不容易发现它。它常瞪着大大的眼睛，目的是能看清楚小虫，能早发现蛇，它的嘴张得很大，既好捉害虫，又能使歌声响亮动听，它还把腿练得很有力，使自己能跳得远、落地轻等知识。这种富有想象的、拟人化的讲述，不仅能丰富幼儿知识，而且能激发对青蛙的感情，激发他们的移情心理和用动作去表现青蛙的热情。

（2）引导好观察活动。创新性模仿活动中的观察，不只是认识性的观察活动，而且是一种审美活动，不仅要感受青蛙的肤色和动作美，还要引导它们把看到的青蛙形象与自身有关青蛙的知识和故事联结起来，在自己心灵里塑造一个关爱人类、关爱小朋友、聪明灵巧的小青蛙的艺术形象，这既是一个掌握科学的观察方法，认识自然物的科学认识活动，而且也是一种审美创造活动。

（3）引导好模仿动作创新活动。这是一种真正的艺术创造活动，模仿活动总的要求是形象神似。形象重在动作设计，神似重在心理活动的引导。教师要引导幼儿认真构思模仿动作。要提示他们自己想以前没做过也没见过的动作，还可根据动作变异原理启发创新思路，如模仿青蛙跳，可参看如图5-4进行引导。

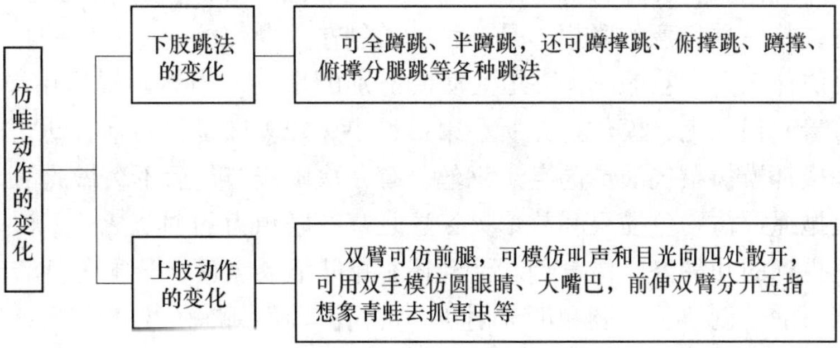

图5-4　仿蛙动作的变化

4. 竞赛策略创新活动指导

竞赛策略是幼儿竞赛性游戏中经常采用的策略活动，常用的有操作策略、协同策略和对抗策略。我们常采用以下方法鼓励幼儿进行此类创新活动。

（1）范例激励。幼儿在竞赛中常会自发地想出好的竞赛策略，要善于发现这类幼儿的创新，及时向幼儿介绍或组织表演。激励幼儿学习他爱动脑筋的好习惯，引导幼儿分析是怎样想出这个好方法的，要让幼儿学习他的态度、创新智慧以及方法。

（2）引导思路。根据不同年龄、智力和不同的竞赛特点，引导幼儿创新思路。如中班做“猫捉老鼠”游戏中可启发“猫”在诱鼠出洞上动脑筋，想办法。在“山沟里狼”游戏中可启发“小羊”在避开“狼”的注意上下功夫想策略，启发他总结自己过去突破拦截的经验，变自发的智慧行为为自觉的策略；还可启发“小羊”分析“狼”的拦截心理想法突破。而在像分队接力这样非直接对抗游戏中则可引导幼儿探索协同策略和操作策略。要引导好思路，就必须深入细致地调查研究不同年龄幼儿在不同竞赛游戏中的竞赛心理内容与特点，总结他们现有的竞赛策略，做到心中有底，才能在游戏中根据当时情况，灵活地、有针对性地引导幼儿创新思路。

5.“一物多用”创新活动的引导

“一物多用”创新活动实际是提供一种动作对象让幼儿去建构多种活动的创新活动，它能促进操作性思维、发散性思维和联想、迁移等能力以及运动技能和运动素质的发展。

下面是引导“一物多用”活动的具体建议：

（1）善于选物。宜选可运动之物、生活中常用的和与其形象神似之物很多的物进行创新。

（2）活动前应有所准备。一是要分析该物的各种玩法，以便于引导幼儿创新思路；二是引导幼儿注意思考该物的各种用途和哪些事物与该物形象神似。

（3）现场引导时，一要引起创新兴趣，二要根据活动特点和幼儿心理善引思路。

举例来说，在一绳多用活动中就可以有以下三方面引导活动：

（1）多想玩法。可从两方面引导其思路：首先，直接操作绳，如抡、摇、甩、抛、抽等；其次，用绳作活动条件，如拉起当“洞”，当跳竹竿游戏的竿。

（2）“看像什么”。当幼儿想出一种活动时，可问他像什么，激发他的联想活动。如幼儿握绳一端在地上抖动时，可问他这像什么，这常引起很新颖的联想。如有的孩子说像舞龙，有的说像蚯蚓爬。有个曾在海边玩过的女孩说像海浪，这是远离原型，远离原来视觉形象的联想，是一种诗意的联想，是一种审美创造。

(3)“模仿什么”。这是提示幼儿主动模仿别的事物。当教师提出用绳模仿创新时，有几个幼儿拉着一根绳走，模仿托儿所小弟弟、小妹妹去散步；经常有幼儿把绳放在地上当钢丝，手握横杆模仿杂技演员高空走钢丝。有一次国庆节过后不久做此活动时，有两个幼儿依次向上抛绳模仿彩色喷泉和放焰火，这是富有联想力的创新活动。

除了上述提到的几种外，体育创新活动还有排队活动创新、分配角色活动创新、启动活动创新、结束活动创新、环境和情节创新、赏罚活动创新等。

第六节 兴趣培养

在幼儿体育素质包含的内容中，体育素质是非常重要的一部分。它在幼儿的活动和发展中具有定向和动力作用，运动兴趣能推动幼儿参加活动，能有效促进运动能力和身体素质的发展，创新兴趣则能推动幼儿参与创新活动，活动不仅能想出新的动作与玩法，而且能促进创新意识与能力的发展。幼儿时期培养的运动、创新、竞赛等兴趣，在以后会成为这些素质发展的动力，将会对他们身体健康和事业的发展起着积极的作用。所以，积极培养幼儿的体育兴趣，既是当下教育的手段之一，同时也是关键的教育目标。

体育兴趣并不只是狭隘的运动兴趣，它还包含着发展动作、学习知识、模仿、竞赛、创新、审美等多种多样的兴趣。如何才能切实有效地培养幼儿的体育兴趣呢？可以从以下几点来具体考虑。

一、了解幼儿体育兴趣的特点

幼儿体育兴趣有很多独特的特点，较为明显地体现在以下六个方面。

(1) 兴趣内容丰富，形式多样。它包括运动、发展动作和运动素质、模仿、竞赛、交往、审美、创新、表现、认识环境与自我等多种兴趣内容。

(2) 兴趣发展较快。幼儿体育兴趣的内容、品质，对自身兴趣内容的意识性发展得都较快。如3岁多的小班幼儿对竞赛活动，特别是分队竞赛活动通常都比较淡漠；在正常的教育条件下，到中班后期，他们才会对竞赛过程以及竞赛结果表现出较强烈的兴趣，模仿、创新、表演、审美等兴趣也都发展较快。

(3) 以直接兴趣为主。幼儿的体育兴趣往往集中在活动本身，对活动的过程、活动的操作性结果都有较强的兴趣。

(4) 兴趣广泛。幼儿对有吸引力而又力所能及的体育活动都乐于参加。

(5) 兴趣易变化。刚出现新的玩具时，幼儿往往爱不释手，但玩一阵子就冷下来，转而喜欢上其他活动。幼儿发展过程中“没长性”的特征在体育活动中表现得尤为明显。

(6) 兴趣实效性好。幼儿对感兴趣的体育活动立刻就想参与，见到活泼有趣的动作就想要学着做，喜爱之情通常会很快转化为行动。

二、选择合适的运动动作

动作和发展性结果之间的关系是体育活动中非常重要的因果关系，它是幼儿认知和发展的对象，同时也是引导幼儿产生运动兴趣的主要因素。在日常的体育教学中一般有四种运动动作。

（一）自然动作

幼儿在日常生活中自然学会的、经常使用的各种形式的爬行、走步、奔跑、跳跃、滚翻、钻攀、投掷等动作。因为对这些动作非常熟悉，还能根据自己兴趣随意变化它们，所以幼儿通常比较喜欢做这类动作。

（二）模仿动作

模仿动作形象活泼、有趣，既能满足运动需要，又能满足模仿需求，因此深为各个年龄段的幼儿欢迎。诸如现在备受幼儿青睐的模仿操、模仿性游戏，主要原因就是这些都是由模仿动作组合而成的。

（三）舞蹈动作

简单的舞蹈动作由于其造型优美、节奏感好而受到幼儿的喜欢，带有模仿性质的舞蹈动作则更为幼儿喜爱。

（四）操作器械的动作

诸如拍球、踢球、抡圈、跳绳、跳皮筋、夹包这些操作器械的动作，由于有着较强的趣味性，所以幼儿们都爱做。

在选用这些动作时需要注意以下几点：（1）难度要适当。太难、太容易都难以引起其兴趣，而且要根据幼儿运动能力的发展，适时调节难度，或增加对其高度、长度、准确度的要求，或提高动作复杂性、协调性的要求。（2）动作方式要常变化。幼儿爱新喜变，久做同样动作就会厌烦，因此要常变化动作方式。（3）幼儿喜爱边说边做，边唱边做，配乐、击响做动作，强度不大的、连续性的、节奏性强的动作最好是以音乐伴奏，以激发幼儿兴趣。看看我国游戏文化史、跳绳、拍球、抓石、拍脚、编花篮等游戏都配歌练习，“载歌载舞”“配乐游戏”是我国民间游戏一个好传统，要很好地继承它。（4）合理利用测验、表演、对镜练习、看自己动作、录像等多种方法来帮助幼儿了解动作的发展，从而提高其运动和发展动作的兴趣。

除此之外，要考虑幼儿的身体发展情况，合理安排身体负荷，这一点对于培养幼儿运动兴趣非常重要。在开展运动的过程中，尽量以中等的运动为主，急缓结合、动静结合、讲究负荷节奏，时间不能太长，内容要有变化。身体负荷过小，难以满足运动需要，过大则会损害健康，易引起畏惧心理，两者都影响运动兴趣的培养。在不同季节、不同气象条件下，也应当及时进行调整，使幼儿承受合适的身体负荷。

三、灵活巧妙地使用语言

语言实际上也是一种操作活动，它是教师影响幼儿，幼儿互相交流、互相影响以及自我激励的手段，语言运用得当，能够起到激发并培养幼儿体育兴趣的效果。

在运用语言时，应当尽量简明、形象、生动，并且多使用比喻、拟人等手法。例如，小班做“小青蛙跳荷叶”游戏时，教师提出：“小青蛙要轻轻地落到荷叶上，不要把荷叶踩碎；落下就快蹲，不蹲下容易掉到塘里去。”这就用形象的语言、比喻的手段把原本对小班幼儿来说比较抽象的要求和道理说得通俗易懂，有效地激发了幼儿做好动作的兴趣。

此外，教师也要善用儿歌、口诀，做运动游戏时大声齐说儿歌、口诀是激发幼儿活动兴趣的有效手段。小班的游戏通常都配有儿歌，中大班的游戏歌则更加丰富多彩，问答歌、数数歌、连锁调等形式都得到广泛的应用。而在进行竞赛游戏时，可以组织幼儿呼喊激励性口号互相鼓舞。

四、重视内外环境的优化

在影响幼儿体育兴趣的诸多因素中，环境也占据着较为重要的地位。通常有经验的幼儿教师都会重视环境的优化，以此来提高幼儿活动的兴趣。

幼儿的运动场地应当整洁、宽敞、平整，最好能围以绿树、青草和花丛，空气要清新，无噪声、视觉和空气污染，运动器械的造型要优美，颜色鲜艳和谐。优美、整洁的物质环境能激发幼儿的活动兴趣，起到改善其心理状态的作用。

外在环境固然重要，互尊、友情、关爱的社会环境同样不可或缺。教师要教导幼儿，大家都是好朋友，是融洽的游戏伙伴，相处要和谐，使每个幼儿都能感受到交往的乐趣。当幼儿情绪愉快时，会觉得周围的事物都富有情趣，对平时并不太喜爱的活动也会兴致勃勃。

五、合理利用运动玩具

幼儿在体育活动中主要的认知和操作对象是各类体育器械和运动玩具，这些也是其运动、审美、发展动作和创新兴趣的诱因之一。举例来说，幼儿一见到色彩鲜艳的皮球就爱不释手，马上就想学会玩球的动作并想出各种玩球的新花样。

教师在选取运动玩具、体育器械时要满足两个要求：首先要好玩，能有效满足幼儿运动、娱乐需要；其次是好看，能满足悦耳娱目的审美需要，激发幼儿的运动、发展动作和审美兴趣。

如果幼儿园条件允许，也可以设置蹦床等新型的大型体育器械，它们的趣味性、健身性、审美性都很好。但当下更重要的是重视和进一步发挥“老”的玩具和器械的功能。例如不能忘记投镖、风车、跳绳、沙包、毽、圈、皮球等陪伴了很多人童年的游戏，要引导幼儿教师和家长一起动脑、动手创新动作和玩法，改善结构，使它们依然成为激发幼儿运动、发展动作、创新和审美兴趣的操作对象。

六、增加组织活动的趣味性

组织活动在体育活动中不仅仅是必要的条件，而且是非常重要的教育内容。它既是活动的方略，又是环境的要素。但排队、排队走、分队等活动由于比较单调、枯燥，不太容易引起幼儿的兴趣。幼儿教师应当尽力想办法，使得组织活动更加趣味化，多动脑筋，从组织幼儿注意、分队、分配角色到结束活动、赏罚活动等方面入手，创造更加新颖有趣的方法，不断积累组织和指导这些活动的经验。

七、经常组织竞赛活动

竞赛可以满足幼儿的精神需要，建立在幼儿竞赛需求基础上的竞赛兴趣可以极大地促进幼儿活动和发展的内驱力。除了满足幼儿的竞赛需要、培养其竞赛兴趣外，它还能增强幼儿的运动发展动作、协同模仿、创新等多种兴趣，是体育活动中使用频率最高、最有效的方略活动。组织好竞赛活动是培养体育兴趣非常关键的环节。通常来说，竞赛活动的组织要考虑以下几点内容：

（1）竞赛的内容应当尽量丰富。幼儿体育活动中竞赛内容丰富多彩，有赛动作质量，比谁动作做得正确；有赛运动能力，比谁跑得快、跳得远、投得准；有赛智慧，比解决认知课题的速度和质量，比直接对抗型竞赛中谁能巧用策略，战胜对手；有赛创新，比谁想的新动作、新玩法既新颖、又赛美观；还有赛协同意识与能力、赛意志、赛风格。不同的竞赛内容能激发和培养不同的兴趣。竞赛活动中竞赛内容越丰富，能够激发的兴趣内容就越丰富，其兴趣能够激起的情感强度也越高，情感内容也越丰富。但具体竞赛活动所安排的竞赛内容也不宜过多，要把握好合适的度。游戏的竞赛内容如果比较多的情况下，就要尽量把内容安排得当，依然也会取得不错的活动效果。

（2）分队竞赛时，应用有趣的方法分队和分配角色，各队实力要相当，以保证竞赛的公平。

（3）要认真执行比赛规则。

（4）要组织幼儿互相鼓掌加油，使竞赛气氛热烈而友好，使其强烈地体验到竞赛的乐趣和友谊感，增强运动兴趣和竞赛兴趣。

（5）对取得胜利的幼儿要鼓励，对能力稍弱的幼儿要帮助他们正确地理解竞赛的目的，调节好目标期望值，帮助他们充分发挥运动潜能和心理潜能，在以后取得更好的成绩。对输了比赛的幼儿要进行合适的引导，让他们同自己的过去比，想一想是否发挥正常或超原有水平，使他们能体验超越自我的乐趣，用超越自我的胜利消除或减弱败于他人而产生的挫折情绪，强化其竞赛兴趣。

（6）把竞赛和评价与表演结合起来，如做模仿和创新游戏时，可组织幼儿互相表演并评出自己喜爱的动作。这样既能强化创新和模仿兴趣，又能激发观察、评价和表演兴趣。

八、组织模仿活动

幼儿的心理特点中，爱模仿是比较突出的一点，同时也是幼儿进行学习的主要方法。教师应当深刻地理解幼儿的这一特点，充分满足幼儿模仿需要，引导幼儿模仿兴趣和模仿能力的发展，并在模仿兴趣推动下，在模仿活动中推动幼儿的好奇心、观察兴趣、审美兴趣、观察能力、想象力、动作表现力以及运动能力各方面的发展。

教师选择的模仿对象应是幼儿感兴趣的。幼儿爱模仿新颖的、美丽的、奇异的形象和声音，小动物的形态、动作、叫声是他们十分喜爱的模仿对象。有条件的幼儿园最好能让幼儿直接感知模仿对象，例如让幼儿观察、抚摸、喂养小动物，这能培养对模仿对象的感情，更好地激发他们的模仿兴趣。

教师在组织模仿活动时，要注意培养幼儿的观察能力和形象记忆能力。幼儿的观察活动通常比较随意，要引导他们逐步掌握合理的观察技能与习惯，在观察过程中要引导他们多分析、比较，掌握观察对象的形态、动作、声音等特点，引导他们养成边看边记、看完多想的习惯，提高其形象记忆力。

教师应当帮助幼儿丰富自己的表象储备。要在日常生活、散步、游览、观赏电视、电影时，引导幼儿细心观察人、物和动物的特征，养成观察的兴趣和习惯，为发展其模仿能力提供丰富多样的表象储备。

教师也要引导幼儿掌握模仿动作的要领。例如小鸭子走路时，其脚、腿、躯干和头颈都有特点，幼儿不仅难以全面观察到这些特征，而且用动作去表现它们也有一定的难度。教师应引导幼儿想出动作去表现，有时也可教给他们一些模仿动作，让他们学会模仿，能模仿得形象神似，这样才能使其模仿兴趣得以满足和发展。

在进行模仿活动时，教师要多鼓励幼儿。对能观察到模仿对象特征并独立进行模仿，模仿动作有特色、形象神似的幼儿都应鼓励，以增加他们的模仿兴趣。此外，也可以组织幼儿互相表演、观赏和评价，教师也可给予鼓励，有条件的幼儿园还可摄像，放给幼儿和家长看。

对于幼儿来说，运动和发展动作兴趣应当是体育活动中重点培养的兴趣。因此教师要结合上述内容，融会贯通，结合实际情况，选择合适的方法来激发幼儿的运动和发展动作的兴趣，使其愿意积极参加体育活动，达到增强体质的目的。

第六章　幼儿体育教学活动创编

第一节　幼儿体育类活动创编

体育类活动的设计和创编通常是依据上一层次的体育目标、幼儿的水平和所在单位的教育条件来确定体育目标，选择、安排体育内容的过程。同时它又是一个计划怎样才能使体育活动的内容要素达到理想状态，使其互相作用并且恰到好处地谋求理想的发展效益的过程，是教师和幼儿共同参与、创造性地建构体育内容的过程，是幼儿在教师引导下认识自我、发展自我的过程，是教师发挥和发展教育能力和体育专业素质的过程，是新的体操教育理念具体化过程，是实现新的教育理念的重要保证。体育类活动的创编既是教育的准备阶段，也是教育的实施阶段。对教师来说这既是备教活动，又是育人和自育活动。

幼儿园体育活动设计是一个复杂的、多层次的系统，它包括幼儿园学年、学期、月体育活动计划，单元活动设计和具体活动设计共6个层次。本书将介绍各年龄、各学期、每月的活动内容进度和设计单元体育活动与具体活动的程序、方法以及几个范例。

一、设计幼儿体育活动的原则

（一）全面性原则

全面发展运动素质，但应以力量、协调、平衡、灵敏素质为主；要全面发展基本运动能力，但应以走、跑、跳、投为主；要全面发展心理素质，但应根据心理发展规律、体育活动中心理活动的特点，在不同年龄阶段和不同体育活动中确定发展的重点。当前在体育内容上忽视智力素质、个性心理素质发展的问题值得重视。

（二）系统性原则

系统性是讲发展体育素质要持之以恒，要循序渐进，不能一曝十寒，浅尝辄止，不能总是简单重复。身体素质发展要讲系统性，智力、道德、审美和个性心理素质发展也要讲系统性。目前在设计体育活动内容时，“蜻蜓点水”式的做法很普遍。如某月要发展跑的能力，在月计划中随意安排几次跑就算落实了，不仅次数少，而且时间分布、跑的活动内容安排都很随意，不讲连续性、不讲合理间隔、不讲循序渐进，这种活动内容的安排很难使幼儿获得好的发展效果。

（三）主体性原则

要尊重师童双方在活动中的主体地位，发挥和发展双方的主体作用，提高双方的主体能力。要尊重、满足和发展幼儿的需要和兴趣，应尽量组织和引导他们参与全过程中的各种活动，让他们在完成活动任务中发展自我。教师要正确认识和发挥主体作用，要以平等态度对待幼儿，注意教育方法，掌握好指导的“度”，指导的重点应是帮助幼儿发展主体能力。

（四）面向全体幼儿，因人施教原则

在安排体育内容、发展幼儿素质时要重视和研究每个幼儿在体育素质上发展的需要。教师既要重视不同幼儿间的差异，又要重视每个幼儿自身在体育素质诸方面发展上的差异，要尽量使体育内容满足每个幼儿发展的需要，要以“扬长避短”的积极态度，善待幼儿的“内差”，使每个幼儿在原有的基础上都能获得较快的进步。

二、单元体育教学活动设计的编制

单元体育教学活动设计是单项体育活动的阶段性教育方案，它是单元教学活动的准备教育阶段中主要工作之一。如四散跑单元活动设计是在若干星期内发展四散跑能力的教育方案。一个单元教育一般包括4～8次具体体育活动，一般都安排在一个月内进行，应在学期计划确定了各类体育活动时数和日期后编制单元活动设计。它是编制月活动计划的基础，是编写具体活动设计的依据。

（一）编制程序

图6-1为单元体育教学活动的编制程序。

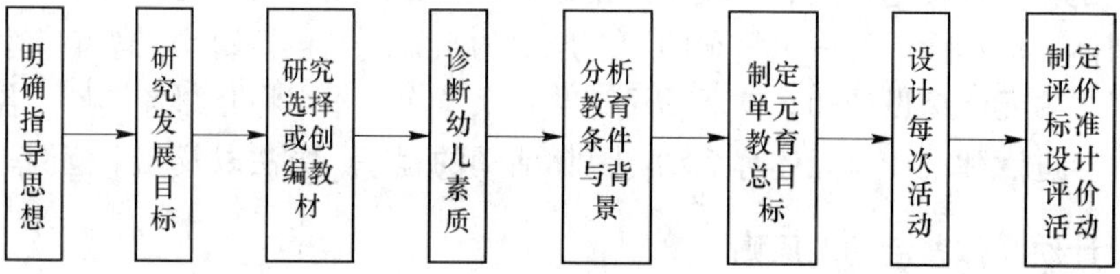

图6-1　编制程序

（二）各环节活动内容与要求

1. 明确指导思想

这是指设计之始在思想上明确用什么样的教育思想来指导活动设计的行为定向活动。每位教师在设计时都有自己的指导思想，只是各人的思想内容、层次和意识程度上有所差别而已。指导思想主要是体育价值观、目标观和主体观，是想追求什么样的发展效益和怎样发挥师童双方的主动性与创造性。在目前各种教育思想十分活跃、孰是孰非、谁偏谁全之争激烈，很多教师的新教育观念尚待巩固、旧的教育行为模式尚未完全摒弃之时，设计活动时在教育思想上给自己把把关是十分必要的。

2. 研究发展目标

研究发展目标是指研究此单项活动的上一层次的发展目标。如编制中班筷子操单元教育活动设计时，就要研究中班全年的体操教育目标。在没有建构起较完备的体育目标体系的地区，可以研究原幼儿师范学校使用的《幼儿体育教学法》课本中所提出的各项体育活动的教学任务，也可借鉴其他地区所编制的该项活动的发展目标。

3. 研究和初步选定（或创编）体育活动内容

教师可以根据教育目标，从众多的教学参考书中选用或自己根据教育性、科学性、兴趣性、可行性等原则创编教材。初步选编后应选一些能力不同的幼儿试做，以检验其可行性、有效性和了解幼儿对内容的兴趣与接受能力。如果自己创编或改编时，应组织幼儿参加，这样做有利于培养幼儿的主体意识和参加编制体育教材的能力。同时应该逐步地把创编和修改教材改革成为培养幼儿体育素质的教育活动。

4. 诊断幼儿素质

这是师童共同参与的活动，诊断的内容主要是该体育活动所要求发展的运动能力。如四散跑单元教育活动时应主要诊断四散跑能力；体操单元教育活动中则应主要诊断体操能力。要根据各类运动能力结构确定诊断指标，如立定跳远能力可测试跳的远度，观察、评价立定跳远动作；还可通过观察动作、眼神分析幼儿的动作意识。除诊断运动能力外还应根据初步选定的活动内容诊断其他素质，如选用“小青蛙跳荷叶”作为发展立定跳远能力的活动，就应了解幼儿的跳准能力、模仿能力和观察能力以及对青蛙的认识。诊断要全面并且要有重点。

现在的诊断工作是由教师来诊断幼儿，教师是诊断主体，幼儿是被诊断的客体。诊断的主要目的是为教师教育幼儿提供依据，诊断的结果一般不告诉幼儿，对幼儿来说诊断活动的直接效益仅仅是学会应诊，这种发展主体被动应诊的状态与体育活动的本质相违背。幼儿是体育活动的主体，是自我发展的主体，而认识自我体育素质是发展自我的前提和基础。诊断是认识自我的重要途径，是人的一生中应经常做的活动。自我诊断意识与能力是幼儿和成人应具备的能力。因此，必须改革现在的诊断活动，要让幼儿主动参加诊断活动，学会诊断方法，培养自我诊断意识与能力，认识自我，从而激发和增强自我发展的愿望和动机。使诊断活动成为教师认识和培养幼儿体育素质的教育活动，成为幼儿认识自我、发展自我的自我教育活动，使幼儿由单纯的诊断对象，变为既是诊断对象，又是自诊主体；既是诊断教育的对象，又是自我发展的主体。教师也应由检测员转变为兼负教育和诊断双重职责的诊断教育主体，这是一个具有深远意义的变革，是现代主体教育思想、健康教育观和体育观在诊断活动领域必然要引起的变革。

5. 分析教育条件与背景

制订计划必须从实际出发，必须从幼儿园主、客观条件出发。因此要实事求是地全面分析自身的体育专业素质、分析幼儿人数以及场地设备的条件。这里提的背景，是指教育背景，指本班在此期间其他教育领域的活动内容，以便使体育活动与其他教育活动相互配合，发挥教育的整体效益。

6. 确定单元教育总目标

确定单元教育总目标，这是最重要的教育定向活动，是决定教育质量的重要环节。教师应根据上一层次的目标、所选定教材的功能、幼儿的该项运动能力和现有教育条件来确定单元教育活动总目标。

确定目标的基本要求如下：

（1）正确掌握目标表述的内容。一个完整的目标应包括发展内容和达到的水平两个部分。例如：

“学会拍球动作，能连续拍3次以上。”

“改进立定跳远的落地动作，做到主动屈腿缓冲，动作轻、稳。”

“发展立定跳远能力，做到起跳时蹬腿和摆臂协调一致，落地轻稳，跳跃距离不少于80cm。"

上面3个例子都包含3个成分：一是反映学习或发展性质的动作；二是学习或发展对象；三是学习或发展应达到的程度。目前制定目标时内容结构不完善是一个普遍而突出的问题，如"练习立定跳远""发展奔跑能力""学会拍球动作"等，只有发展内容，没有达到的程度。

（2）全面而有重点。"全面"是指活动的目标内容应包括活动所能获得的发展效益的诸方面，应贯彻全面育人的教育目标，不能只提发展动作或体能。提出此要求的主要原因是：1）任何体育活动对幼儿的影响都包括身心两方面，不是单一的；2）我国教育目的、现代教育和体育思想都要求在活动中全面育人；3）对发展性结果认识不全、不深，目的少于或低于发展性结果的现象将长期存在。但由于在体育活动中发展课题多，人的精力、活动时间总是有限的，活动人不可能把每个发展课题都做好，因此每个活动阶段或每次活动只能集中精力重点解决1~2个课题，不能面面俱到，"蜻蜓点水"式去练、去指导。

（3）明确具体。所订目标必须明白、准确、具体，便于检测，不能笼统、空泛、抽象。像"改进立定跳远的落地动作，做到主动屈腿缓冲，落地轻稳"订得就明确、具体，便于检测；如果订成"发展立定跳远能力"就过于笼统、空泛。

（4）难度适当。所订的目标难度要适当，应是经过一定的努力就能达到的。目标过难，幼儿会望而生畏，经过努力仍无法达到，就会挫伤他们学习和锻炼的积极性；目标过低，则难以发挥和发展他们的发展潜能。

确定活动目标是对教师体育专业素养要求较高、较复杂的细致的决策性活动，教师应该努力提高确定目标的能力，认真、负责地为幼儿确定好发展目标，切实改变不从幼儿实际出发，内容不全、表述不当、笼统空泛，所写与所想、所做脱节等缺陷。

7. 设计具体活动

在单元教学活动设计中主要设计各次具体活动的主要目标与内容，我们的经验是：

（1）突出重点。每次活动都确定1~2个重点课题，可以将学会某个动作或改进某一动作细节为重点，也可以掌握游戏玩法为重点，可以培养创新能力为重点，也可以发展身体素质为重点。

（2）反复强化。主要的发展内容要反复练习、予以强化，如四散跑活动设计中把发展变向跑能力、观察、利用障碍与自救及躲闪策略等能力作为重点，在每次活动中都采用多种方法反复强化它们。

（3）层层深化。逐步丰富活动内容或提高活动难度以促进幼儿活动能力的发展，如在小班四散跑教育活动中先着重发展变向跑能力，然后抓观察意识与能力的培养，再抓躲闪策略的意识与能力的培养。在观察意识与能力培养上则采用以下步骤（见图6-2）逐步深化：先简化观察目标和跑的活动，使幼儿能集中精力发展自己的观察意识，然后逐步提高目标复杂性，增强幼儿身心负荷内容以促进幼儿观察意识与能力的发展。

（4）新意不断。每次活动都有新内容，不是简单重复。一个动作或游戏反复做几次后，幼儿就会失掉新鲜感，甚至厌烦，影响教育效果。如果能按照动作或游戏的变化规律予以变化，或提出新的发展课题，就会激发幼儿新的兴趣，更好地促进发展。如四散跑单元教育活动中虽用的是同一个游戏"小山羊找妈妈"，可是每次活动内容都不雷同。

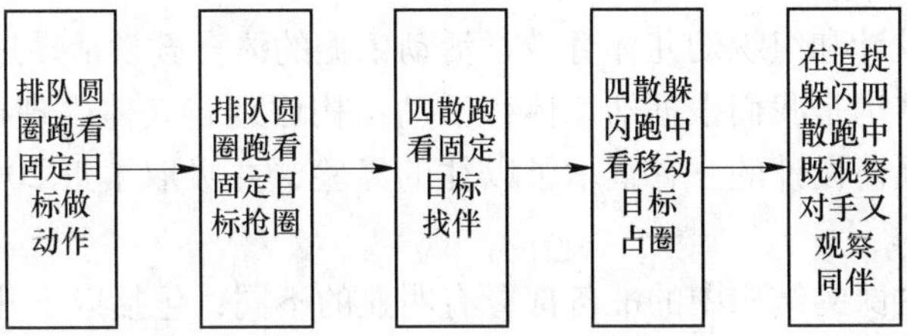

图 6-2　观察意识与能力培养的步骤

运用好上述经验最重要的是要深入掌握体育活动和幼儿能力结构及其变化规律，以及发展幼儿体育素质的方法。

8. 设计评价活动

这是指活动的最后阶段进行的终结性评价教育活动。评价的目的是帮助幼儿全面了解活动成果，增强成功感和自信感，提高自我认识和自我评价能力，增强反馈、评价意识与能力；教师则通过全面总结教学工作，总结经验，探索规律，发现问题，增强反馈和自评及自我发展意识与能力。评价内容：幼儿运动能力、运动素质、智力、品德、审美和个性心理素质诸方面的发展以及教师的指导工作，但应分出主次、详略。评价方法（获取反馈信息的方法）：测试、对镜练习、表演、座谈、看活动录像、谈话、观察、回顾。评定方法：幼儿以自评为主，相互评价为辅，教师以自评为主。反馈和评价可结合在一起，形式要活泼有趣。如在筷子操教育活动中，评价就采用表演观赏和评析所想、所学、所练的体操动作和各种形式的击筷动作。每一学期重点活动内容的评价应尽量采取测试的方法，尽量进行定量评价。

做好评价活动设计重要的是建立新的发展性评价观，让幼儿真正成为自评和他评的主体，从评价中提高自身的体育素质。

（三）具体体育教学活动设计

具体体育教学活动是指一次体育教学活动，在学科课程中称为“课”。具体体育教学活动设计（以下简称活动设计）是指一次教学活动的方案，在学科课程中称为课时计划或教案。

设计内容包括教学活动的三个阶段：准备教育阶段应包括教学目标的制定，教学内容的建构，教材活动、教具和教学环境准备教育，以及必要的知识与角色准备教育活动；主体教育阶段应包括起始、中期和终结三个阶段的活动内容与顺序、教师指导的内容与方略；反馈和个别指导阶段应包括对不同幼儿体育素质发展的指导以及自我反思和研究的课题。要认真改变在旧的体育教学体系下形成的以下观念与行为习惯：备课只顾课内不顾备课和课后指导，把备课仅视为教师的工作，而不是师童共同参与的教育活动；把教学仅视为对幼儿的发展的指导，而不视为实现自我发展和自我价值的活动。

活动设计程序。编制活动设计有两种类型，一种是编制单元活动中的一次教学活动设计，另一种是编制非单元活动中的一次教学活动设计。前一种由于在单元活动中已做了全面的诊断教育活动并初步确定了该次活动的目标、内容、方略活动，可以说编制工作只是根据新情况做些调整，使之进一步具体化和更完善的问题；后一种设计工作的程序则与单元活动设计基本相同。

现把用以作为设计和组织幼儿体育教学活动依据的体育教学活动过程结构做简单的解释。这个教学过程结构是我们根据幼儿体育活动结构原理、人体生理机能能力变化规律、知识、技能形成等规律设计的，它继承了以往的经验，并吸取了近 20 年结构改革实验的成果。

起始阶段与以往课的结构中的准备部分有明显的不同，包括以下几个方面。

（1）起始阶段提出了定向与动员、准备、学习与发展三项任务；以往准备部分则强调“主要为基本部分和全课任务的完成创造条件”。

（2）扩展了内容。身体负荷小的和中等的教材都可安排在起始阶段，起始阶段明确提出可以安排主要教材，而以往规定的内容没有主要教材。

（3）强调了活动内容的兴趣性。所选动作应是活泼有趣，造型优美，简单易学，有旧有新；要灵活选用模仿、竞赛、创新、审美、儿歌、交往等活动方略，并着意创设良好的外环境，以改善幼儿心境，提高活动的主动性。

（4）强调了自我发展能力的培养。准备活动的任务不仅是做好身心准备，而且提出要提高调节身心活动水平的能力，定向活动则提出提高动机和目的水平的任务，而以往是不重视能力培养的。

（5）不限定时间。中期阶段与以往基本部分也有明显的不同，以往基本部分是课的主体部分，时间约占全课的60%；而中期阶段则不一定是主体阶段，所占时间也是根据内容需要，可多可少，两者的一个重要区别是是否把评价活动列为内容之一。

终结阶段也不同于原来的结束部分，包括以下几个方面：

（1）任务不同。终结阶段任务有四：巩固、学习、调节、反馈评价；以往结束部分仅仅是整理活动和教师小结。

（2）内容丰富。终结阶段提出“凡身体负荷小的、难度低的教材”都可安排，而且把“评价”这一非体育活动也纳入活动内容；以往的结束部分一般只是走步、放松体操或律动。

（3）重视幼儿自我发展能力的培养。现在很多体育活动设计只安排一个游戏。从对现实的体育教学活动来考察，任何体育教学都存在着起始、中期和终结三个阶段，只是在科学性、教育性、内容详略和教师对活动阶段的意识上有所不同罢了。

现对单元活动中一次教学活动设计的一些问题谈谈看法。

（1）教材内容安排。一次教学要注意身体的全面发展，中大班尽量安排两个以上的教材，使不同的身体部位都能得到锻炼，也避免身体局部负荷过重。教材应“有新有旧，以旧为主，旧中有新”。“旧中有新”是指练习旧教材时应提出新的发展课题，而不是简单重复。

（2）目标的调整。单元活动设计已确定了各次教学活动的目标，如果定得比较原则，则在教学活动中要再定得具体些。如果是第二次以后的教学活动，则要根据前次活动幼儿发展的情况予以调整。如果是两个以上的教材，则需要把它们的目标内容予以归纳。

（3）合理安排教材顺序。在教学活动结构中已对各阶段的教材内容安排提出了看法，现作进一步说明。一般情况把新学的、难度稍大的教材安排在体力和精力较好的时候，时间偏前些；把发展灵敏、协调、速度、平衡的教材安排在前，发展力量、耐力的教材安排在后面；把身体负荷大的教材安排在中期阶段的后面。

（4）身体负荷要根据教学性质、目标、内容来定。生理负荷原则上以中小负荷量为主。教学全过程情绪和认识活动都应活跃，最好能出现若干次情绪高潮。要注意调节身心负荷节奏，要改变以往重生理负荷，忽视心理负荷以及用一项平均心率指标来评价不同性质、不同内容的教学活动的身体负荷的错误做法。

（5）教学活动时间。目前没有统一的规定。根据以往经验和现在改革实验的成果来看，教学时间应根据幼儿身心负荷能力、教学目标、内容、季节等因素而定，一般在15～30min。

（6）教师指导问题。在体育教学活动中幼儿的活动是在教师照顾和指导下进行的，具体来说，教师要做到如下几点：

1）尽心。热爱幼儿、关心幼儿，对幼儿身心发展要有高度责任感。

2）求实。要全面了解每个幼儿的情况，要实事求是地提出问题，解决问题，力求减少主观性。

3）细致。观察、指导都要细致、具体、周到。

4）尊重。要尊重幼儿的人格、权利、主体地位，要平等待人。

5）引导。要引导，不要灌输；要多提问题，少发指示；要让幼儿自己解决能解决的问题，不包办。

6）适度。指导量要适度，要恰到好处；否则有碍幼儿主体性的发挥和发展。

指导重点应与目标一致。如果目标重点是改进落地动作，那么观察和指导的重点也应如此；要明确指导重点并力求写在设计中。

第二节　幼儿体操创编

幼儿基本体操是根据我国建设和培养未来接班人的需要，并结合幼教工作情况，从基层发展起来的一项幼儿大众化体操项目。目前在幼儿园和社会上得到广泛的认可，并日益向整个社会普及，在动作编排上也越来越新颖、巧妙。一套体操编排的好坏，直接影响到运动成绩，所以这就要求教师和教练员在编排动作的过程中要考虑幼儿的具体情况和客观条件以及其他各种因素，不断提高编排动作的能力，使我国幼儿基本体操水平更上一层楼。

一、幼儿基本体操的编排原则与要素

（一）编排原则

1. 根据幼儿身心特点，全面锻炼身体

在编排时，首先要考虑到幼儿基本体操的目的是增进健康，促进幼儿身体的生长发育，提高和完善幼儿的机体机能和动作技能。所以，在编排过程中就应选择有利于发展身体各部位的灵活性、柔韧性和协调性的动作多做，并选择适合幼儿年龄和身体特点的体操技巧动作和舞蹈动作，切忌难度过大的技巧动作。

2. 根据表演规程和规则要求

在编排成套幼儿基本体操动作时，必须根据规则所规定的动作内容、数量、时间、场地、音乐及其他因素进行编排。

3. 根据本队实际情况，突出表演风格

在动作的编排上，一要实事求是，综合考虑幼儿的身体因素条件、动作技术基础、接受能力等方面，再决定创编动作的难易程度；二要根据本队的特点，扬长避短，突出自己的特色。例如：队员身材修长，多选幅度大、舒展优美的动作；若全队的柔韧性很好，就应在做操、踢腿、平衡或技巧动作上表现出肩、胸、腰、髋的灵活性和柔韧性。

4. 注意运动负荷的合理安排

心率是检查心脏机能的重要指标之一，也是评估负荷量的参照指标。运动强度、密度和运动量是影响心率的诸因素。经专家测试，完成一套幼儿基本体操女孩的最高心率在159～189次/min内。表演结束后1～2min内，有73%的孩子心率可以恢复到表演前的水平。因此，合理的运动负荷才能使幼儿达到锻炼身体的效果。

5. 根据音乐创编动作

教师应在熟悉、理解音乐的基础上，根据音乐的风格和情调的不同来设计编排成套动作，使动作与音乐充分融合在一起。

6. 根据体育美学的形式美法则

形式美法则是根据人类运用形式规律创造美的形象的经验总结。整齐、层次、和谐、对比、均衡、节奏、多样和统一等都是形式美的表现形式，在编排幼儿基本体操成套动作时必须遵循这一美学规律。在成套动作编排中，技巧动作和舞蹈动作要均衡合理地布局，动作节奏的快慢和力度的强弱等都要用对比的方法表现出来。整齐、和谐、层次这些表现形式在编排中尤为重要，因为幼儿基本体操动作的表演，是通过队形的变化和移动表现出来的。队形、图案的层次感、动作的整齐划一以及音乐、动作与队形的和谐统一，使整套动作充满艺术魅力。

（二）编排要素

1. 时间

无论是编排教学或者表演的成套动作，都要受一定的时间限制，要在相应的时间内完成所编排的动作内容。编排教学动作的时间选择比较灵活，可长可短，而编排正式的表演动作的时间，必须严格按照规则所规定的时间进行，时间超过或不足，均要扣分，这是一个不能忽视的问题。

2. 人数

根据表演任务的不同，人数可多可少，按规则要求的人数，男女均等或不等。

3. 场地

根据场地的条件来选编和设计队形，要充分利用场地。

4. 队形

队形的变化是幼儿基本体操的重要组成部分之一，队形的数量按竞赛和表演规程上所规定的数目来设计。丰富多彩的队形变化能很大程度地提高体操的表现力和感染力，所以一套体操的队形变化是非常重要的。

5. 音乐

音乐是幼儿基本体操的灵魂，音乐不仅仅是同一动作的信号和节拍器，而且能促使幼儿更具表现力地去完成动作，使幼儿基本体操更具有感情色彩并烘托体操的主题内涵和风格特点。往往一首动听的音乐可以激发创编者的创作热情和灵感，使音乐与动作相互交融，和谐统一。

6. 动作

一套幼儿基本体操动作由几十个单个动作组成，是编排体操的主要要素，没有动作就没有体操。所以，动作是表现幼儿发育情况、身体素质水平、运动技能以及艺术表现力的综合要素。

二、幼儿基本体操编排的结构与要求

（一）编排的结构

幼儿基本体操在编排结构上通常分为三个部分：入场、主体部分、退场。

1. 入场

它是一套体操的前奏曲。入场的动作设计、方向和队形排列都要与主体部分自然巧妙地衔接，入场形式设计的优秀与否是体操能否获得成功的重要因素之一。

2. 主体部分

它是体操的核心部分。在体操的设计上还可以把它分为开始、中间、结束三个环节。难度动作、队形变化及运动量等都要科学合理地分配在每一部分中。对于主体部分动作，要严格按照表演规则的要求去编排设计，使整套体操丰富多彩，突出基本体操的特点，体现幼儿天真活泼的特性。同时，还要注意到选编的动作是否具有全面锻炼身体的价值，动作组合连接是否巧妙自然，难度动作分布是否合理，动作是否新颖优美，队形变化是否整齐多样，只有这样才能保证体操的质量。

3. 退场

它是宣告体操的结束，退场时不仅要求动作整齐一致，而且要求动作新颖优美，形式多种多样。

（二）编排的要求

1. 动作编排要新、巧、美

新动作、新连接和队形是取得成功的因素之一。巧妙、有新意的连接往往使人有意想不到的效果，但同时也不能忽视动作的美感，否则缺一将美中不足。

2. 动作难易分布要合理

在成套动作中，复杂动作与简单动作要交替出现，尤其在动作连接上，要难易搭配。规则中规定的动作要合理分布在成套动作中，切勿将技巧动作编排在同一图形上；否则不仅有损队员体力的分配，而且使体操有偏重感。

3. 成套动作要高潮迭起，动静结合

一套体操的表演如果没有高潮，没有值得让人回味的地方，这将是不成功的。因此，在编排中一定要注意动作节奏的变化、快慢、动静结合及高潮出现的时间、次数等，这些都是编排技巧上的重要体现。高潮是由典型的新颖动作，别具一格的连接，规定动作的独特做法，高质量完成动作以及音乐与动作巧妙结合等形成的。一套体操的动静、高低、聚散等变化形成的鲜明对比，可提高体操的艺术效果。

4. 队形变化井然有序，和谐流畅

规则规定一套动作必须有几个队形变化，队员要在地毯上通过各种方向、路线的相互穿插，形成多层次的队形变化和动静相宜的规则和不规则图形，这些队形的变化一定要清晰、简洁、和谐流畅。

5. 注意视觉效果

在动作编排中，要利用方向、路线的变化，充分展示队员的特长。例如，身体姿势的造型、躯干的曲线、前后踢腿的高度和开度应侧对裁判和观众，把侧向运动的动作（横叉、侧波浪等）以正面展示给裁判，使人能轻松、舒适地体会到动作的美感。

6. 音乐与动作和谐统一

动作要根据不同的音乐风格和情绪来创编，动作的力度要与音乐的力度相符，使动作体现音乐，音乐烘托动作，两者相融，和谐统一。

三、成套动作编排的步骤与方法

（一）成套动作的编排步骤

成套动作的编排是一项复杂而富有创造性的工作，是一个反复的、较长的过程。它大致可分为：构思阶段，选择音乐阶段，设计动作框架阶段，落实具体动作阶段，修改完善阶段。

1. 构思阶段

编排动作首先要根据任务、对象特点及当今流行趋势进行设想，其中包括对音乐的设想、队形变化的设想和成套动作风格的设想等。

2. 选择音乐阶段

在编排动作之前，选择和确定音乐是十分必要的，音乐是构成成套动作整体艺术的重要部分。选择的音乐一要有特点，节奏的速度变化要适合基本体操；二要能够激发创编者的创作激情，促进创造性的思维和想象。音乐基本确定以后，可以根据整体动作的构想来剪辑和选编，有条件的可以利用“密笛”重新制作，这样效果最好。

3. 设计动作框架阶段

根据表演任务的要求、编排原则和音乐的风格特点等设计出成套动作的核心部分，如开场和结尾的设想、表演的风格、高潮的设置以及主要队形的设计，要先在脑海中有一个初步的动作框架。

4. 落实具体动作阶段

在框架的基础上，把经过精心选择和设计的动作安排进去，使每个动作的做法、方向路线、动作之间的连接技巧，以及音乐与动作的协调配合都基本上合理，并恰到好处地构成一套完整的体操。

5. 修改完善阶段

修改完善阶段是一个再创编过程，需要一丝不苟地进行修改和完善，从成套的动作、路线、队形变化、音乐配合、场地使用及动作方向、角度是否有利于表现动作的幅度和美感效果等方面去发现、衡量。通过练习—修改—再练习—再修改……如此多次反复，力求达到完美境界，这必须在教师和队员的共同努力下完成。

（二）成套动作的编排方法

成套动作的编排方法有以下四种：

（1）要选择好音乐。选好音乐后要反复理解音乐的主旋律、风格、结构和高潮，计算好时间和节拍数，在实际练习中不合适的地方可进行音乐剪辑或删节动作。

（2）在理解音乐的基础上将音乐、动作、队形巧妙结合，根据音乐结构，把动作和队形配进相应的乐段和乐句中，千万不可牵强、凑合。

（3）图文记写。用文字记述动作的做法，再用图示描绘各种队形的图案及每个队员的移动路线，这样便于记忆和排练。

（4）设计方案经过反复修改和调整，最终确定后，就可投入全套动作的训练。这时，最好对动作不要做大的改动，主要是熟练动作和提高动作质量。

四、幼儿基本体操的队形选择与应用

一套表演性幼儿基本体操是由许多单个动作与队形的变化所组成的。按规则要求，一套动作除入场和退场外，至少有 4 次队形变化，但在实际表演比赛中的队形变化大都在 7 ~ 10 次。通过基本体操与技巧动作的巧妙结合以及合理的队形变化，使幼儿基本体操跌宕起伏，活泼流畅，呈现出鲜明的表现效果和观赏价值。同时，队形的多样变化，对幼儿的智力发展和培养集体主义协作精神有着良好的促进作用。

（一）入场队形

1. 入场队形的意义

入场是表演前的亮相，每个队员都要体现出良好的精神风貌，给裁判和观众留下美好的第一印象，为取得优异成绩打好基础。

2. 入场队形

入场队形是表演前的预备式，为了更快进入表演队形，一般用三种方式迅速进入表演部分。

（1）密集队形入场，表演音乐开始，用几拍的节奏跑成表演队形，然后做体操。

（2）分散队形，进入场内即成表演队形，稍加停顿，音乐起动作开始。也有进场用队形穿梭变化而形成表演队形，这种方法给人以与众不同的清新之感。

（3）入场后组成造型图案，音乐开始，造型停顿 2s，再变换队形。

3. 入场队形的要求

（1）按规则要求队员用 16 ~ 20s 的时间，完成从场外进入场内的预备工作和队形，停顿 2 ~ 4 拍开始表演。

（2）入场要紧凑、流畅。

（3）动作简洁、整齐、不宜复杂。

（4）入场最好用音乐，不要用呼拍子或在呐喊声中入场。

（5）入场队形尽量做到新颖，别具一格。

（二）表演部分队形的选择与应用

1. 队形的种类

一般表演部分队形的种类有以下五种。

（1）散点队形：表演部分的散点队形如图 6-3 所示。

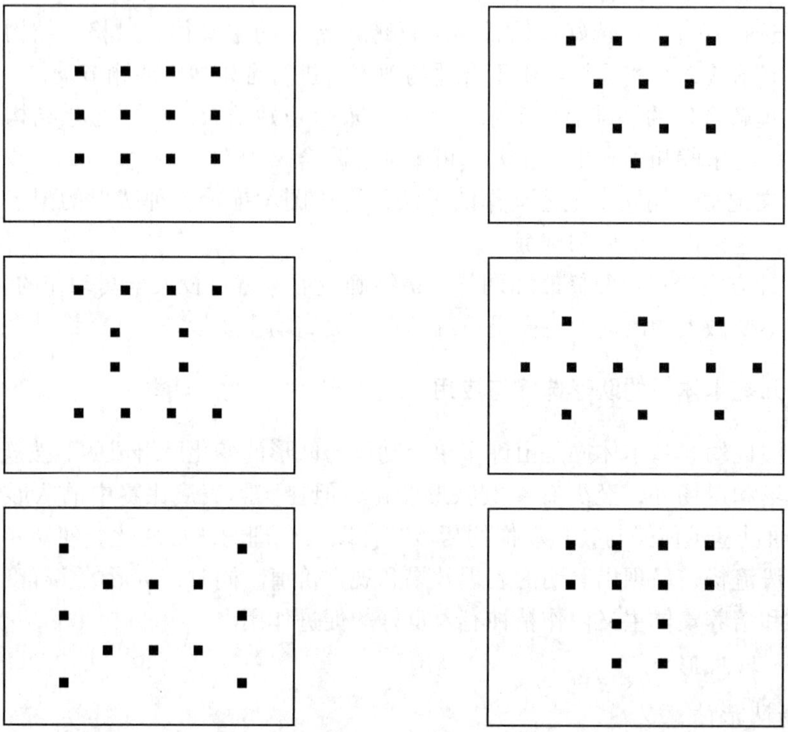

图 6-3 散点队形示例

（2）直排队形：表演部分的直排队形如图 6-4 所示。

（3）斜排队形：表演部分的斜排队形如图 6-5 所示。

（4）三角形、圆形队形：表演部分的三角形、圆形队形如图 6-6 所示。

（5）综合队形：表演部分的综合队形如图 6-7 所示。

2. 队形变化的方法

队形变化的方法一般可归纳为以下五种。

（1）直接变化法：从一种队形直接变化成另一种队形，这是最简单易行的方法，也是变化最快的一种方式。如从直线队形变成平行线队形，三角形队形变换后成圆形，由集中队形变成散点队形等。

（2）合并法：将散点、小队形合并成密集或大队形。

（3）交叉法：纵队或横排间的交叉换位。

（4）先分散再集中的变化：一种队形经过不规则的移动先分散，然后即出现一种新

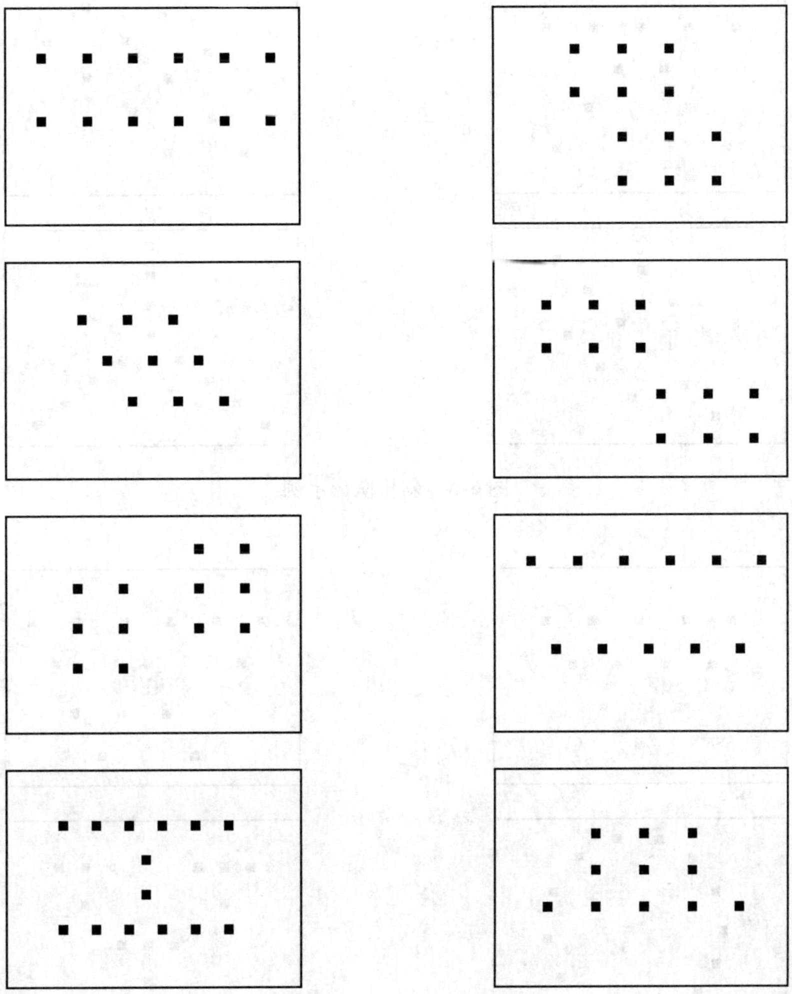

图 6-4　直排队形示例

的队形。

（5）边移动边变化：从一种队形通过队形移动有规则地很快变成另一种队形。如：从一种大圆形经过小圆形按顺时针方向移动变成一种大斜排队形，这种变化会使人感到队形的变化有条不紊，合理并且自然。

3. 队形的合理运用

一套幼儿基本体操的成功与否，队形变化和移动起着重要的作用。队形变化新颖美观，合理流畅，便可衬托动作的情绪和气氛，产生良好的空间立体感。如：散点或直线队形时，可做整齐划一的动作，使人感到清晰、有力度；密集三角形队形时，可做一些整齐且节奏性较强的动作，显示出奋勇向前的集体的力量；圆形或曲线形队形则给人一种柔和、流畅之感；而不规则队形会使人感到活泼、生动。所以，在编排中要了解各种队形的特点及其与动作的相互关系，使队形与动作有机结合，让不同的队形运用不同的动作表现出不同的艺术效果。

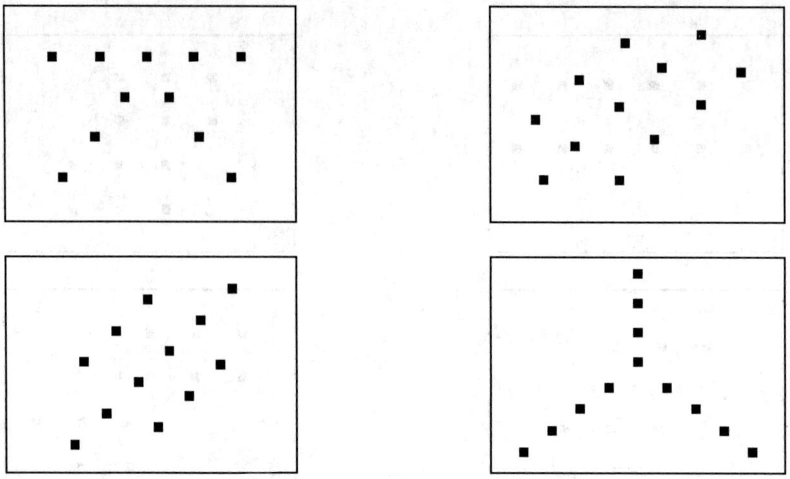

图 6-5 斜排队形示例

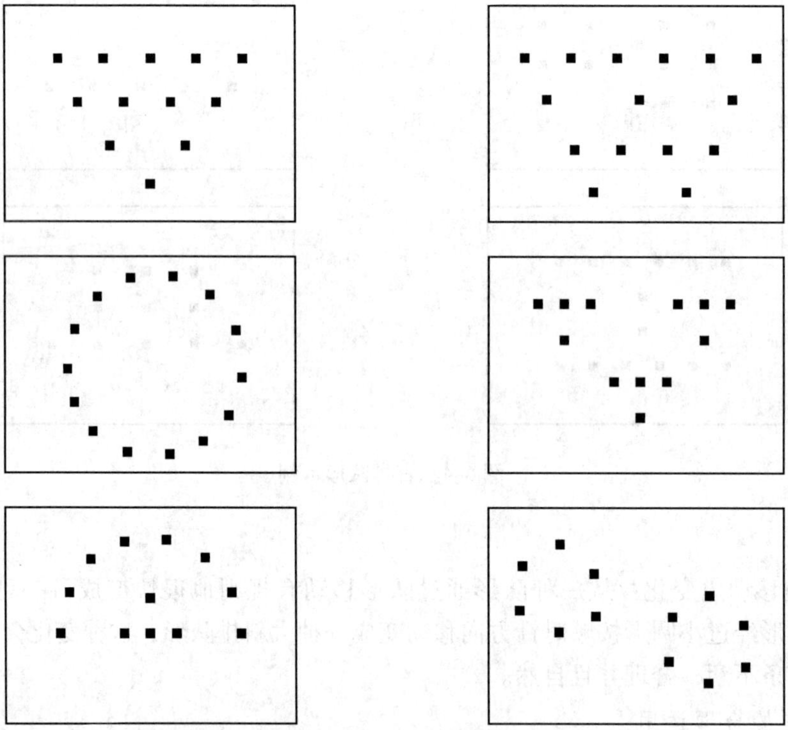

图 6-6 三角形、圆形队形示例

在合理运用队形的同时，一定不能忽略要根据不同动作的特点，来选择其显示面，使队形、动作、音乐三者和谐一致，给人以美的享受。下面来举例说明。

（1）徒手操：一般安排在散点或直线队形上来做，看起来整体，有气势。

（2）劈叉：横竖三面叉宜在横队、斜线或斜十字队形上完成，横叉在圆周上做形成一个封闭式的图案，效果也很好。但要记住，不宜纵队面向正面做。

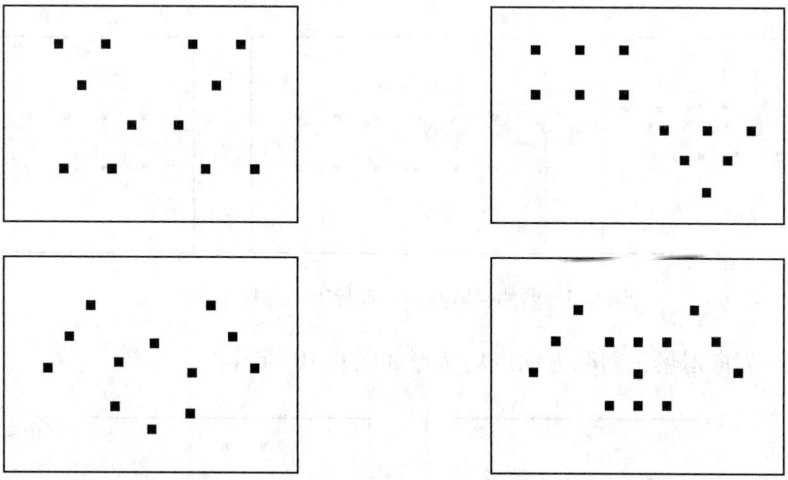

图6-7 综合队形示例

（3）平衡：常采用燕式平衡和侧搬腿平衡。不论在何种队形上做，都要显示出动作的最佳角度，如燕式平衡要侧面或斜侧面完成、侧搬腿平衡要正面完成。

（4）桥形：一般采用站立下桥，在横排、斜排上侧面完成，不宜两腿或头部正对主席台做。

（5）滚翻：以侧面完成为好，可采用横排依次做；圆形男女分别做，不宜分散单个做。

（6）肩肘倒立：宜侧面完成，充分体现动作的高质量。从队形效果看，动作最好放在几个大横排、大斜排或斜十字上做。

（7）踢腿：利用行进间在大斜线上、斜十字上做，也可用于变化队形自然过渡。

4. 选择队形的要求

一般情况下，选择队形有以下三个要求。

（1）应充分利用场地，要照顾到点、面、角，不宜溜边做动作，不能偏场。

（2）通过队形变化与动作的有机结合形成表演高潮。

（3）队形变化要形式多样。例如：通过行进间操的方式变化队形；通过改变动作方向变化队形；通过各种舞步变化队形，像足尖步、弹簧步、华尔兹步、并步跳等。

（三）退场队形

1. 退场队形的意义

退场虽不在规定扣分的范围内，但很难设想入场和表演部分相当精彩，退场时却懒散地各自走下场的队伍，会给裁判和观众留下美好的印象。所以，如何退场也是不可不考虑的一个部分，为了给裁判和观众留下难忘的回忆，退场也要求在新和齐上下功夫。

2. 退场队形的方法

退场队形有以下四种编排方法。

（1）密集队形退场：密集队形退场队形如图6-8所示。

（2）两侧横队同方向或异方向退场：这种退场队形如图6-9所示。

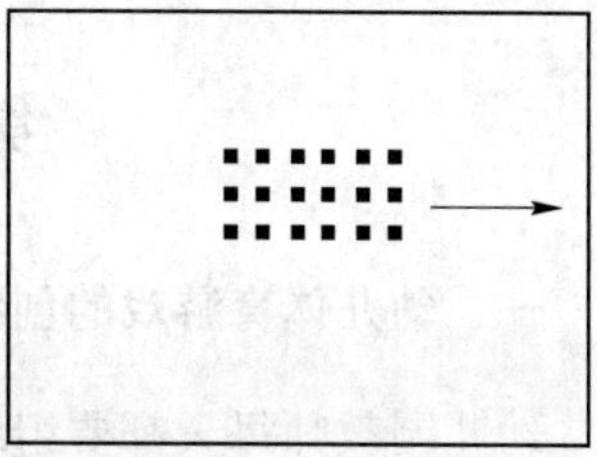

图6-8 密集队形退场示意图

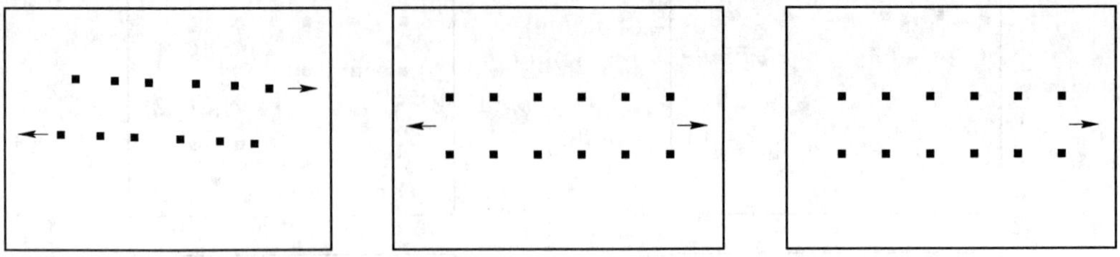

图 6-9 两侧横队同方向或异方向退场示意图

（3）斜队方向退场：斜队方向退场队形如图 6-10 所示。

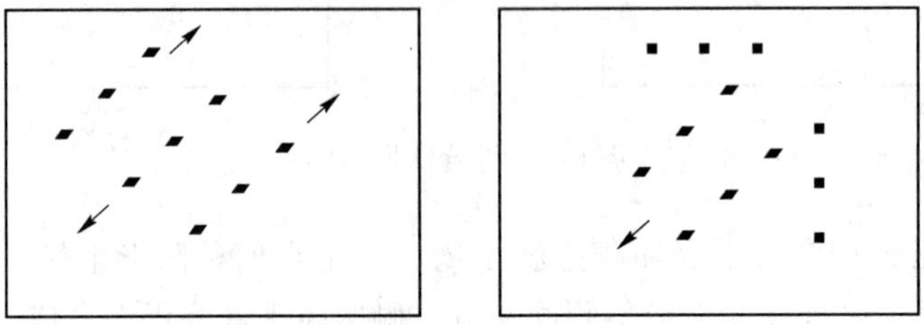

图 6-10 斜队方向退场示意图

（4）分散方向退场：分散方向退场队形如图 6-11 所示。

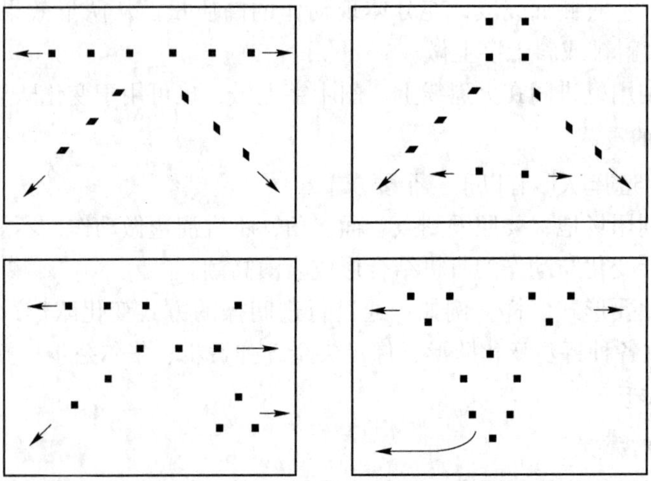

图 6-11 分散方向退场示意图

第三节 幼儿体育游戏创编

一、幼儿体育游戏的创编与指导

幼儿园教师每天都要组织指导幼儿开展各种各样的体育游戏，由于每个年龄段、每个班级、每个幼儿的身体和心理的发展水平不同，每个地区、每个民族地域的环境条件不同，在开展幼儿园体育活动中，因地制宜、因人而异创编（包括改编）和指导幼儿体育游戏就成为教师的重要任务。而教师只有具备了体育游戏创编和指导的专业技能，才能更好地发挥体育游戏的教育功能，促进幼儿身心和谐发展。

（一）幼儿体育游戏创编与指导的意义

幼儿园体育工作的“育体”任务是通过两条途径来完成的：（1）体育活动（包括早操、体育课以及户外体育活动等常规锻炼方式）；（2）体育游戏。

幼儿体育游戏，是幼儿园体育活动中最重要的内容。它是以基本动作为主要内容，以游戏活动为形式，以增强幼儿体质为主要目的的一种活动。

（二）幼儿体育游戏创编的原则

创编幼儿体育游戏要遵循创编原则。幼儿体育游戏的创编原则是人们在创编与运用幼儿体育游戏的实践中逐步总结、积累、概括出来的，是创编幼儿体育游戏必须遵循的准则，遵照这些原则，将使创编的幼儿体育游戏更具有科学性与实效性。

创编幼儿体育游戏，还要掌握一定的创编技法和遵循一定的程序，采用比较正确的创编技法，遵循合理的程序，才能使创编工作顺利进行，创编出来的幼儿体育游戏也比较规范。

1. 锻炼性原则

创编幼儿体育游戏是体育手段的一种，体育游戏不同于一般游戏（如角色游戏、娱乐游戏等），它必须具备体育的健身功能，通过游戏达到锻炼幼儿身体、增强幼儿体质的目的。锻炼性原则是创编幼儿体育游戏时应遵循的主要原则之一。在游戏中可以通过以下方式来贯彻锻炼性原则：

（1）以走、跑、跳、投掷、攀登、爬越、钻、搬运、追捕、躲闪等人体基本活动的动作为素材创编幼儿游戏。在游戏中既能培养幼儿基本活动能力，又能很好地锻炼幼儿身体，还可以为幼儿学习体育技术打下基础。此外，这些练习本身就具有一定的趣味性，是创编幼儿游戏的好素材。

（2）以球类基本战术为素材创编游戏，使幼儿在熟练战术的同时达到锻炼身体的目的。球类战术练习是球类运动教学中的重要内容，幼儿在做这些练习时常常难以弄清人与球的移动路线，因此要反复多次练习，幼儿也乐此不疲。在反复的练习中，既学会了战术动作，也达到锻炼身体的目的。

（3）以身体素质练习为素材创编游戏，使幼儿在游戏中锻炼身体、发展力量素质。由于力量素质练习枯燥无味，练起来又比较艰苦，因此幼儿一般都不愿练，即使迫于服从老师的要求来练，很多也是应付而已。如果将力量素质练习作为素材创编游戏，使幼儿在热烈的气氛中做练习，在好胜心与集体荣誉感的双重动力下，幼儿就会尽全力投入，认真做好这些练习，达到锻炼身体、发展力量素质的目的。

（4）必须要有某些基本动作。将1~2个基本动作渗透到游戏的情节中，如：“小蚂蚁运粮”，则让“小蚂蚁”（幼儿）背驮沙袋从场地的一端爬到另一端。

（5）要有一定的运动负荷量。游戏活动中，要充分利用面积宽大的场地、数量充足的运动器械。尽可能采用共同活动的方式练习，保证幼儿实际活动的时间。

（6）充分利用运动器械以及草地、树木等自然环境。体育游戏一般可选用1~2件运动器械，使幼儿活动更有兴趣，也可提高幼儿使用器械的能力。体育游戏还可以与自然环境中的草地、树木及大型运动器械等有机结合，并将大自然与体育游戏融为一体。

2. 趣味性原则

体育游戏的趣味性，是体育游戏具有生命力的重要因素。因此，应选择幼儿熟悉和喜爱的角色，安排简单有趣的情节，使幼儿对体育游戏感到十分有趣，能吸引他们主动参与到游戏中去。托班、小班应该在动作设计上，根据幼儿的爱模仿的特点，做一些模仿操等，做一些基础的动作练习。中班、大班在游戏中应更好地利用游戏的情节、体育器械的运用。趣味性原则也是创编体育游戏时应遵循的主要原则之一。增强幼儿游戏的趣味性，可以从以下几个方面入手：

（1）增加游戏的竞争因素。任何竞争都能不同程度地使人陷入紧张状态，因此能激发人的活力，调动人的潜在力量。竞争不一定都是愉快的，但幼儿游戏的竞争却是一种愉快的竞争，参与者在游戏竞争中胜利了，会享受到胜利的欢乐；如果失败了也不会有任何思想负担。这种愉快的竞争是幼儿游戏趣味性的重要来源，从一定程度上讲，游戏的竞争越激烈，趣味性就越强。幼儿练习中的一些单调枯燥的部分，如果运用竞争的游戏形式来进行，常常能收到出人意料的好效果。

（2）采用新颖的动作。在幼儿游戏的创编与教学中，设计与采用一些与日常习惯不同或者相反的动作，或者采用一些难以协调的动作，可以增加游戏的趣味性。例如："鸭子赛跑"的游戏，用两腿夹住球跑步的动作，在"仰爬接力"的游戏中，仰身用四肢爬行的动作等。从条件反射的角度来说，"喜新厌旧"是人的天性，同样的刺激重复的次数多了，会引起大脑皮质的抑制。与此相反，新颖的刺激则会引起大脑皮质的兴奋与注意力的集中，这就是新颖动作使人感到有趣的原因。另外，新颖动作能激发人们跃跃欲试的心情，从而积极地投入到游戏活动中去，能使幼儿在这种不习惯，有时还显得有点笨拙的姿态中跃跃欲试，也能使幼儿在完成动作之后，尝到成功的喜悦。

（3）适当采用一些惊险性的动作。惊险动作能有效刺激与吸引幼儿，能使人出于自我保护的本能而出现紧张、兴奋及集中注意力。幼儿在惊险动作中更能表现他们勇敢果断的优良品质，从而在心理上得到满足，精神上获得欢愉。因此，在幼儿游戏中适当采用一些惊险动作无疑会增加游戏的趣味性。当然，这些惊险动作应该是恰当的、适度的、有惊无险的，还要辅以一定的安全措施，以保证安全为前提。例如：走平衡木、爬水平梯、翻越肋木架、荡绳过障碍等活动。

（4）适当提高动作难度。游戏中所采用的练习如果不具有新颖性，一般可通过提高动作的难度来增加趣味性。从幼儿学习动作时的心理状态看，游戏中所采用的动作如果太容易，幼儿会觉得做起来没意思，而太难了又会使其丧失信心。只有那些难度适中，经过自己努力能够完成的动作，才会使其从中获得满足感。而幼儿游戏所采用的动作一般都比较简单，没有什么复杂的技术。因此，有时应采用限制条件、提出要求等各种方法来适当加大动作的难度，以增加游戏的趣味性。例如：在接力赛跑中增加各种障碍；在追逐游戏中用单脚跳等。

（5）此外，在游戏中采用一些特殊的使人愉快的规则，采用一些有趣的赏罚方法，以及在幼儿的游戏中加入故事情节，采用一些形象化的动作，都可以增加游戏的趣味性。

3. 针对性原则

创编的幼儿游戏要有明确的目的性、针对性，要根据需要进行创编。幼儿游戏可以活跃课堂气氛，调动幼儿参加体育锻炼的积极性与主动性，但这只是幼儿游戏的任务之一。此外，幼儿游戏还具有其他方面的任务，要全面地完成这些任务，在创编与选用游戏时，则必须遵循针对性原则。贯彻针对性原则应注意以下三个方面：

（1）要以教学任务为依据。幼儿游戏是体育教学手段的一种，它的总任务是锻炼幼儿的身体，增强幼儿的体质。但除此之外，它还应当为完成每堂体育课的具体任务而服务。安排在课程开始部分的游戏是为了集中幼儿的注意力；安排在准备部分的游戏是为了热身，使幼儿的身体素质得到一般发展；安排在结束部分的游戏，是为了发展幼儿的某种身体素质，或是为了身心上的放松。

（2）要针对幼儿的实际情况。在游戏的内容安排及采用的形式上，应考虑幼儿的具体情况，包括幼儿的年龄、性别以及体质情况等。这样创编的游戏才会更加合适。

（3）要考虑气候、场地、器材情况及其他影响因素。例如：冬天，游戏的运动负荷可以大一些，而炎热的夏天运动负荷量过大，则容易中暑。

创编幼儿游戏除了要遵循以上三项原则，还应注意启发性、科学性、安全性与教育性原则等。在游戏的内容及规则上能启发幼儿开动脑筋，以利于在游戏中培养幼儿的智力因素；在游戏动作的设计、规则的制定以及场地器材的选择上，保证游戏的安全。此外，针对年龄较小的幼儿，可以经常采用某些故事情节来增加游戏的趣味性，这些故事情节以及游戏名称都要具有教育性，要防止封建迷信、暴力等有害内容污染幼儿纯洁的心灵。

4. 智慧性原则

体育游戏过程要能够让幼儿有机会闪现出智慧的亮点。体育游戏除了担负“育体”的任务，同时还应包含“育智”的成分，通常在较大型的体育游戏中，都存在一个怎样完成游戏才能做得多、快、好、省以及提高游戏的成功率和取胜率的问题。故意给幼儿留下解决这些问题的思考空间，有利于促使幼儿积极开动脑筋，以最佳的方式完成游戏。体育游戏也只有体现出较多的智慧性，才有可能显示出较多的趣味性。

为了更好地体现出智慧性原则，教师在设计体育游戏的过程中，应该在规则允许的范围内尽可能多地留有完成游戏的多种方法的选择余地，这样能不断地拓展幼儿的想象空间和创造空间，提高他们的智力水平。

5. 教育性原则

体育游戏的教育性原则主要体现在培养幼儿自信、自尊品质和团结友爱的集体主义精神等优良道德风貌的塑造上。一个好的体育游戏或者说一个能较好地体现教育性原则的体育游戏应该既能表现个人价值，又能体现集体力量。为此，在设计体育游戏时，教师应有意识地把个人项目与集体项目有机结合在一起，既不搞单一的个人项目的游戏，也不能搞纯粹的集体项目游戏。

6. 安全性原则

在体育游戏的设计、组织过程中，更应强化安全第一的观念。体育游戏具有竞争、竞技和趣味性强的特点，有一定的激烈程度和完成难度，幼儿参与的欲望一般都比较强烈。这就使得幼儿在参与游戏的过程中比较“忘乎所以”，会不同程度地产生一些激动的情绪，再加上有允许自由发挥来完成游戏的余地，因此，每个幼儿完成游戏的过程可能相同，也可能不同，教师也就无法完全事先预料游戏过程会发生什么事情。

7. 发展性原则

由于3～6岁的幼儿，在身体、心理等方面具有明显的差异性，他们在体育游戏活动中表现出来的行为也不同，因此，在创编体育游戏时可参考表6-1中的内容。

表6-1 不同年龄幼儿体育游戏的基本要求

项 目	小 班	中 班	大 班
内容动作	内容简单、动作简单	内容开始复杂，喜欢有情节的游戏和追逐性的游戏	喜欢竞技性的游戏和内容丰富，将体力与智力相配合的游戏，动作增多，难度加大
情节	简单	复杂性增加	较复杂
角色	少，多为幼儿熟悉的角色	增多	较多，与情节的关系更复杂
规则和要求	简单，不带限制性	较复杂，带有一定的限制性	较复杂，限制性较强
结果	幼儿不太注意	幼儿有所注意	喜欢有胜负的结果
活动方式	集体做同一动作，共同完成一项任务	出现两三个人合作的游戏	合作性游戏增多，增加了组与组的合作

（三）幼儿体育游戏的结构

幼儿体育游戏的结构主要包括游戏动作、活动方式、游戏情节、活动条件四个方面。

1. 游戏动作

幼儿体育游戏主要由五类动作组成：发展基础运动能力的动作，包括走、跑、跳、投等基本动作和提高身体素质的动作；简单的运动技术，如球类、体操等运动项目的基本技术；体育游戏本身所特有的动作，如夹包、踢毽、跳皮筋等游戏中的动作；模拟动作和简单的舞蹈动作；生活动作，如穿衣、背物等动作。

2. 活动方式

幼儿体育游戏的活动方式包括以下两个方面。

（1）组织活动：游戏队形、分队和分配角色、启动和结束活动。

（2）练习方法：体育游戏中常用的练习方法有模拟法、竞赛法、条件练习法、综合练习法等。在练习的顺序上可采用同时练习或相继练习。

3. 游戏情节

体育游戏情节是根据游戏的动作和活动方式的特点而构思的在游戏中主要起增加游戏趣味性作用的情节，是一个很活跃的结构成分。同一个游戏可以采用多种情节，由某一动作或活动方式所构成的游戏也可以采用多种情节。

4. 活动条件

活动条件是指体育游戏赖以进行的物质条件，包括玩具、场地、器械等。玩具在体育游戏中具有双重性质，它既是物质条件又是动作对象。游戏场地是游戏活动的必要条件，它对锻炼身体的效果、动作性质和活动方式都有直接的影响。

(四) 幼儿体育游戏创编的方法

1. 制定目标

制定游戏目标，是幼儿体育游戏创编中最为重要的一环。长期以来，在幼儿园体育游戏创编和指导中，存在着只重视内容、形式，而忽略目标，或先选内容再定目标的现象，从而使幼儿体育游戏活动产生了盲目性。

制定目标，首先必须从幼儿已有的水平出发，最终促进幼儿达到新的发展水平。其次，目标内容应该从幼儿的活动参与（态度）、身体发展（技能）、心理健康（情感）、社会适应等四个方面来选择确定。避免单纯以身体发展为唯一目标，以及太抽象、太笼统、不具体、不切实际的要求。最后，应尽量运用幼儿体育活动时的行为来变数目标，体验和感受游戏的兴趣。

2. 选择内容，确定设计方法

幼儿体育游戏，主要是以身体活动为主要内容，它包括：

(1) 走、跑、跳、投、钻、爬、攀登、各种滚动等基本动作。

(2) 利用各种球、绳、圈、棍、沙包、钻架等大、中、小型运动器械的体育游戏。

(3) 利用水、土、沙子、石头、冰雪、山坡、田野等大自然环境的各种体育游戏活动。

(4) 各种舞龙、斗鸡、跳竹竿、荡秋千等民族、民间地域性体育游戏活动。

幼儿体育游戏设计可以从角色、情节入手，结合开始信号、动作过程、结束姿势、游戏规则等。

(1) 情节：也可以成为体育游戏的方法。它可以以幼儿熟悉的生活为题材。如“妈妈找宝宝”“给小动物喂食”“郊游”等，也可以用电视、电影、画报、报刊中的童话故事为题材。例如“猫头鹰抓田鼠”“小鲤鱼跳龙门”“沙漠中的骆驼”等。

(2) 角色：安排方面，可以设计同一个角色或不同角色共同完成一个任务。如“小小送货员”——全体幼儿都扮送货员，拖着车把“货”（水果、蔬菜）送到各个商店、学校、医院等。也可以选择不同角色相互对抗。如“坦克兵与投弹手”“小猫抓鱼”等。

(3) 细节：游戏情节和活动方式等大框架构思好以后，就要对游戏方案中的细节部分进行设计。例如，采用何种方法来分队（组）和分配角色，采用何种启动信号等。游戏还要编配一些合适的儿歌。进行细节设计一定要有全局感，不能喧宾夺主，过分追求细节的变化而破坏游戏的主体。

(4) 规则：具有组织教育及保证游戏合理、公正开展的作用。它从属于游戏的内容、情节和角色等。幼儿体育游戏规则，随着年龄及动作要求的变化而变化，具有很大的可变性和灵活性。小班幼儿不注意、不重视规则，常常以游戏方法及活动内容代替游戏。如：拖、推着各种玩具走各种弯弯曲曲的路，拖着玩具走路，既是方法又是规则。

3. 确定游戏名称

游戏设计方案设计好后要确定一个合适的游戏名称。游戏的名称既要反映游戏的具体内容，又要简明、有吸引力，便于幼儿理解记忆。给游戏命名的方法有两种：一种是根据游戏动作和活动方式的特点定名，如“圆圈接力跑”“听鼓声变速走”等；另一种是以游戏情节或主题特点定名，如“信号灯”“猫捉老鼠”“放鞭炮”等。

4. 游戏的检验和修改

经过构思和设计，一个幼儿体育游戏的创编基本完成之后，要经时间检验，使其不断完善。有条件的可在一定范围内进行试用，对试用结果进行分析、总结。对存在的问题和不足进行修改、补充、完善，提高所创编游戏的实用性、有效性。

（五）幼儿体育游戏的指导方法

1. 游戏前的准备

幼儿体育游戏前应做以下准备工作：

（1）熟悉游戏的内容和目标。

（2）考虑好开展游戏的具体步骤，包括怎样讲解（引导和示范）。

（3）选择和布置场地、运动器械（可以和能力强的幼儿共同布置）。

（4）督促、检查和帮助幼儿整理服装、鞋子（脱去多余衣、裤、手套、围巾等）。

（5）了解幼儿健康状况。

2. 游戏的进行

（1）游戏开始：

1）组织带领幼儿进入游戏场地。

2）引出游戏内容、方法结果和注意事项：用形象、生动的语言和好的方法吸引幼儿。语言简明扼要，幼儿化；声音洪亮；讲解可结合示范进行（教师自己示范或者请幼儿示范）。

3）分配角色：主要角色由教师担任（中、大班也可由能力强的幼儿轮流担任）。

（2）游戏过程中：

1）幼儿游戏，教师观察指导。

2）选用教师带领幼儿游戏或幼儿自己游戏等具体手段。

3）小结讲评。

对前段时间游戏情况，教师可运用交流、演示、讲评（包括提出新的玩法和要求）等方法，对游戏进行阶段性小结讲评，鼓励幼儿继续游戏，进而达到调节运动负荷量或调整游戏的目的。

3. 游戏结束

幼儿体育游戏结束后，做如下放松活动：

（1）组织带领幼儿放松身心，使幼儿身心逐渐平静。

（2）全面与重点相结合地讲评（以鼓励为主），激发幼儿下次游戏的愿望。

（3）收拾、整理场地与器材（可让部分幼儿参与）。

二、幼儿体育游戏的撰写

幼儿体育游戏在构思设计和最后修改后，为了便于交流、保存，应将其按一定的规格用文字记录下来，这就是游戏的撰写。撰写的内容包括：名称、目标、游戏准备、游戏环节、游戏指导等。撰写时注意下列事项：（1）游戏的名称应简单准确、立意新颖、富有一定的启发性；（2）游戏的目标主要从幼儿的活动参与（态度）、身体发展（技能）、心理健康（情感）、社会适应四个方面来撰写；（3）游戏准备主要从物质准备、经验准备两方面撰写；(4) 游戏环节主要从导入、过程、结束三部分着手；(5) 游戏指导主要从顺利完成游戏的各环节着手，及时引导、沟通、指导。

以《小青蛙跳荷叶》为例说明如何撰写幼儿体育游戏。

小青蛙跳荷叶（跳）

（一） 游戏目标

(1) 体验模拟青蛙的乐趣，增加对自然的热爱。

(2) 练习直线两侧行进跳，提高动作的协调性和灵活性。

(3) 知道青蛙跳的正确做法。

（二） 游戏准备

(1) 物质准备：宽敞的场地、小青蛙头饰、用绿色纸板做的“小荷叶”、害虫（沙包或自制）、音乐《青蛙最伟大》。

(2) 经验准备：有认识青蛙的经验。

（三） 游戏环节

1. 导入

导入语：“夏天来了，天气真热，老师想带小朋友们去河边，吹吹凉风再去看望一位好朋友，你们猜猜他是谁?”（教师模仿青蛙的声音）“我们来看看好朋友在干什么呀?”教师带领幼儿伸懒腰（展臂），打开双手向太阳问好（手臂摆动）；和家人抱一抱，问个好（相互抱）；在院子里跑一圈，看看花花草草（跑步），小青蛙跳起来跟小草比高（原地跳）。小青蛙想到自己今天还有任务呢，就赶紧收拾一下，扭扭屁股（腰部运动），揉揉膝盖，绑好护膝（膝部运动）就出发了。

2. 过程

导入语：“小青蛙今天第一项任务就是练习跳荷叶，然后去帮农民伯伯捉害虫。”

游戏一：小青蛙跳荷叶

玩法：

(1) 幼儿分成两组，“荷叶”组成半弧形路线，幼儿在教师的带领下沿半弧形路线跳。教师观察并适时指导，配合语言提示：双臂摆起，蹬地向前轻轻跳。每完成一次，教师选一个幼儿当青蛙队长，带领幼儿练本领（玩 1~2 次）。

(2) 在强化规则和动作后，加大难度，只允许幼儿跳在荷叶上。不能落在中间的空地上（玩 2~3 次）。

规则：

(1) 一个接一个进行，不推不挤。

(2) 加大难度后，跳跃能力较差的幼儿允许走到“荷叶”边上，再跳跃。

游戏二：小青蛙捉害虫

玩法：把幼儿分两组，把“小荷叶”摆在直线两侧，设起点和折返点（农田），在折返点处放置若干害虫（沙包或自制）。幼儿在起点处排队，一个接一个跳过“小荷叶”，跑到农田捉到害虫后从旁跑到起点，排在队伍后面。教师吹长长的哨声即代表一次游戏结束，幼儿需回到起点，做短暂的休息，教师总结（玩 2~3 次）。

规则：要求幼儿“不能落到水里，以免打湿衣服”。教师吹口哨控制出发的节奏，避免过于拥挤，注意幼儿安全。

3. 结束

“小青蛙今天练好了本领，还帮农民伯伯捉了好多的害虫，农民伯伯夸奖小青蛙本领大呢，青蛙爸爸和妈妈夸小青蛙长大了。小朋友们，我们在幼儿园里面也要努力学本领，回家就可以帮助妈妈做事情了，现在我们来练习一下怎么洗澡吧！”教师带领幼儿做各种洗头、洗澡、穿衣服的动作，在愉悦中结束游戏并收拾器材。

（四） 游戏指导

（1）注意语言引导的生动有趣，让幼儿沉浸在“小青蛙”的情境中快乐地游戏。

（2）“跳荷叶”环节时允许从荷叶上跳上跳下，教师观察，适时讲解动作和安全规则。

（3）“抓害虫”环节中，教师用手控制速度或者每一次哨声出发一位幼儿。吹长哨时一次游戏结束，第二次游戏时可用音乐控制开始和结束。

（4）强调跳过去抓到“虫”后跑回来时，必须走池塘的外侧小道回来，增加运动密度。

（5）指导幼儿收拾整理器材，有序地收拾整理器材，形成自我服务的意识。

表6-2为幼儿体育游戏教案模板。

表6-2 幼儿体育游戏教案模板

<table>
<tr><td colspan="6">游　戏　名　称</td></tr>
<tr><td>授课教师</td><td></td><td>时间</td><td></td><td>周次</td><td></td></tr>
<tr><td>授课班级</td><td colspan="2"></td><td>人数</td><td colspan="2"></td></tr>
<tr><td>教学设计</td><td colspan="5"></td></tr>
<tr><td>教学目标</td><td colspan="5"></td></tr>
<tr><td>教学重点</td><td colspan="5"></td></tr>
<tr><td>教学准备</td><td colspan="5"></td></tr>
<tr><td>教学环节</td><td colspan="2">教学内容与过程安排</td><td>时间与次数</td><td>组织形式</td><td>场地安排</td></tr>
<tr><td>准备部分</td><td colspan="2"></td><td></td><td></td><td></td></tr>
<tr><td>基本部分</td><td colspan="2"></td><td></td><td></td><td></td></tr>
<tr><td>结束部分</td><td colspan="2"></td><td></td><td></td><td></td></tr>
<tr><td>课后小结</td><td colspan="5"></td></tr>
<tr><td>延伸活动</td><td colspan="5"></td></tr>
</table>

三、幼儿体育游戏的配图

体育游戏的配图，是指利用图的形式对体育游戏进行文字补充和说明的一种方法。它可以帮助人们全面理解文字，并起到直观、形象的作用。幼儿体育游戏的配图大部分借鉴体育游戏中的配图，使用已经约定俗成的记录方式，相对成人体育游戏，幼儿体育游戏配图应更显得活泼、生动。

（一）体育游戏的配图方法

体育游戏的配图有三种方法，即符号配图法、形象配图法、综合配图法。最常用到的是符号配图法。

1. 符号配图法

符号图是一种十分便捷的配图方法。它对游戏中的人物、场地、方向、路线等因素进行描绘，是一种画起来简单、用起来方便的配图方法。它包括人的符号，方向和移动路线，动作符号，器械符号，游戏人之间连接符号等。

2. 形象配图法

形象配图法是指在体育游戏配图中，采用人和场地器械具体形状的具体描绘方法。人物动作采用简笔画的形式，场地器械采用体育绘图中场地器械图画法。形象配图法相对符号配图法有一定的难度，它除了要掌握体育绘图技巧之外，还需要有一定的整体构图能力。

3. 综合配图法

综合配图法是指在体育游戏配图中，将符号配图、形象配图及场地器械配图等综合运用的方法，它包括整体配图、局部配图和特写配图三种。

（1）整体配图。整体配图是将游戏中场地、器械、人物、分组、运动形式、运动路线等因素，全面完整体现在配图中。

（2）局部配图。局部配图是指在配图中有重点地部分体现场地、器械、人员、分组、运动形式等因素，使人看了这一局部，便能了解游戏的全部内容，具有视一斑而见全豹的作用。它突出了游戏的重点内容和主要特征，避免了重复内容和常规要求。

（3）特写配图。特写配图是指在整体配图和局部配图中，由于游戏动作比较复杂或画面所限，不能完全详细体现动作方法时，将主要动作抽出放大的配图方法。它能够突出主要环节，使人清楚了解动作的形式和方法。

（二）体育游戏组织形式图画图顺序

1. 画出场地与器材位置

场地用俯视图画，包括场地的各种标志点、线，如范围线（圆形线、方形线等）、限制线、起点及起点线、中点及中点线、终点及终点线、回转点（包括回转点的标志物）等。

器材一般也用俯视图画，但有些器材（如插着的小旗）用俯视图难以表现，则可用正视图或侧视图表示。

2. 画出游戏者站立的位置

配图中要清晰地标出游戏者站立的位置，特别是那些以各种形式接力的游戏，要标出各小组站立的位置。用符号配图或形象配图的方法均可。

3. 画出游戏进行的路线

游戏进行的路线一般是指接力游戏与集体竞快游戏的路线。一般有跑、跳、跳过、绕过、钻过、爬过或附加其他动作等。

4. 画出游戏中的特殊动作

体育游戏是通过动作来完成的，游戏配图中要对游戏的动作特征准确地加以描绘。对那些动作复杂，并受场面及角度限制的人物图，需采用特写配图的方法加以突出。

5. 画出游戏生动活泼的场面

一幅好的体育游戏配图，不仅可以帮助人们快速掌握游戏方法，而且可以渲染游戏动作的气氛，加深对游戏的理解。因此，在配图时，人物动作不要千篇一律，要求画面丰富活泼，在幼儿体育游戏配图中更显重要。

四、幼儿体育游戏情节构思方法

幼儿最喜欢有情节的游戏活动，构思游戏情节是设计幼儿体育游戏活动方案的重要环节。

（一）体育游戏是幼儿体育活动的主要形式

体育是幼儿园健康教育的一项重要内容。《幼儿园教育指导纲要（试行）》中指出："幼儿园必须把保护幼儿的生命和促进幼儿的健康放在工作的首位。幼儿园要开展丰富多彩的户外游戏和体育活动，培养幼儿参加体育活动的兴趣和习惯，增强体质，提高对环境的适应能力。"

幼儿园体育工作的任务主要通过早操、体育课以及户外体育活动等途径来完成。其中，以游戏形式开展的体育活动是最受幼儿喜爱的一种活动形式。活动性游戏之所以受到幼儿的普遍欢迎，从根本上说是由幼儿身心发展的特点决定的。首先，幼儿高级神经活动过程的特点是兴奋强于抑制，幼儿通过不同区域兴奋的迁移来解除疲劳，所以幼儿活泼好动，喜欢灵活多变的游戏，并在游戏中经常迁移游戏行为；其次，幼儿大脑皮质的不成熟使幼儿的认知简单而具体，受小脑控制的情绪活动起主导作用，自制力包括控制自己情绪的能力较低。各种情节生动、内容丰富、形式多样的幼儿体育游戏能充分满足幼儿好奇、好动、好模仿、好表现等情绪化的心理需求。

体育游戏将基本动作技能的锻炼寓于趣味性很强的活动之中，幼儿在游戏中完成走、跑、追捉、躲避、跳跃、投掷、滚、爬、吊、拉、推、平衡等基本动作。对于幼儿来说，游戏活动本身就是一种有效的基本动作教育。因而体育游戏对于激发幼儿的体育活动兴趣，促进其以体能为主的各方面发展具有独特的作用。

（二）情节因素是体育游戏趣味性的重要因素

游戏是幼儿最感兴趣的活动，因为游戏活动本身就具有趣味性。正是由于游戏的趣味性吻合了幼儿活动受兴趣支配的特点，游戏才受到幼儿的普遍欢迎。趣味性是游戏必须具备的条件。游戏角色的生动鲜明、游戏材料的丰富多彩以及游戏情节的灵活多变等，都是吸引幼儿的趣味性因素。

体育游戏由游戏动作、活动方式、游戏规则、游戏情节、物质条件等结构成分组成。

游戏情节是区别体育游戏与其他体育手段的一个重要标志，其实质是以虚构和模拟的形式表现某些生活事件。由于幼儿正处于象征性游戏阶段，虚拟性或非真实性是这一时期幼儿游戏的重要特征，因此对于幼儿来说，游戏情节是决定体育游戏是否有趣的一个非常重要的因素。

体育游戏的情节与角色游戏和表演游戏的情节不同。在角色游戏和表演游戏中，情节是根据游戏主题构思的，是表现游戏主题不可缺少的成分；而体育游戏的情节一般是从调动游戏人的活动积极性出发，根据游戏的动作和活动方式的特点而构思的，在游戏中起着增强趣味性的作用。以“跳”为例，如果单纯枯燥地让幼儿练习双脚跳，幼儿可能跳不了几下，就不感兴趣了。可是只要我们把它加上情节因素，变成一个“小白兔回家”的体育游戏，幼儿便会兴趣盎然地跳个不停，由此可见体育游戏中情节因素的趣味性魅力。

（三）体育游戏情节构思的方法

一般来说，对某种活动强烈而稳定的兴趣，常常标志着主体达到了与该活动相关的身心发展水平。幼儿对游戏兴趣的选择性决定了幼儿只对符合自己身心特点的游戏感兴趣。因此，在设计幼儿体育游戏活动方案时，要充分利用情节因素来增加游戏活动的趣味性，使体育活动更有吸引力。

游戏情节是体育游戏中一个很活跃的结构成分。一个游戏可以构思出各种不同的游戏情节，一个动作也可以采用各种不同的游戏情节来体现，因而体育游戏情节的构思创作具有很大的创造空间，能充分体现教师的教学设计能力。

体育游戏情节的构思主要以游戏动作和活动方式的特点为依据。创编游戏的主要构思方法归纳如下。

1. 事件提炼法

从现实生活事件中提炼游戏主题素材、构思游戏情节的方法。运用这种方法，我们首先要了解幼儿的身心特点，从幼儿感兴趣的事件入手。我们知道，幼儿喜欢模仿他们感兴趣的事物，如喜欢模仿“司机开汽车”“警察叔叔抓坏人”等，而这些兴趣点都能成为我们构思游戏情节的重要线索。

在掌握幼儿兴趣爱好一般性特点的同时，还要注意观察和了解幼儿一定时期内的兴趣热点，及时把握幼儿随机生成的兴趣需要，从而构思出相应的游戏情节。例如，电视台播放“奥特曼”的动画片后，孩子们对模仿“奥特曼”津津乐道。结合幼儿这一兴趣热点设计“我是小小奥特曼”的游戏情节，一定会受孩子们欢迎的。

另外，还要努力培养自己的职业敏感，善于“采风”，即从现实生活的方方面面汲取有益的素材来构思游戏情节。如“争办奥运会”“挂奥运旗”游戏，就是抓住北京2008年举办奥运会这件孩子们都知道的大事件展开设计的。

2. 故事借鉴法

根据故事内容来构思游戏情节，以故事表演作为游戏表现形式的构思方法。听故事、表演故事都是幼儿喜闻乐见的活动形式，可以利用这一特点，借鉴童话故事拟人化的虚构手法来构思游戏情节。如游戏“萝卜又回来了”中小白兔把萝卜送给小灰兔，小灰兔把萝卜送给小黑兔，小黑兔又把萝卜送给小白兔的情节，就是故事内容的直接再现。

运用故事借鉴法构思游戏情节有两种情况：一种是直接借鉴现有的故事。童话故事中可利用的素材非常丰富，像“小兔乖乖”“小红帽与大灰狼”“白雪公主与七个小矮人”等故事情节中就有很多内容可以引用到游戏情节中去；另一种情况是为设计游戏而创编某些故事情节，如“猫和老鼠”这一主题素材就可以编出“小猫捉老鼠”“小猫打老鼠”，甚至“老鼠戏小猫”等不同故事内容的游戏情节。

3. 角色衍生法

情节和角色往往是不可分割的。角色衍生法即根据游戏动作和活动方式特点，选择相关或相似的事物作为游戏角色，从而衍生出某种游戏情节的方法。例如设计以双脚跳动作为主的游戏，根据双脚跳动作的特点，我们可以考虑选用“小白兔”“小青蛙”或是“小袋鼠”作为游戏角色。如果角色选用的是小白兔，则可衍生出“小兔采蘑菇”“小兔拔萝卜”等情节；如果角色选用的是小青蛙，则可以衍生出“小青蛙捉害虫”“小青蛙跳池塘”或“小青蛙学本领”等情节；而若是选用小袋鼠，则会有“小袋鼠搬家”“小袋鼠过河”等不同的游戏情节。

4. 器械相关法

器械相关法是根据游戏使用的器械的特点来构思游戏情节的方法。体育游戏中常用的道具和器械有球、棒、绳、木块、平衡木等。利用这些器械的特点，我们可以设计出相关的游戏情节。如玩球活动可以构思成“运西瓜”“赶小猪”等，而走平衡木活动则让我们很自然地和“过小桥”“走钢丝”等情节联系在一起。

在体育游戏中，幼儿常常会自发地自制一些小玩具。旧报纸、旧纸盒、空的饮料罐、各种质地、颜色不同的包装纸、塑料绳等，这些看起来不起眼的废旧材料，在幼儿手里都能变成一个个有趣的玩具。例如，一次性纸杯可以在孩子们手中变成飞盘、风车、飞机、球门等各种各样的玩具。然而，幼儿们的这些创造性的火花往往和他们的兴趣热点一样很不稳定，需要教师的发现、鼓励、指点和支持。

教师可以多给幼儿提供各种废旧材料，鼓励他们的创意制作。若是教师能善于利用器械相关法，针对孩子们的创意制作构思出相应的游戏情节，让幼儿在后续的游戏中尽情玩乐，则能收到更大的教育效果。

5. 知识模拟法

知识模拟法是根据一定的社会与自然知识，用模拟知识点的手法构思游戏的情节，让幼儿通过游戏活动掌握相关知识的方法。如“小心触电”游戏中追捉者与被追捉者的关系就被构思为“电插头”和“人”的关系，“躲避触电”便成为情节构思的主线，于是，当“人”被“电触头”触及时就会“死”，应待在原地不能再动，而“人”在触摸木头时是安全的，“电插头”便不能再追等，这些情节的构思都模拟了用电常识。通过玩这个游戏，幼儿也就自然而然懂得了不少关于电的知识。

同样是追捉关系，在游戏“盐和水”中则变成了“盐”和“水”以及“太阳”的关系，游戏中的追捉、捕获与解救等环节则成为“盐遇水融化成盐水，盐水经过日晒蒸发后重新变成盐”这一知识点的具体表现。

6. 主题串联法

主题游戏是目前幼儿园教育教学中一种新型的游戏模式，其特点是以主题为核心，以具有主题想象的情境为特色，以联合游戏为手段。体育游戏也可以利用这种方法，围绕某一既定的主题构思游戏情节，通过与主题相关的多个活动将多种游戏动作整合在一起，从而达到让幼儿全面发展的教育目的。

（四）构思体育游戏情节需注意的问题

1. 游戏情节应符合幼儿的兴趣和认知背景

不同年龄段的幼儿有着不同的身体发展水平和兴趣爱好，运用事件提炼法、角色衍生法、器械相关法构思体育游戏情节时，一定要针对幼儿的年龄特点，围绕幼儿的兴趣点进行设计。同时，幼儿只有获得了与游戏相关的背景体验，才能引发游戏动机，出现真正的游戏。因此，运用主题串联法、故事借鉴法、知识模拟法时，其中的预设主题、故事情节以及知识内容等必须是幼儿所熟悉的。只有与幼儿实际水平相符的游戏才能真正让幼儿从游戏中获得乐趣。

2. 游戏情节要有一定的教育意义

游戏情节反映的是社会生活的某些片段，因而必然具有两面性。在构思游戏情节时，要尽量体现积极的教育因素，避免消极因素。运用事件提炼法、主题串联法、知识模拟法构思游戏情节时，应与时俱进，使游戏情节能够鲜明地反映当前社会与时代、文化与生活的主要特征。在运用故事借鉴法、角色衍生法、器械相关法时，一方面要避免简单重复“老一套”的做法，另一方面也要避免选用那些过于陈旧的内容。

3. 游戏情节要符合身体锻炼的要求

情节因素是体育游戏重要的趣味性因素之一，它在体育游戏中起着锦上添花的作用，一些没有情节的游戏依然可以吸引幼儿参与。因此，设计幼儿体育游戏应以一定的身体练习和运动负荷为目标，不能过分追求游戏情节而喧宾夺主。构思游戏情节时，既要考虑情节发展的合理性，也要考虑运动内容和运动负荷安排合理性。

4. 游戏情节要给幼儿留有想象和创造的空间

游戏情节以虚构和模拟为主要特征，因此构思游戏情节不必过分求实，尤其是运用事件提炼法、主题串联法、知识模拟法等方法时，应给幼儿留有发挥想象力和创造力的机会和条件，让幼儿在活动中充分调动各方面潜能，获得全面发展。

第七章 幼儿体操

第一节 基本体操

不同年龄的幼儿有着不同的身心发育特点，幼儿体操是借助各种最基本的体操练习内容和手段，以提高幼儿的基本活动能力及纠正不良身体姿势为目的，创立并逐渐发展起来的一项体育与教育互相结合的项目。幼儿基本体操强调的是“基本”两字，通过最基本的体操练习形式和手段，使幼儿不仅身体健康、姿势优美、动作灵活协调，而且在智力、心理、意志品质等方面都达到一个新的发展水平。因此，幼儿基本体操事业是塑造人体形态的“希望工程”，是培养运动人才的基础工程，也是“全民健身计划”不可分割的组成部分。通过开展这一课程能够及时发现竞技体育的储备人才并对其进行培养，同时在幼儿阶段就打下良好的身体基础，对提高我国国民的身体素质有着非常重要的战略意义。

一、幼儿基本体操包含的内容与分类

体操这类体育项目对身体的锻炼和练习或者是借助器械，或者是徒手进行。根据竞赛目的的不同可划分为一般性体操和竞技体操。幼儿基本体操属于一般性体操的范畴，内容有队列队形、徒手体操及轻器械体操。其主要目的是增强幼儿体质，促进幼儿身体全面健康地发展。

（一）幼儿基本体操的内容

1. 队列队形

队列队形指的是按照一定的要求，让幼儿做出同样的动作，例如让小朋友立正、向前看，站成一路纵队，或者变换成其他队形等。它包括原地动作和行进间动作，有图形行进、队形交换、散开靠拢等。通过队列队形的练习能培养幼儿的集体意识，让他们懂得在集体中只有遵守一定的纪律和统一的行动，大家才能顺利进行活动；队列队形练习还能培养幼儿正确的身体姿势，促进身体正常的发育，养成严格的组织纪律性与迅速、准确、协调一致的良好作风。

2. 徒手体操及模仿操

徒手体操，顾名思义就是指幼儿不借助任何器械所做的各种动作，或把各种动作加以形象化，方便幼儿学习。它是由身体各部位（上肢、下肢、躯干）互相配合，依照一定的程序，做出有节奏、有规律的举、振、屈、伸、转、绕环、跳跃等一系列的单个或成套的徒手动作。它不受器械和场地的限制，简单易行，经常练习可使幼儿四肢和躯干灵活，动作协调。同时还能够使神经——肌肉的调节能力增强，促进血液循环和新陈代谢，加强幼儿大肌肉群的锻炼，对预防幼儿疾病以及身体的全面发展都有着非

常显著的效果。

3. 轻器械体操

在徒手体操的基础上，幼儿使用体操棍、实心球、跳绳、火棒、哑铃、花环等各种轻器械进行的身体练习，即为轻器械体操。它和徒手体操作用相同，但有着较强的趣味性，是幼儿十分喜欢的活动之一。经常进行轻器械练习，既能促使幼儿身体正常发育，又可以有效发展其力量、灵敏、协调的能力。

（二）幼儿基本体操的分类

幼儿基本体操分为以下三类：

（1）普及性幼儿基本体操。这种体操更加大众化，每个幼儿都可以参加锻炼。它的任务是增强幼儿体质，提高其健康水平和对疾病的抵抗力和免疫力，建立正确的身体姿势，掌握基本的体操动作，塑造良好的体型体态，矫正某些生理缺陷，培养良好的品德，使身体获得全面均衡的发展。

（2）提高性幼儿基本体操。这类体操根据幼儿不同年龄的生理、心理特点，考虑幼儿身体发育规律、接受能力及体力等因素后进行创编，其内容优美、风格独特，在速度、性质、方向上都有所不同，且是徒手的小联合动作，有时候也会加入一些成套动作、技巧性动作或者专门性的练习，来提高体操动作的技术性。

（3）表演性幼儿基本体操。这类体操是根据表演任务的要求和表演规程的规定而专门编排的成套动作，在参加人数、表演时间、动作编排、构思、选曲、队形变化等方面都有较高的要求，并且具有一定的难度。幼儿基本体操的表演，在很大程度上不仅反映出教师的业务水平、技术水平和组织能力，也反映了幼儿在身体素质和基本体操方面的水平。现阶段我国每年“六一”国际儿童节期间都会举行全国性的幼儿基本体操表演大会，就是以表演性幼儿基本体操为基础的。

二、幼儿基本体操的主要任务与基本特征

（一）幼儿基本体操的主要任务

我国教育部发布的《幼儿园教育纲要》中明确指出：“锻炼幼儿的身体，促进其正常发育，提高他们对自然环境的适应能力，增强其体质，发展幼儿的基本动作，使他们动作灵敏、协调，姿势正确，同时培养他们机智、勇敢、遵守纪律等优良品德和活泼开朗的性格。”这也表明了在幼儿中开展基本体操活动的根本目的和主要任务，为开展这一活动指出了明确的方向。

幼儿基本体操的主要任务是促进幼儿全面健康，同时以培养科学的思想、感情、行为、独立生活能力及传授最基本的体育知识和技能为目的，使其在学龄前接受教育的过程中获得全面发展，为未来的学习、生活、生长发育打下良好的体质和素质基础。因此，幼儿基本体操是幼儿体育教学的重要部分，通过幼儿基本体操的练习应当完成以下主要任务。

1. 通过幼儿基本体操对幼儿进行德育、美育教育

幼儿基本体操要尤其重视对幼儿思想、感情和品德的培养和教育，通过集体操练和表演，萌发幼儿的集体主义思想和荣誉感，培养幼儿的毅力和信心。通过单个动作的多次重

复练习，还可以培养幼儿的吃苦精神。

通过练习幼儿基本体操还对其美育教育起到了重要的作用。幼儿基本体操不仅动作丰富多彩、优美新颖，而且多数动作都是在音乐的伴奏下进行的，除了在体型体态方面能培养良好的气质，还能培养幼儿对音乐艺术的理解和欣赏能力。实践证明，在幼儿期进行基本体操练习，既能全面地促进幼儿身心的发展，培养其良好规范的品德行为，又可以为其今后各阶段的学习和未来的工作与生活打下坚实的思想基础。

2. 通过幼儿体操促进其身体均衡、全面的发展

在幼儿初期发育阶段，借助幼儿基本体操这一形式，通过基本体操中各种不同类型、性质、特点的动作对幼儿身体各部位进行有计划、有步骤、科学的全面练习，不但可以促进幼儿身体的均衡发展，而且在生理和心理上也可以得到健康锻炼。因此，幼儿基本体操不仅仅是完成幼儿体育教育的重要措施之一，而且还可以为幼儿一生的学习和工作打下牢固的身体基础。

3. 通过幼儿体操塑造幼儿更好的体形、体态

在进行幼儿基本体操的学习和锻炼过程中，通过对保持体型和身体姿态动作的持久练习，可以使幼儿的举止大方，柔中有刚，刚健有力，同时还可以使他们坐有坐相、站有站姿，给人以仪表端正、形态健美、气质高雅的印象。

除了可以塑造人体美之外，幼儿基本体操对身体发育上的畸形有一定的矫正作用，例如“X”形或“O”形腿、鸡胸、脊柱侧弯、驼背、肥胖等问题，都可以通过基本体操的锻炼得到相应程度的矫正和改善。

4. 通过幼儿体操传授基本的身体锻炼知识

幼儿基本体操中的很多动作都体现了人体最基本的活动能力。幼儿的各种动作都是由自然成长和教育而逐渐形成并发展的，在日常学习和锻炼的过程中，对幼儿的错误动作不断地进行纠正，使其日渐形成正确的姿态，并掌握相应的动作技能，在学习动作的同时得到了身体素质的发展。两者互相结合，就可能提高幼儿的基本活动能力。

幼儿在进行基本体操锻炼的过程中，会接收到一系列最基本的身体锻炼方法和科学知识，使幼儿从小就认识人体各部位，获得正确的运动感和方位感。从这一点上来说，幼儿基本体操是向幼儿传授身体锻炼知识行之有效的方法之一。

（二）幼儿基本体操的特点

1. 内容丰富多彩

结合幼儿不同的年龄阶段、性别、身体条件和身体素质水平，按照不同的要求及场地设备条件，幼儿基本体操可因人因地制宜。通过不同的内容和动作，实现促进健康、增强体质的目的，使幼儿的身体素质和身体机能发展到一个更高的水平。

2. 有较强的基础性

基本动作是人类最基础的活动能力，幼儿体育教育最初是从爬、走、跑、跳、做操开始的。在遵循幼儿身心发展客观规律的情况下，应当把适合幼儿接受和掌握能力的基本功、徒手体操作为重要的启蒙训练内容。在掌握一定基础之上，再通过发展幼儿的基本姿态、基本技术，使幼儿基本体操活动达到一个新的发展水平。

3. 艺术性

幼儿在进行基本体操的表演和练习时，不管是单个动作还是成套动作，都要求动作准确协调、幅度大、姿势优美，而且要在音乐的伴奏下，动作自然、和谐、优雅，还要求动作和音乐达到完美结合，给人以力与美的享受。通过音乐独特的感染力，陶冶幼儿美的情操，使他们受到审美的初级教育，同时充分展现出幼儿基本体操富有的艺术魅力。

4. 动作规范、表演整体

幼儿基本体操分类不同，对于幼儿的要求也不尽相同。例如一般性幼儿基本体操主要是借助锻炼增强体质，而表演性幼儿基本体操则更强调表演整体化和动作规范化，因为它首先是集体表演项目。多名幼儿组成统一的整体，通过艺术的表现和基本体操相结合，形成整体的表演风格，它要求幼儿整体意识强，个人服从集体。另外，还要求动作规范化。因为在一套表演性幼儿基本体操中，包含多个规定动作，每个动作都有它的技术规格和动作质量要求。一旦出现技术和姿态错误，就会按照相应的规则条文的规定进行扣分。因此，动作要想高质量、高标准的完成，规范化是基础中的基础。

三、幼儿基本体操的发展概况

由于我国竞技体操发展的迫切需要，在20世纪70年代后期，陕西、四川、湖南、广西等省（区）的体操工作者先后创建了范围、规模不一的幼儿基本体操教师学习班、幼儿体操班等，北京也曾连续若干年搞过幼儿基本体操的表演和比赛。但可惜的是，当时的基本体操所包含的动作难度较大，且在不断的竞争下，过分追求竞技体操的练习，导致这类活动逐渐背离幼儿的身心发展健康方向，因此逐渐失去了群众性，戛然而止。

在1989年，北京的一批老体操工作者总结了全国各地幼儿基本体操的经验和教训，重新创办了幼儿基本体操教师学习班，深入幼儿园开展这项活动，不断摸索经验，在1990年“六一”儿童节成功举办了北京市幼儿基本体操比赛。在比赛之后，他们及时总结经验，并提出了举办全国幼儿基本体操表演大会的设想，这一想法得到了全国体操界的热烈响应。“走向2000年全国幼儿基本体操表演”于1991年“六一”儿童节期间在北京成功举办。

1991年后，在中国体操协会和中国关心下一代工作委员会基本体操促进会的组织下，北京市、上海市和行业系统幼儿园，以及云南、黑龙江（哈尔滨）、吉林（图们）、辽宁、内蒙古、山东、河南、浙江、湖南、四川、贵州、广西等15个省市和自治区都积极参加了全国幼儿基本体操表演，且每年参加的队和参加人数不断增加。到目前为止，已经举办了29届全国性的幼儿基本体操大会，超过3万名小朋友参加大会表演。幼儿基本体操大会的表演，不但推动了全国幼儿基本体操的发展，同时也促进了幼儿教育事业的发展，使幼儿教育在贯彻“体”的教育方面，获得了比较科学而完善的内容。

随着幼儿基本体操活动的深入发展，它得到了社会各界多方面的理解和支持，并在1995年7月组建了“中国幼儿基本体操代表团”远赴柏林参加第十届“世界大众体操节”，其精彩表演得到了世界各国的高度评价。自此，幼儿基本体操走向世界，在之后访问的许多国家中受到了热烈欢迎。现阶段，许多幼儿园已经把幼儿基本体操纳入正规的教学和业余活动内容，这不仅对促进幼儿的身体健康发展有着重要的意义和价值，而且能赋予幼儿基本体操无限的生命力，使其长久地发展下去。

第二节 徒手操

幼儿徒手操是指手中不拿任何器械的体操。其涵盖的内容也非常丰富，主要包括小动物模仿操，幼儿礼仪操、幼儿形体姿态操等不同形式的体操。

一、小动物模仿体操

小动物模仿操需要教师运用生动形象的语言来对幼儿进行引导，结合有韵律的儿歌，让幼儿通过下肢蹦跳、小跑以及上肢的屈伸、摆动等身体动作，形象地模仿各种小动物活泼有趣的动作。这种体操对提高幼儿身体的协调性、节奏感和表现力非常有效，同时发展其运动能力，和幼儿活泼可爱的天性相适应，为幼儿运动增添了不少乐趣的同时，还可以使幼儿对于所模仿的动物特征有比较浅显的了解，同时加强语其语言表达的能力。

教师在进行小动物模仿体操的教学时，要注意以下几点：

（1）可通过语言和情景引导幼儿积极展开想象，并用生动形象的示范动作带领幼儿模仿小鸟、小鸭、小猫、小猴子、小青蛙等，提示幼儿做动作要像小动物那样轻巧、活泼、可爱，激发幼儿的想象力，提高他们做操的兴趣。小动物模仿操中，儿歌的速度、节奏、语调等应当随着模仿动作的改变而做出相应的调整和变化。

（2）引导幼儿做模仿动作时，鼓励他们自由模仿目标对象的动作或形态，不必拘泥于某一种固定的版本，不要求一定要整齐划一，充分启发幼儿想象力。

（3）语言、示范动作应当尽可能地生动形象，带有一定的操化特征，很好地体现出动作的节奏、力度、幅度和身体各部位的协调配合。

（4）在学习和练操的过程中要多组织幼儿分组表演，在观赏、评价的同时给予积极的鼓励。幼儿园如果具备一定的条件，也可以组织幼儿对着镜子做操，使其充分了解动作，巩固正确的动作概念。同时也有利于满足幼儿的表现需要，发展他们的观察力、表现力以及评价能力。

（5）基本动作熟练掌握以后，可以组织幼儿改变动作的方向、角度和形式，也可以做一些简单的队形变化，以满足幼儿求新求变、好学好动的特点，培养他们的创新能力。

（6）在进行动物模仿体操时，音乐或者儿歌不应该一成不变，要根据当下所练习的体操内容以及所表达的情景来选择相匹配的音乐，尽量做到与模仿的动作和谐一致，选择活泼、欢快、俏皮而富有动感的儿童乐曲。

接下来对常见的几种动物模仿操作大致讲解。

（一）小鸟飞（8拍×2）

（1）预备姿势：直立，如图7-1(a)所示。

（2）第一个八拍：

1）①：两臂侧平举，手腕往下压，先做两次“小波浪”两次，如图7-1(b)所示。

2）②：两臂侧平举，手腕往上提，两次“小波浪”动作落下，如图7-1(c)所示。

3）③：同①。

4）④：同②。

5）⑤~⑥：两臂上举，手背贴手背，如图7-1(d)所示。

6）⑦~⑧：还原成预备姿势，如图7-1(e)所示。

第二个八拍重复第一个八拍的动作。

(a)　预备　　(b)　①③　　(c)　②④

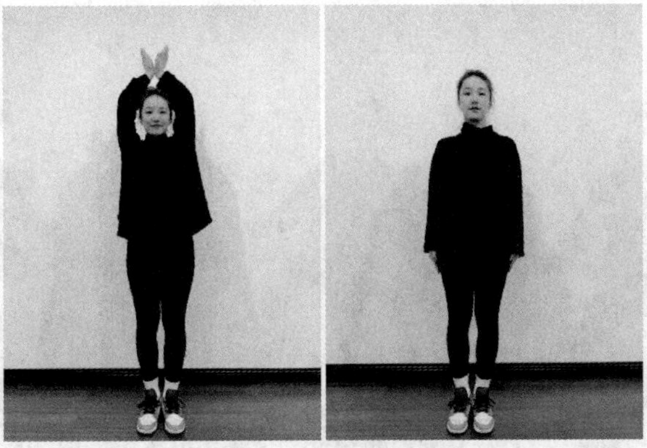

(d)　⑤~⑥　　(e)　⑦~⑧

图7-1　小鸟飞模仿操

（二）小鸭走路（8拍×2）

（1）预备姿势：直立，如图7-2(a)所示。

（2）第一个八拍：

1）①：两脚开立，半蹲，左脚向前迈出一步后半蹲，两臂伸直于体侧，掌心向下，手指向侧边展开，如图7-2(b)所示。

2）②：同①，右脚向前迈出一步，像小鸭子走路一样，如图7-2(c)所示。

3）③：同①。

4）④：同②。

5）⑤：两脚分开站立，半蹲，两手臂伸直于身体两侧，掌心向下，手指向侧，向左平移，先迈出左脚，如图7-2(d)所示。

6）⑥：左脚离开地面，身体向右倾斜，如图7-2(e)所示。

7）⑦：和⑤一样，不同的是向右平移。

8）⑧：同⑥，右脚离开地面，身体向左倾斜，如图 7-2(f)所示。

（3）第二个八拍：和第一个八拍的动作相同，但方向相反。

(a) 预备　(b) ①③　(c) ②④

(d) ⑤⑦　(e) ⑥　(f) ⑧

图 7-2　小鸭走路模仿操

（三）小猫咪（8 拍×2）

（1）预备姿势：直立，如图 7-3(a)所示。

（2）第一个八拍：

1）①：左脚跟侧点地，胯向右顶，两手五指张开相对在嘴前，掌心向内，同时向左、右两侧分开，作猫胡须状，身体跟随手的动作向左后振一次，如图 7-3(b)所示。

2）②：直立，两手五指张开相对在嘴前，掌心向内，如图 7-3(c)所示。

3）③：同①，但方向相反，如图 7-3(d)所示。

4）④：同②，如图 7-3(e)所示。

5）⑤～⑥：半蹲向身体左侧跳出一步，同时手臂重复①的动作，如图 7-3(f)所示。

6）⑦～⑧：同⑤～⑥，但方向相反，如图 7-3(g)所示。

（3）第二个八拍：和第一个八拍的动作相同，但方向相反。

(a) 预备　(b) ①　(c) ②

(d) ③　(e) ④　(f) ⑤~⑥　(g) ⑦~⑧

图 7-3 小猫咪模仿操

（四）小猴子（8 拍 ×2）

（1）预备姿势：直立，如图 7-4(a)所示。

（2）第一个八拍：

1）①～②：重心移到左脚上，右脚向侧边展开，脚尖点地，左手在额前做望远状，上体往前倾斜，右手可以随意摆放姿势，如图 7-4(b)所示。

2）③～④：和①～②的动作一致，但方向相反，如图 7-4(c)所示。

3）⑤～⑥：右腿屈膝向左伸出，绷脚，左手屈肘放在头部右侧，小臂略内旋，放在额前做望远状，上体向左侧扭腰，如图 7-4(d)所示。

(a) 预备　(b) ①~②　(c) ③~④

(d)　⑤～⑥　　　　(e)　⑦～⑧

图 7-4　小猴子模拟操

4）⑦～⑧：和⑤～⑥的动作一致，但方向相反，如图 7-4(e)所示。

（3）第二个八拍：和第一个八拍的动作相同，但方向相反。

（五）小青蛙（8 拍 ×2）

（1）预备姿势：直立，如图 7-5(a)所示。

（2）第一个八拍：

(a)　预备　　　　(b)　①　　　　(c)　②

(d)　③　　　　(e)　④　　　　(f)　⑤

(g) ⑥　　(h) ⑦　　(i) ⑧

图7-5 小青蛙模仿操

1）①：重心移到左脚，右脚向侧边展开，脚尖点地，两臂肩侧屈，使小臂和大臂形成90°的直角，掌心向前，拇指张开，如图7-5(b)所示。

2）②：两脚分开站立，半蹲，两臂肩侧屈，使小臂与大臂成90°，握紧拳头，如图7-5(c)所示。

3）③：同①，但方向相反，如图7-5(d)所示。

4）④：同②，如图7-5(e)所示。

5）⑤：两脚开立，半蹲，两手胸前击掌一次，如图7-5(f)所示。

6）⑥：两脚开立，半蹲，重心移到左脚，抬起右脚，两臂肩侧屈，使小臂与大臂成90°，掌心向前，拇指张开，如图7-5(g)所示。

7）⑦：同⑤，如图7-5(f)所示。

8）⑧：同⑥，但方向相反，如图7-5(i)所示。

(3) 第二个八拍：和第一个八拍的动作相同，但方向相反。

二、礼仪操

在日常的基本体操教学中，加入礼仪操课程，能够使幼儿更加懂礼貌、讲礼仪。礼仪操一般动作简单易学，姿势优美，可以让幼儿在唱歌、学习礼仪的同时感受到美的熏陶，同时通过合适的动作把礼仪歌曲的内容准确表现出来，使幼儿理解礼仪的确切含义。这里讲述的礼仪操含八节内容，动作示范如下。

(一) 第一节 (8 拍×2)

(1) 预备姿势：直立，如图7-6(a)所示。

(2) 第一个八拍：

1）①~⑦：左脚先开始，原地踏步8个，两臂前后自然摆动，如图7-6(b)所示。

2）⑧：还原成直立，如图7-6(c)所示。

(3) 第二个八拍：

1）①：抬起脚后跟一次，同时向左转，双手叉腰，如图7-7(a)所示。

2）②：落踵，身体向前，双手叉腰，如图7-7(b)所示。

所示。

(a) 预备　(b) ①~⑦　(c) ⑧

图 7-6　礼仪操第一节 1

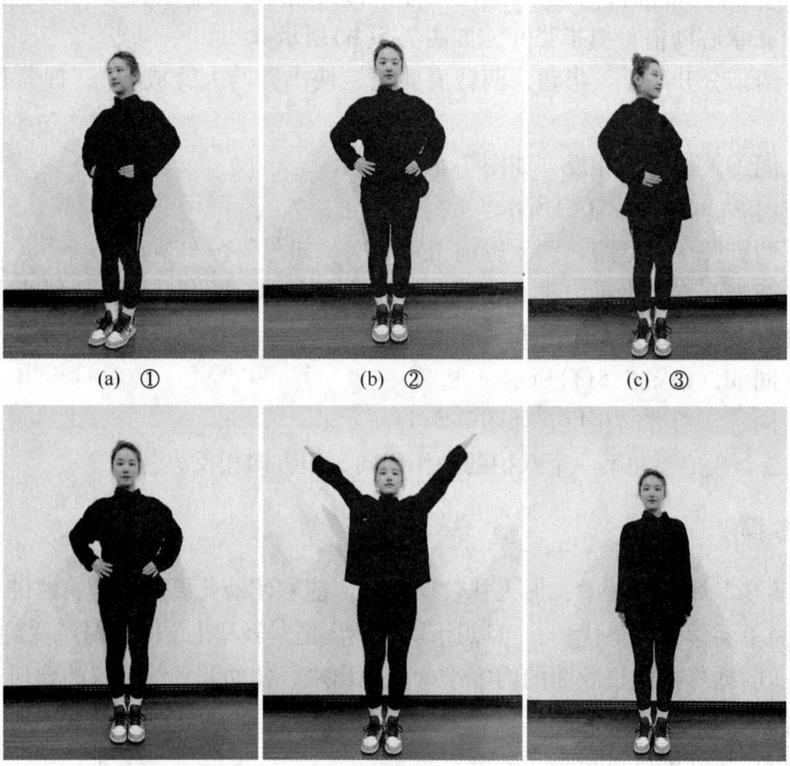

(a) ①　(b) ②　(c) ③

(d) ④　(e) ⑤~⑥　(f) ⑦~⑧

图 7-7　礼仪操第一节 2

3）③：和①相同，但动作相反，如图 7-7(c)所示。

4）④：和②相同，如图 7-7(d)所示。

5）⑤~⑥：提踵，同时两臂从旁边向上成侧上举，掌心相对，如图 7-7(e)所示。

6）⑦~⑧：两手向外翻手腕，两臂经身体两侧落下，还原到预备姿态，如图 7-7(f)所示。

（二）第二节（8 拍×2）

（1）预备姿势：直立。

（2）第一个八拍与第二个八拍：与第一节相同，但方向相反。

（三）第三节（8 拍×2）

预备姿势：直立，如图 7-8(a)所示。

（1）第一个八拍：

1）①~②：上体向左转并半蹲，两臂肩侧举，五指收拢触于肩两侧，如图 7-8(b)所示。

2）③~④：和①~②相同，但方向相反，如图 7-8(c)所示。

3）⑤~⑥：右腿稍微屈膝，左腿向一侧伸出，脚跟点地，同时两臂肩侧举，五指并拢，目视前方，如图 7-8(d)所示。

4）⑦：和⑤~⑥相同，但方向相反，如图 7-8(e)所示。

5）⑧：还原，如图 7-8(f)所示。

（2）第二个八拍：和第一个八拍动作相同，但方向相反。

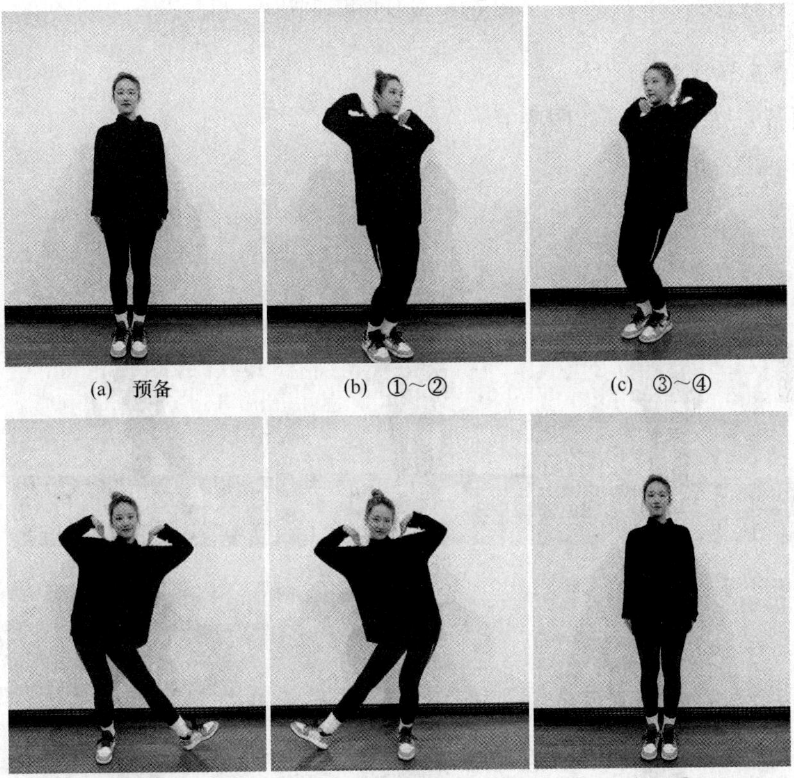

(a) 预备　(b) ①~②　(c) ③~④　(d) ⑤~⑥　(e) ⑦　(f) ⑧

图 7-8　礼仪操第三节

（四）第四节（8 拍×2）

（1）预备姿势：直立，如图 7-9(a)所示。

（2）第一个八拍：

1）①～④：两臂往前举反掌至侧平举，掌心向上，如图7-9(b)所示。

2）⑤～⑥：两臂经体侧屈肘，从胸前推至前举，同时握拳竖起拇指，屈膝半蹲，如图7-9(c)所示。

3）⑦～⑧：还原，如图7-9(d)所示。

（3）第二个八拍：和第一个八拍动作相同，但出脚方向相反。

(a) 预备　(b) ①～④　(c) ⑤～⑥　(c) ⑦～⑧

图7-9 礼仪操第四节

（五）第五节（8拍×2）

（1）预备姿势：直立，如图7-10(a)所示。

（2）第一个八拍：

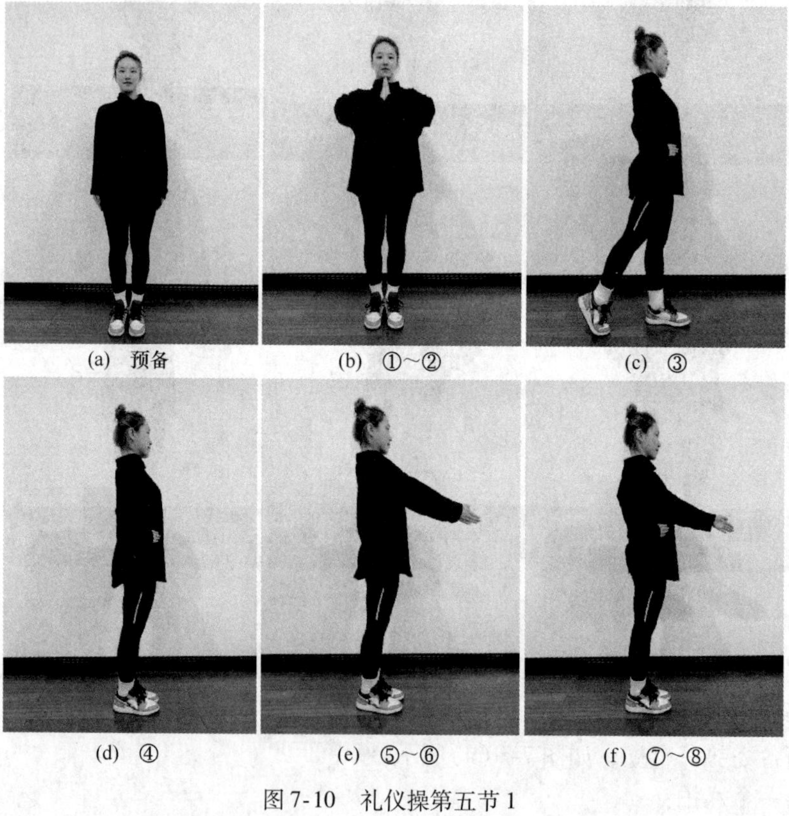

(a) 预备　(b) ①～②　(c) ③

(d) ④　(e) ⑤～⑥　(f) ⑦～⑧

图7-10 礼仪操第五节1

1）①~②：胸前击掌两次，如图 7-10(b)所示。

2）③：双手叉腰，迈出左脚并向左转 90°，如果有两个人，则其中一人向右转，如图 7-10(c)所示。

3）④：收脚，如图 7-10(d)所示。

4）⑤~⑥：握右手，上下抖动两次，如图 7-10(e)所示。

5）⑦~⑧：同⑤~⑥，换手抖一次，如图 7-10(f)所示。

（3）第二个八拍：

1）①~②：右手从身前抬至肩侧屈，使小臂与大臂形成 90°的直角，掌心向前，四指并拢，拇指张开，左右晃动两次，如图 7-11(a)所示。

2）③~④：与①~②相同，方向相反，如图 7-11(b)所示。

3）⑤~⑥：迈出右脚并向右转 90°，如图 7-11(c)所示。

4）⑦：收左脚，如图 7-11(d)所示。

5）⑧：手放于身体两侧，如图 7-11(e)所示。

(a) ①～② (b) ③～④

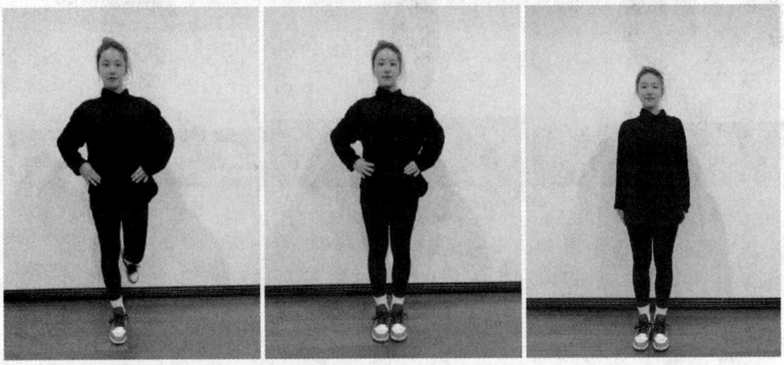

(c) ⑤～⑥ (d) ⑦ (e) ⑧

图 7-11 礼仪操第五节 2

（六）第六节（8 拍×2）

与第五节的动作相同，但方向相反。

（七）第七节（8 拍×2）

(1) 预备姿势：直立，如图 7-12(a)所示。

（2）第一个八拍：

1）①：抬起左腿，形成90°的直角，手自然摆动，如图7-12(b)所示。

2）②：和①相同，但方向相反，如图7-12(c)所示。

3）③：和①相同。

4）④：和②相同。

5）⑤~⑥：双手从胸前伸出到身体左侧，掌心向上，同时屈膝半蹲，如图7-12(d)所示。

6）⑦~⑧：还原，如图7-12(e)所示。

（3）第二个八拍：和第一个八拍动作相同，但方向相反。

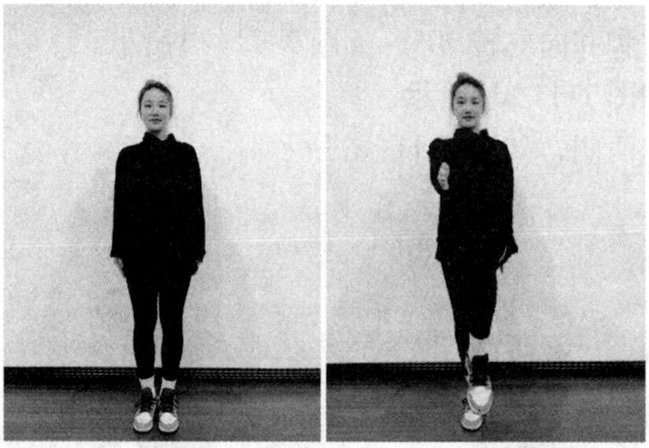

(a) 预备　(b) ①③

(c) ②④　(d) ⑤～⑥　(e) ⑦～⑧

图7-12 礼仪操第七节

（八）第八节（8拍×2）

（1）预备姿势：直立，如图7-13(a)所示。

（2）第一个八拍：

1）①~②：左腿向旁打开一步，重心移向左腿，左手叉腰，右手从肩前握拳向上方推出，五指扩指张开，头向左倾斜，如图7-13(b)所示。

2）③~④：半蹲起，和①~②动作相同，但方向相反，如图7-13(c)所示。

3）⑤：右脚撤回到左脚的后方，屈膝半蹲，双手放在身体两侧，掌心向下，头向左倾斜，如图7-13(d)所示。

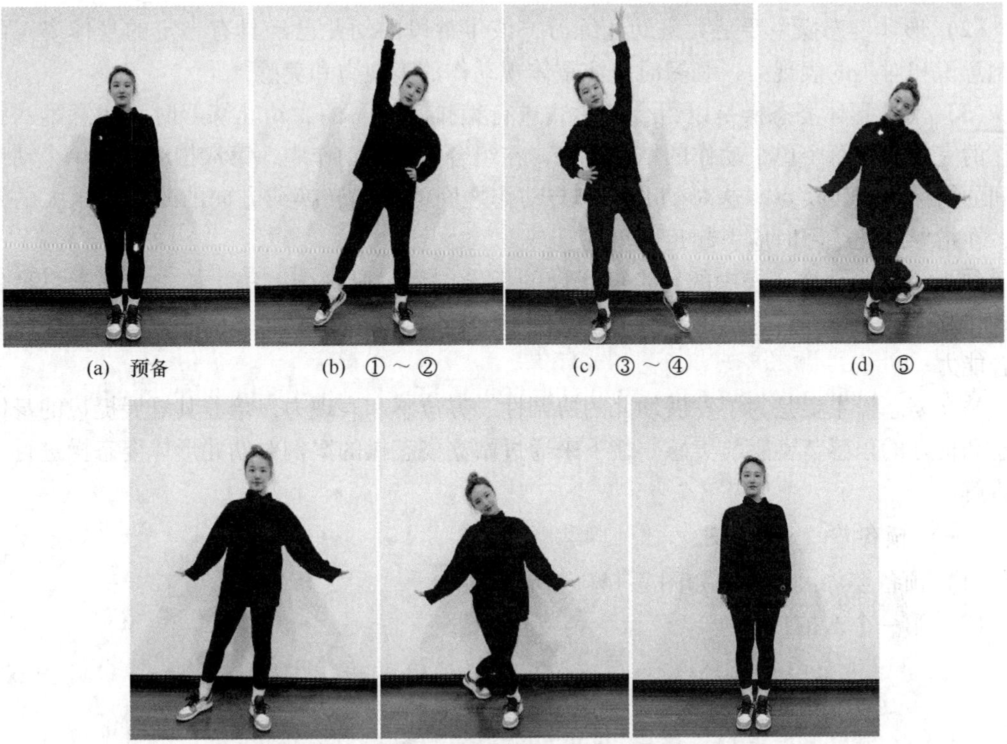

(a) 预备 (b) ①～② (c) ③～④ (d) ⑤

(e) ⑥ (f) ⑦ (g) ⑧

图7-13 礼仪操第八节

4）⑥：右脚还原至两脚开立，双手放于旁侧位，如图7-13(e)所示。

5）⑦：和⑤的动作相同，但方向相反，如图7-13(f)所示。

6）⑧：还原至预备动作，如图7-13(g)所示。

(3) 第二个八拍：和第一个八拍的动作相同，但方向相反。

三、幼儿形体姿态操

幼儿通过练习形体姿态操既能进行形体的锻炼和健身，同时也能接受相应的美育教育。形体姿态操的动作规范、舒展、优美，通过舞蹈和艺术体操的基本内容，让幼儿在音乐的伴奏下，进行各种舒展身体的、有控制性的站立和行走练习。其主要目的是培养幼儿正确优美的身体姿势。因此，姿态操对站立的姿态、臂形、手形和腿形等各个身体部位的“形态”控制和要求更加规范。幼儿身体各部位形态的基本要求如下：

(1) 基本站立姿态要求：两腿伸直并拢，臀部夹紧，收腹、立腰，展胸、沉肩，稍微抬头，两臂放于体侧，掌心向内。

(2) 手形和臂形要求：手指并拢拇指与中指稍向内收并相对，手臂形成圆润的弧线。

(3) 腿形要求：脚面、膝盖绷直并稍向外展。

在开展幼儿形体姿态操的教学过程中，应当注意以下几个方面：

(1) 注意对幼儿身体姿态、手形、臂形等各个部位的控制，形成良好的姿态和表现习惯。教师讲解简练，示范准确优美，对幼儿具有吸引力。

（2）形体姿态操主要是大班幼儿练习，该年龄段的幼儿已经具有一定的身体姿态的控制意识和对美的表现力，练习时应注重体现动作的表现力和美感。

（3）幼儿形体姿态操是以组合的形式进行编排和练习的。幼儿练习时，注意第八拍动作的完成，即每个单个动作的结束姿势。在组合或成套动作中，第八拍动作是单个动作之间的衔接点或转换点，这对幼儿动作与动作之间的正确转换或方向的改变有很大的意义，在指导幼儿练习时应引起足够重视。

（4）幼儿形体姿态操中的行走姿态操的指导应注意应用分解法。如先分别学习足尖步动作和上肢动作，再进行上下肢的配合练习，有助于提高幼儿练习的有效性和上下肢的配合能力。

站立姿态操主要是为了发展幼儿的协调性、方位感和表现力，培养其舒展挺拔的身体姿态和良好的乐感节奏感与美感。接下来通过站立姿态操的案例对幼儿形体姿态操进行大致讲解。

（一）预备节（8 拍×2）

（1）预备姿势：直立，如图 7-14(a)所示。

（2）第一个八拍：

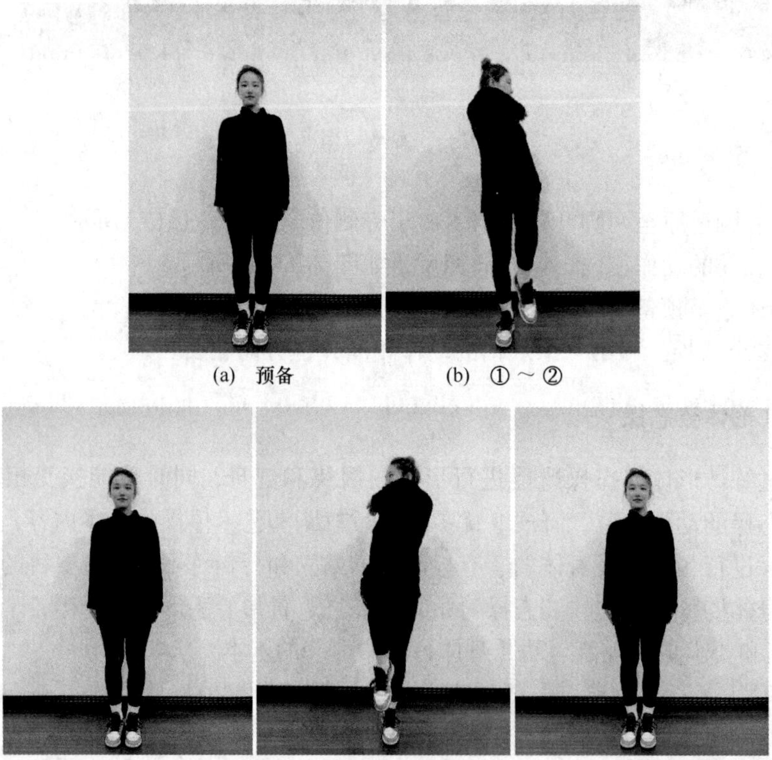

(a) 预备　(b) ①～②

(c) ③～④　(d) ⑤～⑥　(e) ⑦～⑧

图 7-14　预备节 1

1）①~②：左腿后屈，左臂侧平举，掌心向下，右臂体前屈，掌心向下，同时身体向左转身90°，如图7-14(b)所示。

2）③~④：还原成直立，如图7-14(c)所示。

3）⑤~⑥：和①~②动作相同，但方向相反，如图7-14(d)所示。

4）⑦~⑧：和③~④动作相同，如图7-14(e)所示。

（3）第二个八拍（图7-15）：

1）①~②：左脚向前一步，同时两臂经前至上举，注意掌心相对，如图7-15(a)所示。

2）③~④：两臂向内绕环，交叉至上举，注意掌心相对，如图7-15(b)所示。

3）⑤~⑥：左腿还原，屈膝下蹲，两臂同时下拉至肩侧屈，注意握拳，拳心向内，如图7-15(c)所示。

4）⑦~⑧：还原成直立，如图7-15(d)所示。

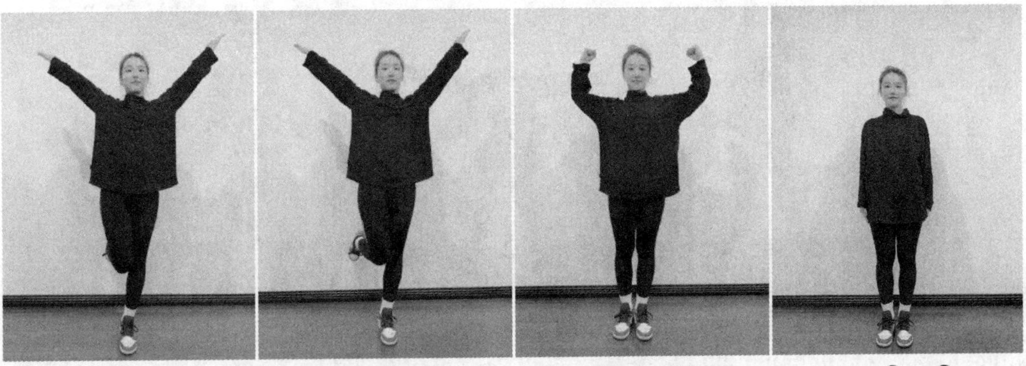

(a)　①～②　(b)　③～④　(c)　⑤～⑥　(d)　⑦～⑧

图7-15　预备节2

（二）第一节：上肢练习（8拍×2）

（1）第一个八拍：

1）①~②：左脚向侧一步站立，注意两脚宽度稍大于肩宽，同时两臂侧平举，如图7-16(a)所示。

2）③~④：收左腿半蹲，两手胸前击掌，如图7-16(b)所示。

3）⑤~⑥：脚下重复①~②的动作，两手经体前上举击掌，如图7-16(c)所示。

4）⑦：和①~②拍的动作相同，如图7-16(d)所示。

5）⑧：还原成直立，如图7-16(e)所示。

（2）第二个八拍：

1）①~②：左脚向侧一步成开立，注意两脚宽度稍大于肩宽，同时两臂侧平举，如图7-17(a)所示。

2）③~④：双手五指张开，手腕交叉放于头顶，注意掌心向外，双脚开立，如图7-17(b)所示。

3）⑤~⑥：双手五指张开，下落至大腿前，此时掌心向内，如图7-17(c)所示。

4）⑦~⑧：还原成直立，如图7-17(d)所示。

(a) ①～② (b) ③～④

(c) ⑤～⑥ (d) ⑦ (e) ⑧

图 7-16 上肢练习 1

(a) ①～② (b) ③～④ (c) ⑤～⑥ (d) ⑦～⑧

图 7-17 上肢练习 2

（三）第二节：四肢运动（8 拍×2）

（1）第一个八拍：

1）①：左脚向前一步成右脚尖后点地，同时两臂上举，注意掌心向前，如图 7-18(a)所示。

2）②：右脚向前踢，注意伸直膝盖，绷紧脚尖，同时两臂经前成前平举，掌心向下，如图 7-18(b)所示。

3）③：和①的动作相同，如图 7-18(c)所示。

4）④：还原成直立，如图 7-18(d)所示。

5）⑤~⑥：两腿屈，同时双手叉腰，头向左转动 90°，如图 7-18(e)所示。

6）⑦~⑧：还原成直立，如图 7-18(f)所示。

(a) ①　　(b) ②　　(c) ③

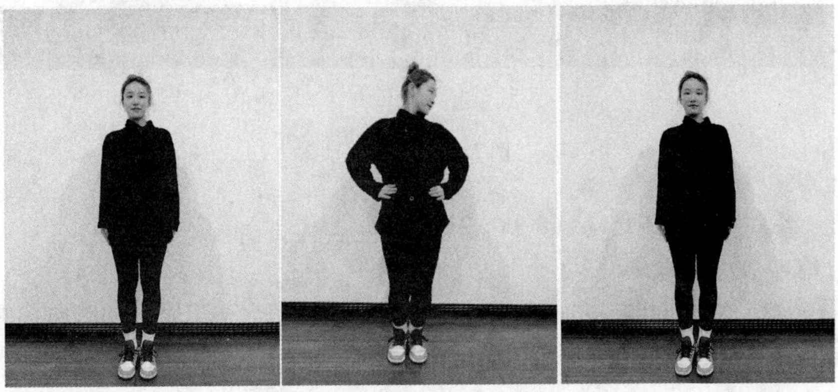

(d) ④　　(e) ⑤～⑥　　(f) ⑦～⑧

图 7-18　四肢运动 1

（2）第二个八拍：

1）①：右臂平屈于体前，左臂侧平举，双手握拳，注意拳心向下。左脚向前迈出一步，脚跟着地，同时右腿微屈，如图 7-19(a)所示。

2）②：还原成直立姿势，如图 7-19(b)所示。

3）③~④：和①~②动作相同，但方向相反，如图 7-19(c)、(d)所示。

4）⑤~⑥：左手握拳上举，右手叉腰，目视右下方，如图 7-19(e)所示。

5）⑦~⑧：还原成预备姿势，如图 7-19(f)所示。

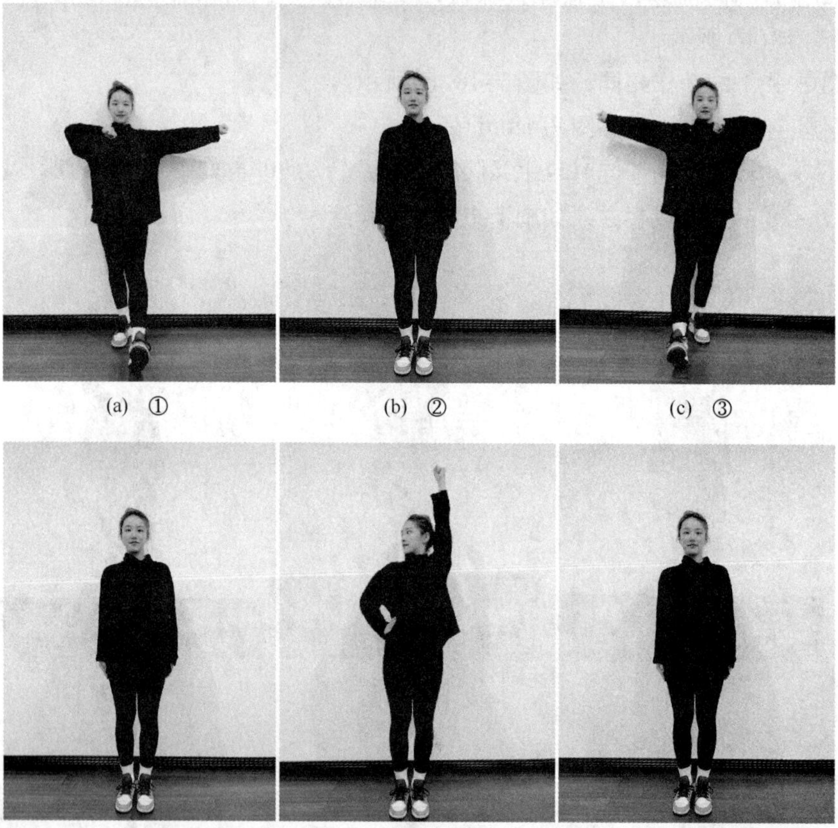

(a) ①　(b) ②　(c) ③

(d) ④　(e) ⑤～⑥　(f) ⑦～⑧

图 7-19　四肢运动 2

（四）第三节：踢腿运动（8 拍×2）

（1）第一个八拍：

1）①~②：左脚向侧一步成开立，注意两脚宽度稍大于肩宽，同时两臂侧平举，注意掌心向下，如图 7-20(a)所示。

(a) ①～②　(b) ③～④　(c) ⑤～⑥　(d) ⑦～⑧

图 7-20　踢腿运动 1

2）③~④：重心移向右腿，左腿后屈，同时左臂上举，掌心向内，右手碰触左脚跟，目视右手方向，如图7-20(b)所示。

3）⑤~⑥：左脚落下，绷直脚尖、伸直膝盖向右踢右腿，如图7-20(c)所示。

4）⑦~⑧：还原成立正姿势，如图7-20(d)所示。

（2）第二个八拍：

1）①~②：左脚向侧一步成开立，注意两脚宽度稍大于肩宽，同时两臂侧平举，注意掌心向下，如图7-21(a)所示。

2）③~④：在①~②的基础上，左脚向前踢出，同时注意绷脚，伸直膝盖，如图7-21(b)所示。

3）⑤~⑥：左手上举，注意掌心向内，右手叉腰，右脚收至左腿的膝盖处，如图7-21(c)所示。

4）⑦~⑧：还原成直立姿势，如图7-21(d)所示。

(a) ①～② (b) ③～④ (c) ⑤～⑥ (d) ⑦～⑧

图7-21 踢腿运动2

（五）第四节：体侧屈（8拍×2）

（1）第一个八拍：

1）①~②：左脚向侧一步成开立，注意两脚宽度稍大于肩宽，同时两臂侧平举，如图7-22(a)所示。

2）③~④：左手上举，注意掌心向内，右手叉腰，身体右倾，如图7-22(b)所示。

3）⑤~⑥：左手侧平举，右手点肩，眼看向左手，如图7-22(c)所示。

4）⑦~⑧：还原成直立姿势，如图7-22(d)所示。

（2）第二个八拍：

1）①~②：左脚向侧一步成开立，注意两脚宽度稍大于肩宽，右手上举，掌心向内，左手叉腰，身体向左倾斜，如图7-23(a)所示。

2）③~④：和①~②动作相同，如图7-23(a)所示。

3）⑤~⑥：双手打开，两臂侧平举，掌心向下，如图7-23(b)所示。

4）⑦~⑧：还原成直立姿势，如图7-23(c)所示。

(a) ①～②　(b) ③～④　(c) ⑤～⑥　(d) ⑦～⑧

图 7-22 侧体屈 1

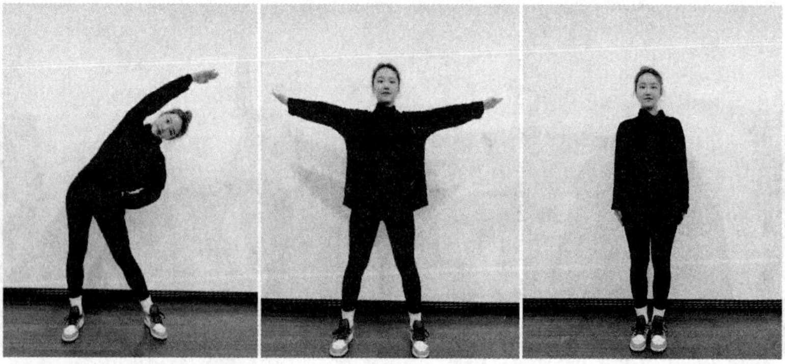

(a) ①～②，③～④　(b) ⑤～⑥　(c) ⑦～⑧

图 7-23 侧体屈 2

（六）第五节：体转（8 拍×2）

（1）第一个八拍：

1）①~②：左脚向侧一步成开立，注意两脚宽度稍大于肩宽，双手叉腰，如图 7-24(a)所示。

2）③：身体向左侧微转，右臂伸出向左侧，掌心朝上，眼看左手，如图 7-24(b)所示。

3）④：身体向右侧转动 90°，左臂平屈放在胸前，右臂侧平举，注意左手的掌心朝下，右手的掌心向上，眼看右手，如图 7-24(c)所示。

4）⑤~⑥：双腿收成直立，双臂向上举打开成 90°，掌心相对，如图 7-24(d)所示。

5）⑦~⑧：还原成直立姿势，如图 7-24(e)所示。

（2）第二个八拍：

1）①~②：两手叉腰，做提踵动作，身体稍微向右侧旋转，眼看右侧，如图 7-25(a)所示。

2）③~④：两手叉腰，落踵，如图 7-25(b)所示。

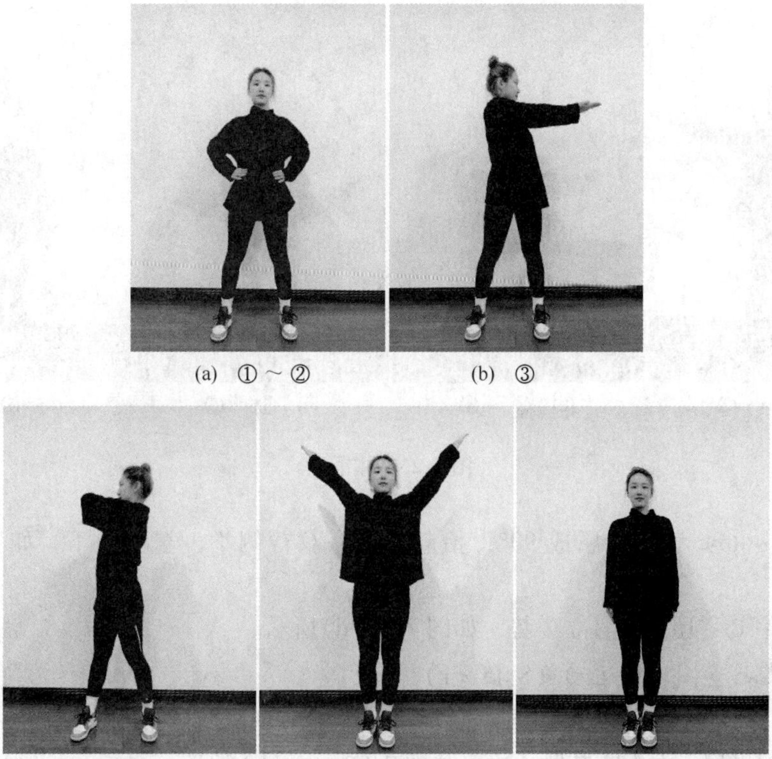

(a)　①～②　(b)　③

(c)　④　(d)　⑤～⑥　(e)　⑦～⑧

图 7-24　体转 1

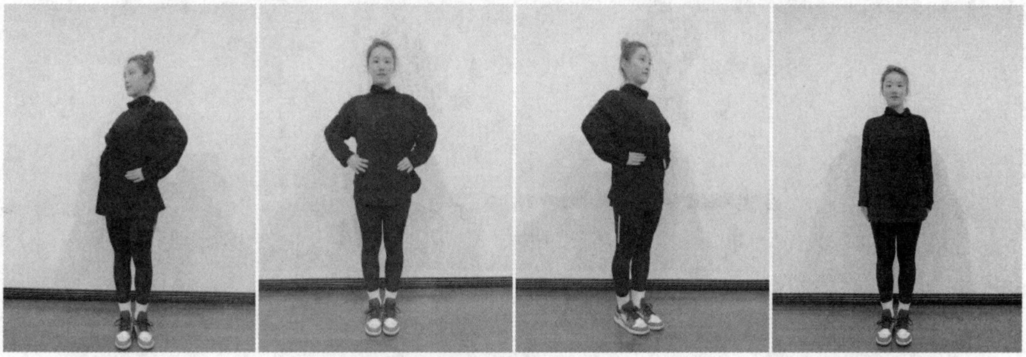

(a)　①～②　(b)　③～④　(c)　⑤～⑥　(d)　⑦～⑧

图 7-25　体转 2

3）⑤~⑥：和①~②的动作相同，但是方向相反，如图 7-25(c)所示。

4）⑦~⑧：还原成直立姿势，如图 7-25(d)所示。

（七）第六节：体前屈（8 拍 ×1）

（1）①~②：左脚向侧一步跨出，注意两脚宽度稍大于肩宽，同时两臂侧平举，掌心向下，如图 7-26(a)所示。

（2）③~④：体前屈左手上举，右手找左脚，如图 7-26(b)所示。

(a) ①～②　(b) ③～④　(c) ⑤～⑥　(d) ⑦～⑧

图7-26　体前屈

（3）⑤~⑥：身体前屈成90°，抬起头部，双臂侧举，掌心向下，如图7-26(c)所示。

（4）⑦~⑧：还原成直立姿势，如图7-26(d)所示。

（八）第七节：跳跃运动（8拍×1）

（1）①~④：右手握拳置于肩前，左手握拳垂于身体两侧，左脚向前跨出一步，脚跟着地，右腿微屈。左右交替跳4次，如图7-27(a)、(b)所示。

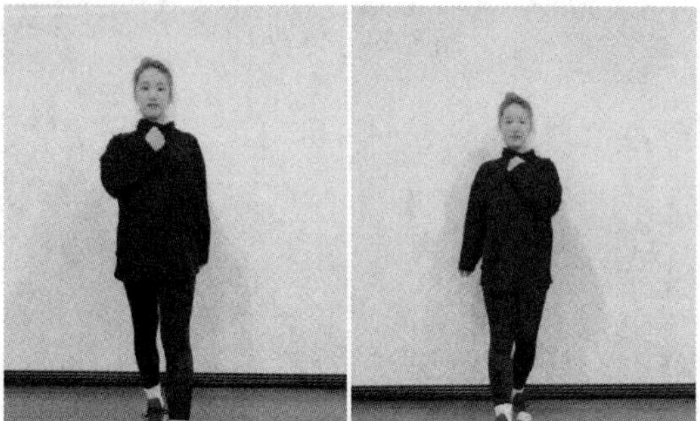

(a) ①～②　(b) ③～④

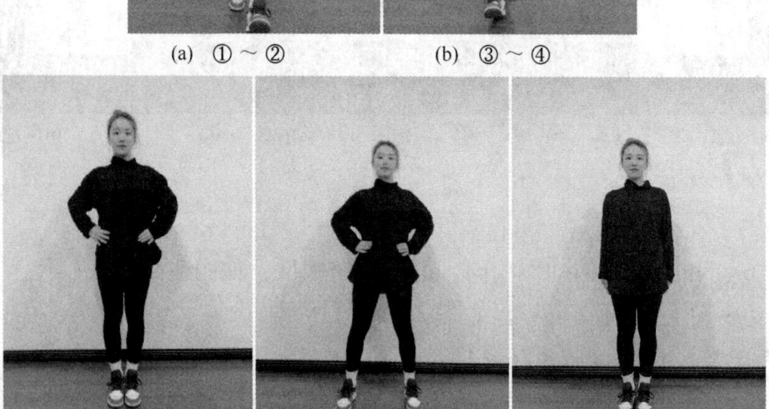

(c) ⑤～⑥　(d) ⑦　(e) ⑧

图7-27　跳跃运动

（2）⑤~⑥：两手叉腰，向上跳两次，如图7-27(c)所示。

（3）⑦：双脚跳开，如图7-27(d)所示

（4）⑧：还原成直立姿势，如图7-27(e)所示。

（九）第八节：整理运动（8拍×2）

（1）第一个八拍：

1）①~②：双手由下向上撩至上举，提腕，掌心向下。身体转向右侧，重心放在右脚上，左脚尖点地，眼看右侧，如图7-28(a)所示。

2）③~④：还原成直立姿势，如图7-28(b)所示。

3）⑤~⑧：同①~④，但方向相反，如图7-28(c)、(d)所示。

(a) ①～②　(b) ③～④　(c) ⑤～⑥　(d) ⑦～⑧

图7-28　整理运动1

（2）第二个八拍：

1）①~④：双手由下至上撩至上举，掌心相对，如图7-29(a)所示。

2）⑤~⑧：还原成立正姿势，如图7-29(b)所示。

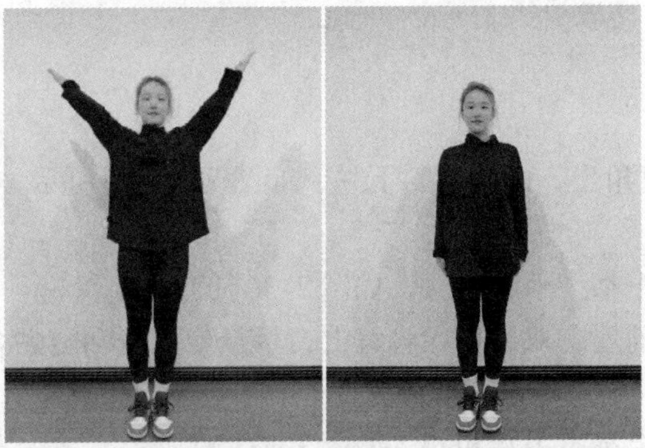

(a) ①～④　(b) ⑤～⑧

图7-29　整理运动2

第三节 轻器械操

幼儿在徒手体操的基础上，选择安全、合适的应用器械而所完成的体操练习，即为我们所说的轻器械操。幼儿轻器械体操可供选择的器械种类很多，练习的形式也丰富多样。常见的幼儿轻器械体操有垫上操、圈操、花环操、沙锤操、纱巾操等。由于各种轻器械在大小、轻重、软硬、形状和性能等方面都有着较为明显的差异，因此在开展轻器械操的课程时，要根据相应的特点来进行动作的创编和练习。

在实际练习幼儿轻器械体操的过程中，除了以上提到的各种专门为幼儿体育活动设计的轻器械外，教师也可以自己动手，合理利用生活中的一些小物品（如易拉罐等）来制作体操所用的小器械。同时也可以带领或鼓励幼儿自己动手制作。看着这些日常生活中非常熟悉的东西通过自身的劳动，突然间变成了可供自己做操的“小伙伴”，会激发幼儿的好奇心，客观上提高了做操的兴趣。但需要强调的是，自制的体操用小器械必须要质量高、性能好、安全可靠、美观实用，同时要做好器械的卫生清洁工作。由于做操时需要手持器械来完成一定的动作，体操的难度有所增加，因此一般轻器械体操适合在大班幼儿中开展。

在进行轻器械操的教学工作时，要注意以下几个方面：

（1）在学习轻器械体操成套动作之前，教师要先介绍各种器械的特性，并指导幼儿掌握持轻器械的方法与基本类型，如球的小抛、滚动、拍球，圈的转动、钻圈、跳圈等，再结合相应的身体动作介绍两者怎样配合。

（2）当幼儿有了一定的器械感觉后，再逐渐提高要求，如提高抛器械的高度，加大两人滚动或传递的距离，加快拍球的节奏或增加拍球次数等。最后再进行成套动作的练习，动作熟练后可以配合音乐来完成。

（3）一些教材中的幼儿轻器械体操动作可能会略微复杂，在实际教学的过程中，教师应当学会变通，根据幼儿的运动能力和水平作出相应的调整。

（4）做轻器械体操时，要注意幼儿的安全，提醒他们遵守纪律。

（5）教师可以在轻器械用具上贴上色彩艳丽的亮光纸，使小器械更加美观漂亮，增加幼儿对轻器械体操的兴趣。

一、垫上操

（1）预备姿势：直角坐，两臂侧斜下举，如图7-30(a)所示。

（2）第一个八拍：

1）①~④：两臂上举，手腕相对，如图7-30(b)所示。

2）⑤~⑧：上身前屈，双手放在脚背上，尽量使上身和腿贴合，如图7-30(c)所示。

（3）第二个八拍：

1）①~④：两臂上举，手腕相对，如图7-31(a)所示。

2）⑤~⑥：预备姿势的手臂姿势，同时上体向左转动，如图7-31(b)所示。

3）⑦~⑧：和⑤~⑥动作相同，但方向相反，如图7-31(c)所示。

(a) 预备 (b) ①～④ (c) ⑤～⑧

图7-30 垫上操第一个八拍

(a) ①～④ (b) ⑤～⑥ (c) ⑦～⑧

图7-31 垫上操第二个八拍

(4) 第三个八拍：

1) ①：上体转正，同时两臂侧斜上举，如图7-32(a)所示。

(a) ①③ (b) ②④ (c) ⑤～⑥ (d) ⑦～⑧

图7-32 垫上操第三个八拍

2）②：还原预备姿势，如图 7-32(b)所示。

3）③：和①相同。

4）④：和②相同。

5）⑤ ~ ⑥：两臂上举，掌心向外，如图 7-32(c)所示。

6）⑦ ~ ⑧：还原预备姿势，如图 7-32(d)所示。

（5）第四个八拍：重复第三个八拍的动作。

（6）第五个八拍：

1）① ~ ②：两腿向右侧屈膝收腿，两臂侧斜下举，如图 7-33(a)所示。

2）③ ~ ④：成跪坐姿势，双臂动作和① ~ ②相同，如图 7-33(b)所示。

3）⑤：双臂胸前交叉，提手腕，如图 7-33(c)所示。

4）⑥：手腕下压，如图 7-33(d)所示。

5）⑦：手腕提腕置于头顶上方，如图 7-33(e)所示。

6）⑧：和⑥相同。

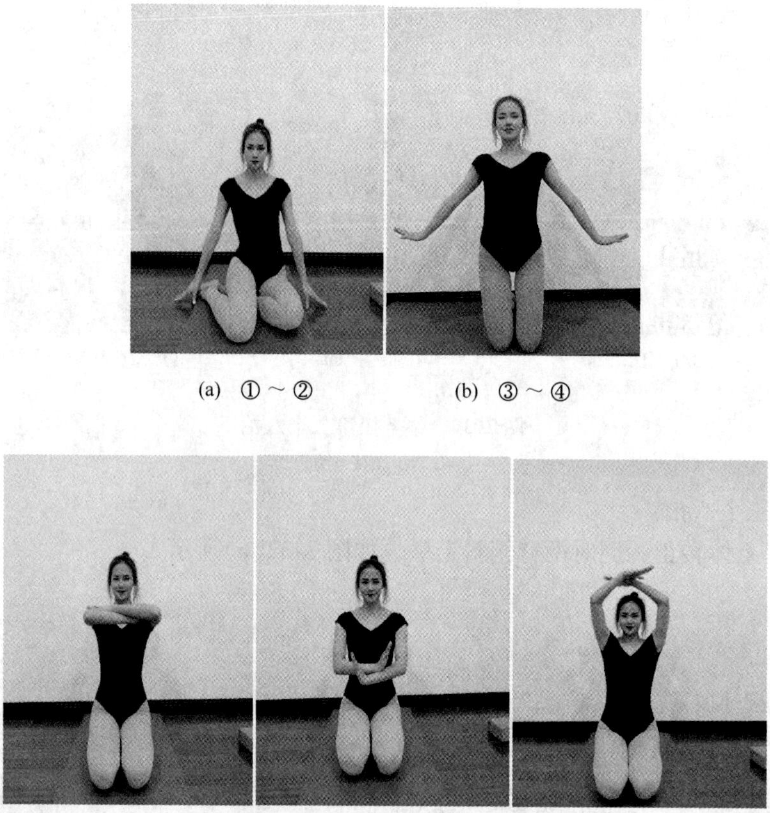

(a) ① ~ ②　(b) ③ ~ ④

(c) ⑤　(d) ⑥⑧　(e) ⑦

图 7-33　垫上操第五个八拍

（7）第六个八拍：

1）①：左腿侧身，右腿跪立，同时右臂上举，左臂侧平举，手腕向下压，眼看右手，如图 7-34(a)所示。

2）②：两臂还原预备姿势，双腿不变，如图 7-34(b)所示。

3）③：和①相同。

4）④：和②相同。

5）⑤～⑥：两臂上举，手背相对，如图 7-34(c)所示。

6）⑦～⑧：收回左腿成跪立，手臂还原预备姿势，手腕下压，如图 7-34(d)所示。

(a) ①③　(b) ②④　(c) ⑤～⑥　(d) ⑦～⑧

图 7-34　垫上操第六个八拍

(8) 第七个八拍：和第六个八拍动作相同，但方向相反。

(9) 第八个八拍：

1）①～②：右腿跪立，起左腿，同时提腕，如图 7-35(a)所示。

2）③～④：直立，同时压腕，如图 7-35(b)所示。

3）⑤～⑥：左腿向侧迈一步，重心移至左腿，同时手腕做提压腕动作，如图 7-35(c)所示。

4）⑦～⑧：和⑤～⑥动作相同，但方向相反，如图 7-35(d)所示。

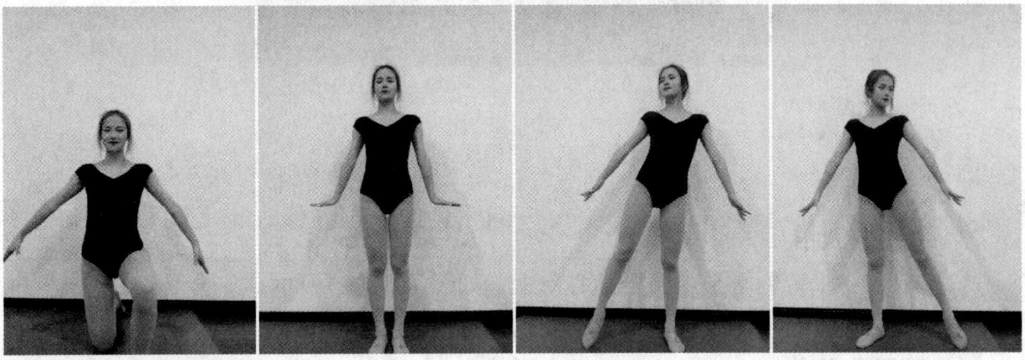

(a) ①～②　(b) ③～④　(c) ⑤～⑥　(d) ⑦～⑧

图 7-35　垫上操第八个八拍

二、圈操

（一）预备节（8 拍×4）

（1）第一个八拍：

①~⑧：双脚提踵向下压脚腕 8 次，如图 7-36 所示。

①~⑧

图 7-36　圈操预备节 1

（2）第二个八拍：

①~⑧：压脚腕同时手臂斜下压掌，如图 7-37(a)、(b)所示。

(a) ①③⑤⑦　　(b) ②④⑥⑧

图 7-37　圈操预备节 2

（3）第三个八拍：

1）①~④：手臂侧平举内绕至掌心向上，如图 7-38(a)所示。

2）⑤~⑧：手向上内绕至侧平举，如图 7-38(b)所示。

（4）第四个八拍：

1）①~④：足尖碎步，左转 360°同时手臂波浪，如图 7-39(a)所示。

2）⑤~⑥：跳进圈，如图 7-39(b)所示。

(a)　①～④

(b)　⑤～⑧

图 7-38　圈操预备节 3

(a)　①～④　　(b)　⑤～⑥　　(c)　⑦～⑧

图 7-39　圈操预备节 4

3）⑦~⑧：拿圈站起来，如图 7-39(c)所示。

（二）第一节（8 拍×4）

(1) 第一个八拍：

1）①：右脚侧出勾脚，左腿弯曲，右臂伸直持圈侧举，左臂持圈弯曲在腰间，如图 7-40(a)所示。

(a) ①　(b) ②④

(c) ③　(d) ⑤～⑥　(e) ⑦～⑧

图7-40 圈操第一节

2）②：还原成直立，如图7-40(b)所示。

3）③~④：和①~②动作相同，但方向相反，如图7-40(c)、(b)所示。

4）⑤~⑥：半蹲压圈两次，如图7-40(d)所示。

5）⑦~⑧：双手举圈于头顶，如图7-40(e)所示。

(2) 第二个八拍：和第一个八拍动作相同，但方向相反。

(3) 第三、第四个八拍：和第一、第二个八拍动作相同，但方向相反。

（三）第二节（8拍×4）

(1) 第一个八拍：

1）①~④：左脚开始，向左斜前方45°踏步，双手持圈向前转肩，如图7-41(a)所示。

2）⑤~⑧：左脚开始，向左斜前方45°踏步，双手持圈向后转肩直立，如图7-41(b)所示。

(2) 第二个八拍：和第一个八拍动作相同，但方向相反。

(3) 第三、第四个八拍：和第一、第二个八拍动作相同，方向相反。

（四）第三节（8拍×5）

(1) 第一个八拍：

1）①~④：右手拿圈侧举，随后右手向内翻圈换至左手，如图7-42(a)~(c)

(a)　①～④

(b)　⑤～⑧

图 7-41　圈操第二节

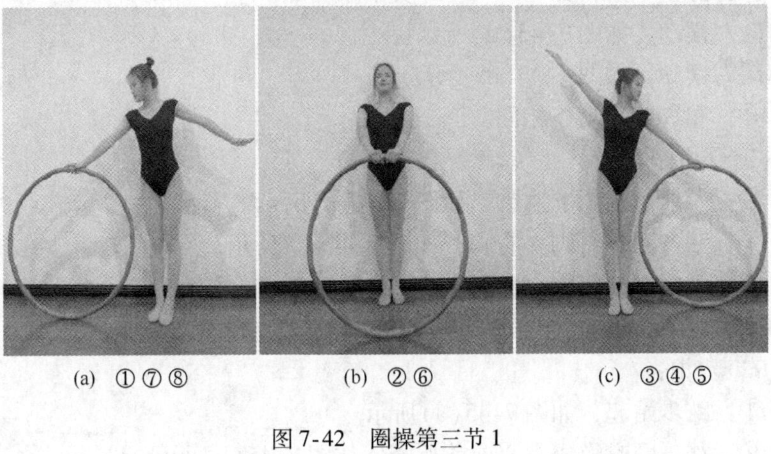

(a)　①⑦⑧　　(b)　②⑥　　(c)　③④⑤

图 7-42　圈操第三节 1

所示。

2）⑤~⑧：和①~④动作相同，但方向相反，如图 7-42(c)、(b)、(a)所示。

（2）第二个八拍：

1）①：圈放在身后，左脚向后蹲同时钻圈，如图 7-43(a)所示。

2）②：钻过圈成蹲立，如图 7-43(b)所示。

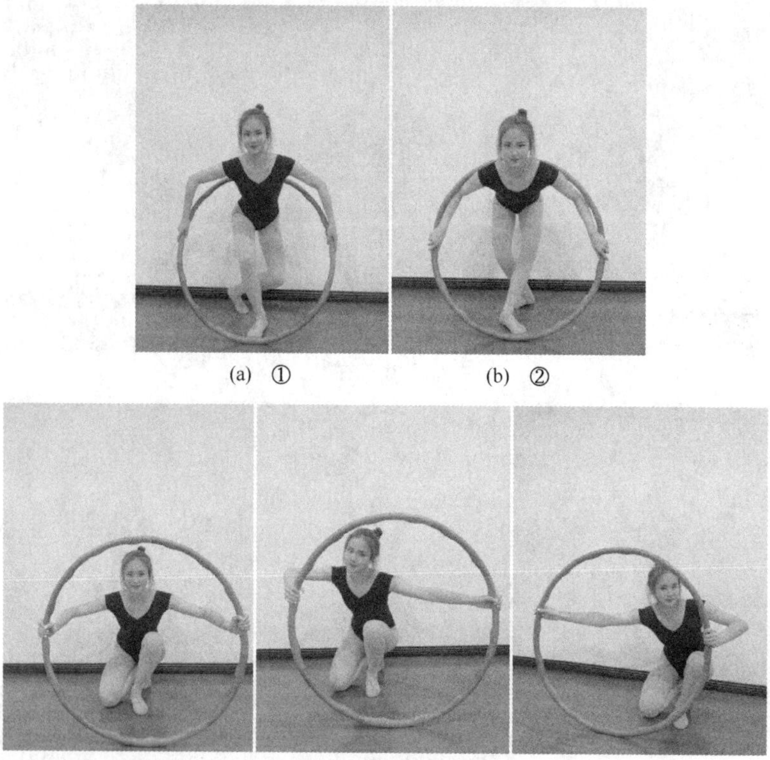

(a) ① (b) ② (c) ③～④ (d) ⑤⑦ (e) ⑥⑧

图7-43 圈操第三节2

3）③~④：静止不动，如图7-43(c)所示。

4）⑤：向左摆动，如图7-43(d)所示。

5）⑥：向右摆动，如图7-43(e)所示。

6）⑦~⑧：和⑤~⑥动作相同。

（3）第三个八拍：

1）①~②：向前钻圈，上左脚，如图7-44(a)所示。

2）③~④：钻过圈，左脚并右脚，如图7-44(b)所示。

3）⑤~⑧：左右摆动压脚，如图7-44(c)所示。

（4）第四个八拍：和第二个八拍动作相同。

（5）第五个八拍：

1）①~④：踏步站起，如图7-45(a)所示。

2）⑤~⑧：踏步同时换成掌心向前握圈，如图7-45(b)所示。

（五）第四节（8拍×5）

（1）第一个八拍：

1）①~②：左脚向侧一步，同时向左侧摆动圈，双手握圈左斜上方，左脚支撑，右脚侧点地，如图7-46(a)所示。

2）③~④：与①~②相反方向，如图7-46(b)所示。

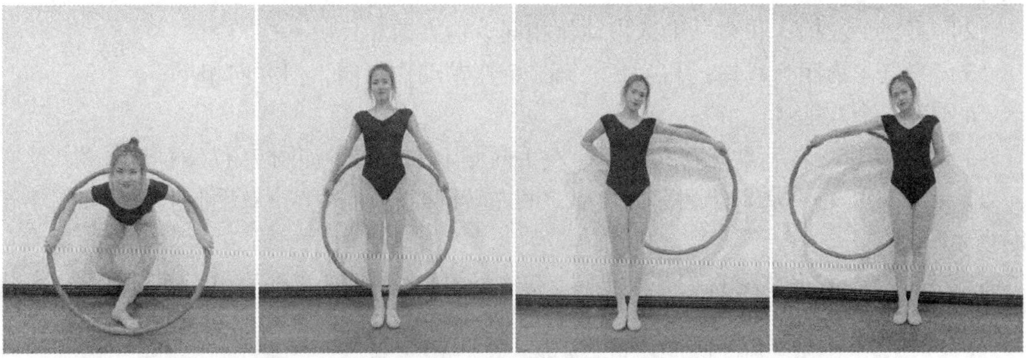

(a)　①～②　　(b)　③～④　　(c)　⑤～⑧

图 7-44　圈操第三节 3

(a)　①～④　　(b)　⑤～⑧

图 7-45　圈操第三节 4

(a)　①～②　　(b)　③～④　　(c)　⑤～⑥　　(d)　⑦～⑧

图 7-46　圈操第四节 1

3）⑤~⑥：双手转动圈，向左侧两步，如图 7-46(c)所示。

4）⑦~⑧：左脚支撑，右脚侧点地，同时左手握圈，右手侧平举，如图 7-46(d)

所示。

（2）第二个八拍：和第一个八拍动作相同，但方向相反。

（3）第三、第四个八拍：和第一、第二个八拍动作相同，但方向相反。

（4）第五个八拍：

1）预备动作：右手拿圈套在腰部，左手向侧上方举起，如图 7-47(a)所示。

2）①~④：右手拿圈外翻套在腰部，圈左转同时转动 360°，双手向上举，如图 7-47(b)所示。

3）⑤~⑧：双手拿圈右脚开始出圈，掌心向内，如图 7-47(c)~(e)所示。

(a) 预备　(b) ①～④

(c) ⑤～⑥　(d) ⑦　(e) ⑧

图 7-47　圈操第四节 2

（六）第五节（8 拍×5）

（1）第一个八拍：

①~⑧：右脚开始单脚跳过圈 4 次，如图 7-48(a)、(b)所示。

（2）第二个八拍：

1）①~④：右手持圈，体前转动，左手背后，如图 7-49(a)、(b)所示。

2）⑤~⑧：成右手持圈侧下举，右腿支撑，左手侧举，左脚侧点地，如图 7-49(c)所示。

（3）第三个八拍：和第二个八拍动作相同，但方向相反。

（4）第四、第五个八拍：和第二、第三个八拍动作相同。

(a)　①③⑤⑦　　(b)　②④⑥⑧

图 7-48　圈操第五节 1

(a)　①～②　　(b)　③～④　　(c)　⑤～⑧

图 7-49　圈操第五节 2

(七) 第六节 (8 拍×5)

(1) 第一个八拍：

①~⑧：左手持圈，假滚动转移重心换至右手，如图 7-50(a)、(b)所示。

(a)　①～④　　(b)　⑤～⑧

图 7-50　圈操第六节 1

（2）第二个八拍：和第一个八拍动作相同，但方向相反。
（3）第三、第四个八拍：
①~⑧：左手持圈，体侧八字，双腿并住，屈膝弹动，如图 7-51 所示。

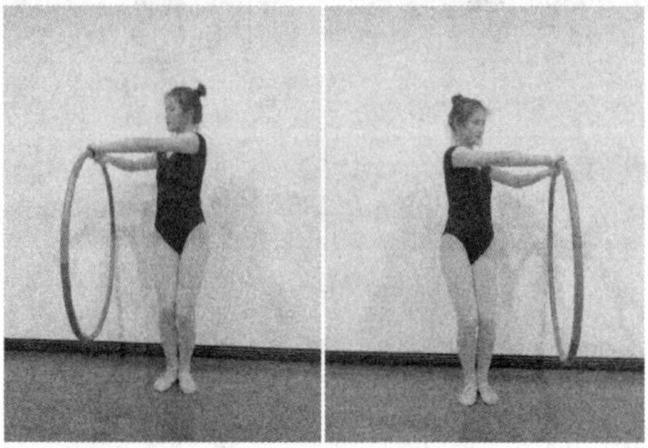

(a) ①～④ (b) ⑤～⑧

图 7-51 圈操第六节 2

（4）第五个八拍：
①~⑧：换右手，体前后八字，如图 7-52(a)、(b)所示。

(a) ①～④ (b) ⑤～⑧

图 7-52 圈操第六节 3

（八）第七节（8 拍×5）
（1）第一个八拍，如图 7-53 所示。
①~⑧：右手持圈，体后换手持圈，同时足尖步向右转一圈，如图 7-53 所示。
（2）第二个八拍：和第一个八拍动作相同，但方向相反。
（3）第三个八拍：
①~⑧：双手持圈向上摆动，如图 7-54 所示。
（4）第四个八拍：
①~⑧：右手持圈，身体右转 45°，做全身波浪，如图 7-55 所示。

(a) ①～②　(b) ③～④　(c) ⑤～⑥　(d) ⑦～⑧

图 7-53　圈操第七节 1

图 7-54　圈操第七节 2

(a) ①～②　(b) ③～④　(c) ⑤～⑦　(d) ⑧

图 7-55　圈操第七节 3

（5）第五个八拍，如图 7-56 所示。

1）①~④：两臂前举，足尖步，注意屈膝，如图 7-56(a)所示。

2）⑤~⑥：右手拿圈，右脚踩圈，半蹲，左手前摆含胸，如图 7-56(b)所示。

(a) ①～④ (b) ⑤～⑥ (c) ⑦～⑧

图7-56 圈操第七节4

3）⑦~⑧：站立，左手侧斜上举，如图7-56(c)所示。

三、花环操

（一）第一节：伸展运动（8拍×4）

（1）预备姿势：直立，如图7-57(a)所示。

（2）第一个八拍：

①~⑧：左脚先起，原地踏步，双手持环自然摆动，如图7-57(b)所示。

(a) 预备 (b) ①～⑧

图7-57 伸展运动1

（3）第二个八拍：

1）①~②：右脚向右侧跨出一步，胯同时向右顶出，同时双手伸直先左手屈臂于耳侧，右臂伸直，如图7-58(a)所示。

2）③~④：和①~②动作相同，但方向相反，如图7-58(b)所示。

3）⑤~⑥：和①~②动作相同。

4）⑦~⑧：和③~④动作相同。

（4）第三个八拍：和第一个八拍动作相同。

(a) ①～②　　(b) ③～④

图 7-58　伸展运动 2

（5）第四个八拍：和第二个八拍动作相同。

（二）第二节：下蹲运动（8 拍×4）

（1）预备姿势：直立，如图 7-59(a)所示。

（2）第一个八拍：

1）①~②：双腿屈伸，同时双臂向左侧打出，左臂伸直，右臂屈臂于胸前，如图 7-59(b)所示。

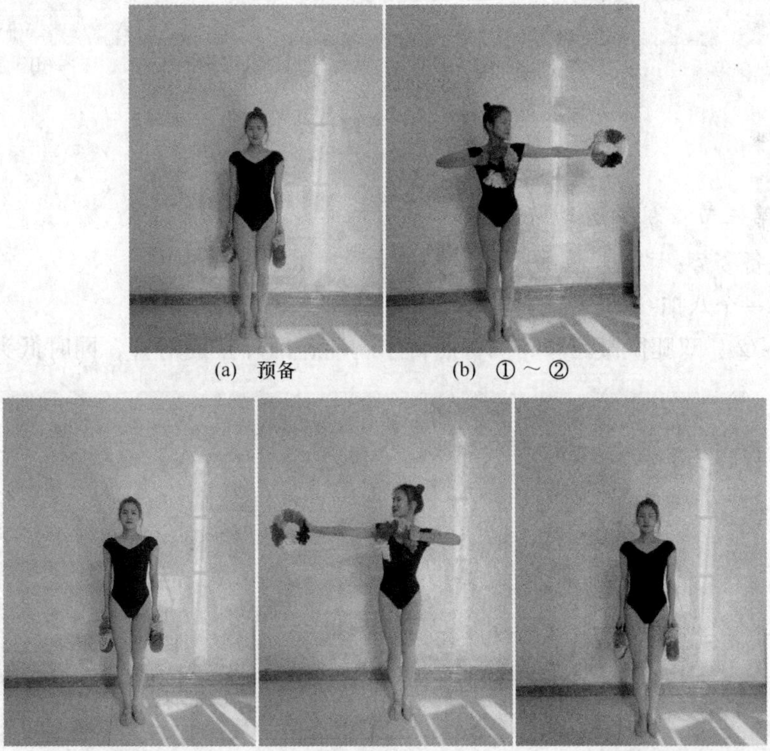

(a) 预备　　(b) ①～②

(c) ③～④　　(d) ⑤～⑥　　(e) ⑦～⑧

图 7-59　下蹲运动 1

2）③~④：还原成直立姿势，如图 7-59(c)所示。

3）⑤~⑥：同①~②，但方向相反，如图 7-59(d)所示。

4）⑦~⑧：同③~④，如图 7-59(e)所示。

（3）第二个八拍：

1）①~②：提踵步同时双手经两侧举到头顶两环交叉，如图 7-60(a)所示。

2）③~④：还原直立姿势，如图 7-60(b)所示。

3）⑤~⑥：双腿微蹲，同时双手在两旁打开 45°，头看右手花环，如图 7-60(c)所示。

4）⑦~⑧：还原直立姿势，如图 7-60(d)所示。

（4）第三个八拍：和第一个八拍动作相同。

（5）第四个八拍：和第二个八拍动作相同。

(a) ①~②　(b) ③~④　(c) ⑤~⑥　(d) ⑦~⑧

图 7-60　下蹲运动 2

（三）第三节：扩胸运动（8 拍×4）

（1）预备姿势：直立，如图 7-61(a)所示。

（2）第一个八拍：

1）①~②：双腿微微屈膝，两臂屈臂于胸前，两环正面对齐，同时低头看环，如图

(a) 预备　(b) ①~②　(c) ③~④

图 7-61　扩胸运动 1

7-61(b)所示。

2）③~④：双腿站直，双臂同时打开于两侧伸直，眼睛目视前方，如图7-61(c)所示。

3）⑤~⑥：和①~②动作相同。

4）⑦~⑧：和③~④动作相同。

（3）第二个八拍：

1）①~②：左腿向左侧跨出一步，同时右臂向上伸直，左臂向下伸直，如图7-62(a)所示。

2）③~④：腿不变，动作同①~②，但方向相反，如图7-62(b)所示。

3）⑤~⑥：同①~②。

4）⑦：同③~④。

5）⑧：还原成直立姿势，如图7-62(c)所示。

（4）第三个八拍：和第一个八拍动作相同。

（5）第四个八拍：和第二个八拍动作相同，但方向相反。

(a) ①～②　　(b) ③～④　　(c) ⑧

图7-62　扩胸运动2

（四）第四节：体侧运动（8拍×4）

（1）预备姿势：直立，如图7-63(a)所示。

（2）第一个八拍：

1）①~②：左脚前点地，同时双臂经两侧打开与肩同平，如图7-63(b)所示。

2）③~④：左脚向左侧点地，同时身体左侧屈，双臂上举，如图7-63(c)所示。

3）⑤~⑥：和①~②动作相同，如图7-63(d)所示。

4）⑦~⑧：还原成站立姿势，如图7-63(e)所示。

（3）第二个八拍：和第一个八拍方向相同，但方向相反。

（4）第三个八拍：

1）①~②：左脚向左前侧跨出一步，同时双臂经两侧打开与肩同平，如图7-64(a)所示。

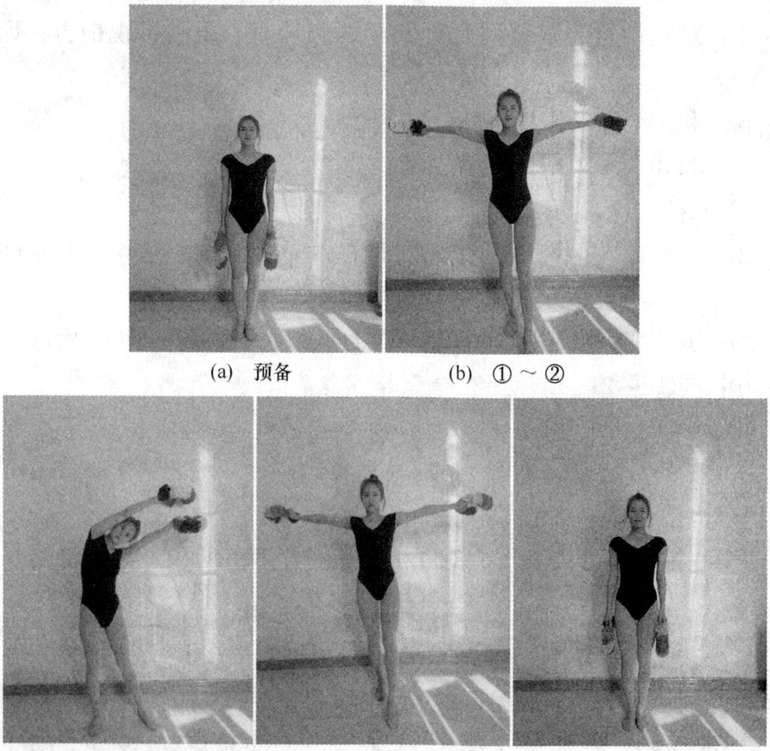

(a) 预备 (b) ①～②

(c) ③～④ (d) ⑤～⑥ (e) ⑦～⑧

图 7-63 体侧运动 1

(a) ①～② (b) ③～④ (c) ⑤～⑥ (d) ⑦～⑧

图 7-64 体侧运动 2

2）③~④：向左弯腰，同时左臂向下，右臂向上，眼睛看向左臂，如图 7-64(b)所示。

3）⑤~⑥：和①~②动作相同，如图 7-64(c)所示。

4）⑦~⑧：还原直立姿势，如图 7-64(d)所示。

（5）第四个八拍：和第三个八拍动作相同，但方向相反。

(五) 第五节：体转运动 (8 拍×4)

(1) 预备姿势：直立，如图 7-65(a)所示。

(2) 第一个八拍：

1) ①~②：左脚向左跨出一步，同时左臂与肩同平伸直打开，右臂屈臂于胸前，如图 7-65(b)所示。

2) ③~④：右臂上举，如图 7-65(c)所示。

3) ⑤~⑥：双腿不动，身体向左转，同时左臂不动，右臂去敲击左环，如图 7-65(d)所示。

4) ⑦~⑧：身体正对前方，右臂还原同③~④动作，腿不动，如图 7-65(e)所示。

(a) 预备　(b) ①～②

(c) ③～④　(d) ⑤～⑥　(e) ⑦～⑧

图 7-65　体转运动 1

第二个八拍：

1) ①~②：和第一个八拍⑤~⑥动作相同，如图 7-66(a)所示。

2) ③~④：和第一个八拍⑦~⑧动作相同，如图 7-66(b)所示。

3) ⑤~⑥：双腿不动，身体向右转，左臂屈臂于胸前，右臂背后于腰部，如图 7-66(c)所示。

4) ⑦~⑧：还原直立姿势，如图 7-66(d)所示。

(3) 第三个八拍：和第一个八拍动作相同，但方向相反。

(4) 第四个八拍：和第二个八拍动作相同，但方向相反。

(a) ①～②　(b) ③～④　(c) ⑤～⑥　(d) ⑦～⑧

图 7-66　体转运动 2

（六）第六节：腹背运动（8 拍 ×4）

（1）预备姿势：直立，如图 7-67(a)所示。

（2）第一个八拍：

1）①~②：身体向左转 45°，同时出左脚，脚尖点地，双臂伸直与肩同宽往上举，如图 7-67(b)所示。

2）③~④：右腿屈膝，左腿伸直点地，左环经上至前下举，右臂在后自然上举，两臂成一条直线，如图 7-67(c)所示。

(a) 预备　(b) ①～②

(c) ③～④　(d) ⑤～⑥　(e) ⑦～⑧

图 7-67　腹背运动 1

3）⑤~⑥：右腿直立，左脚向左45°脚尖点地，左臂上举，右臂下举，两臂形成一条直线，如图7-67(d)所示。

4）⑦~⑧：还原直立姿势，如图7-67(e)所示。

（3）第二个八拍：和第一个八拍动作相同，但方向相反。

（4）第三个八拍：

1）①~②：左腿向左跨一步，同时双臂打开与肩同平，上体前屈，如图7-68(a)所示。

2）③~④：双手背后，收左腿，半蹲，低头，如图7-68(b)所示。

3）⑤~⑥：抬头，如图7-68(c)所示。

4）⑦~⑧：还原直立姿势，如图7-68(d)所示。

（5）第四个八拍：和第三个八拍动作相同，但方向相反。

(a) ①~② (b) ③~④ (c) ⑤~⑥ (d) ⑦~⑧

图7-68 腹背运动2

（七）第七节：跳跃运动（8拍×4）

（1）预备姿势：直立，如图7-69(a)所示。

（2）第一个八拍：

1）①~④：向前跑跳步，同时双臂屈臂于胸前，如图7-69(b)所示。

2）⑤~⑧：跑跳步，左臂伸直与肩同平，右臂从左经上向右抖环，如图7-69(c)所示。

(a) 预备 (b) ①~④ (c) ⑤~⑧

图7-69 跳跃运动1

（3）第二个八拍：

1）①~②：跑跳步，双臂屈臂于胸前，如图7-70(a)所示。

2）③~④：跑跳步，双臂上举，如图7-70(b)所示。

3）⑤：出右脚，脚跟着地，双手侧平举，如图7-70(c)所示。

4）⑥：出左脚，脚跟着地，双手侧平举，如图7-70(d)所示。

5）⑦：出右脚，脚跟着地，双手落下，如图7-70(e)所示。

6）⑧：还原成直立姿势，如图7-70(f)所示。

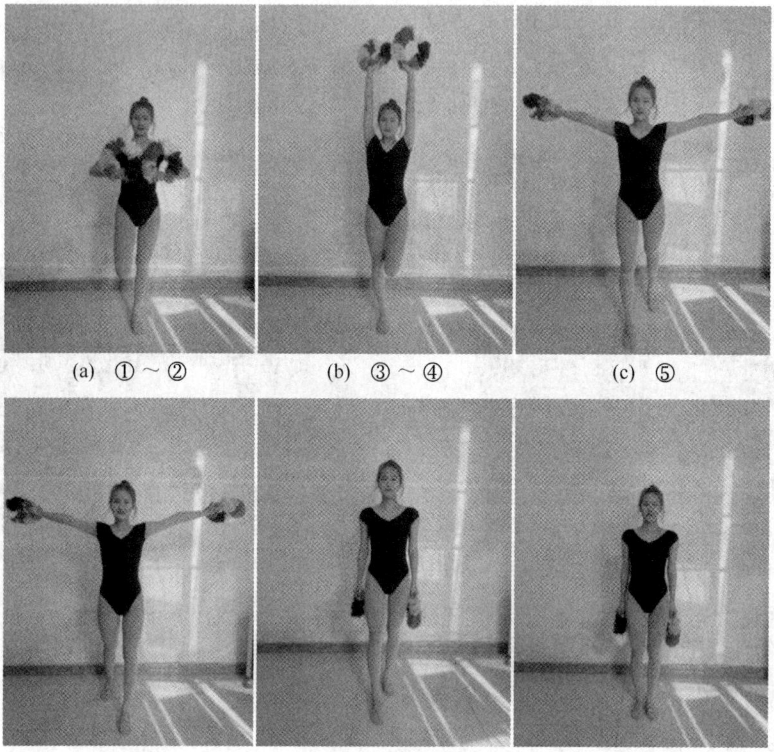

(a) ①～② (b) ③～④ (c) ⑤

(d) ⑥ (e) ⑦ (f) ⑧

图7-70 跳跃运动2

（4）第三个八拍：和第一个八拍动作相同，但方向相反。

（5）第四个八拍：同第二个八拍，方向不变。

（八）第八节：整理运动（8拍×4）

（1）预备姿势：直立，如图7-71(a)所示。

（2）第一个八拍：

1）①~④：左腿侧前弓步，左臂经下至前上举，右臂侧后下举，如图7-71(b)所示。

2）⑤~⑥：收回左臂，如图7-71(c)所示。

3）⑦~⑧：还原直立姿势，如图7-71(d)所示。

（3）第二个八拍：同第一个八拍，但方向相反。

(a) 预备　(b) ①～④　(c) ⑤～⑥　(d) ⑦～⑧

图 7-71 整理运动 1

（4）第三个八拍：

1）①~④：双腿直立，双臂经两侧缓缓上举，至头顶，如图 7-72(a)所示。

2）⑤~⑧：自头顶从两侧下来，成直立姿势，如图 7-72(b)所示。

(a) ①～④　(b) ⑤～⑧

图 7-72 整理运动 2

（5）第四个八拍：

1）①~④：胸前交叉花环，如图 7-73(a)所示。

2）⑤~⑧：还原直立姿势，如图 7-73(b)所示。

(a) ①～④　(b) ⑤～⑧

图 7-73 整理运动 3

四、沙锤操

(一)预备节(8 拍×4)

(1)预备姿势:直立。

(2)第一个八拍:

1)①~③:直立不动,如图 7-74(a)所示。

2)④:手持沙锤腰间屈臂,如图 7-74(b)所示。

3)⑤~⑧:手臂经腰间成上举,如图 7-74(c)所示。

(a) ①~③ (b) ④ (c) ⑤~⑧

图 7-74 沙锤操预备节 1

(3)第二个八拍:

①~⑧:跑跳步,双手臂上举伸直,同时前后晃动沙锤,如图 7-75 所示。

(4)第三个八拍:和第二个八拍动作相同。

①~⑧

图 7-75 沙锤操预备节 2

(5)第四个八拍:

①~⑧:踏步,双手持沙锤自然摆动,如图 7-76 所示。

①～⑧

图7-76 沙锤操预备节3

（二）第一节（8拍×4）

（1）预备姿势：直立，如图7-77(a)所示。

（2）第一个八拍：

1）①~④：原地踏步，同时双臂甩上左边，左臂伸直与肩平行，右臂屈臂于胸前，如图7-77(b)所示。

2）⑤~⑧：和①~④的动作相同，但方向相反，如图7-77(c)所示。

(a) 预备　(b) ①～④　(c) ⑤～⑧

图7-77 沙锤操第一节1

（3）第二个八拍：

1）①~②：左脚向左跨出一步，同时双臂从两侧打开与肩平行，如图7-78(a)所示。

2）③~④：双臂上举，头顶交叉打击沙锤一次，如图7-78(b)所示。

3）⑤~⑥：和①~②动作相同，如图7-78(c)所示。

4）⑦~⑧：还原直立姿势，如图7-78(d)所示。

（4）第三个八拍：同第一个八拍。

（5）第四个八拍：同第二个八拍。

(a) ①～② (b) ③～④ (c) ⑤～⑥ (d) ⑦～⑧

图 7-78 沙锤操第一节 2

(三) 第二节 (8 拍 ×4)

(1) 预备姿势：直立，如图 7-79(a)所示。

(2) 第一个八拍：

1) ①~②：双腿屈伸一次，同时向左弯下腰，右臂屈臂于腰前，左臂伸直向左侧斜下举，如图 7-79(b)、(c)所示。

2) ③~④：同①~②，但方向相反，如图 7-79(d)、(e)所示。

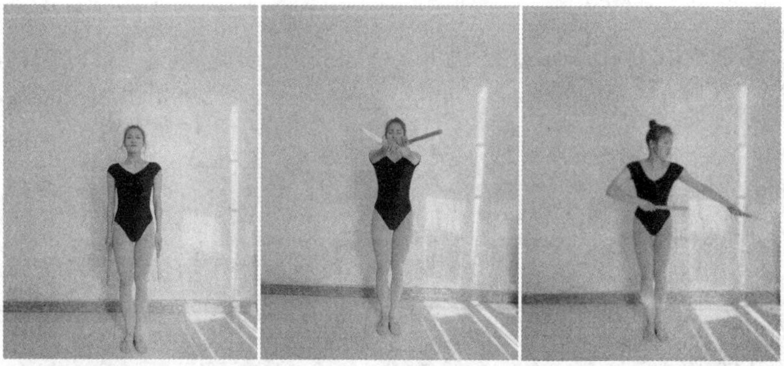

(a) 预备 (b) ① (c) ②

(d) ③ (e) ④ (f) ⑤～⑥ (g) ⑦～⑧

图 7-79 沙锤操第二节

3）⑤~⑥：出左脚45°，脚跟着地，同时向左弯腰敲打沙锤，如图7-79(f)所示。

4）⑦~⑧：还原成直立姿势，如图7-79(g)所示。

（3）第二个八拍：和第一个八拍动作相同，但方向相反。

（4）第三个八拍：同第一个八拍。

（5）第四个八拍：同第二个八拍。

（四）第三节（8拍×4）

（1）预备姿势：直立，如图7-80(a)所示。

（2）第一个八拍：

1）①~②：双腿同时屈伸一次，左臂伸直与肩平行，右臂屈臂于胸前，如图7-80(b)所示。

2）③~④：和①~②动作相同，但方向相反，如图7-80(c)所示。

3）⑤~⑥：出右脚，双臂伸直从两侧至头顶，敲打沙锤一次，眼看沙锤，如图7-80(d)所示。

4）⑦~⑧：还原直立姿势，如图7-80(e)所示。

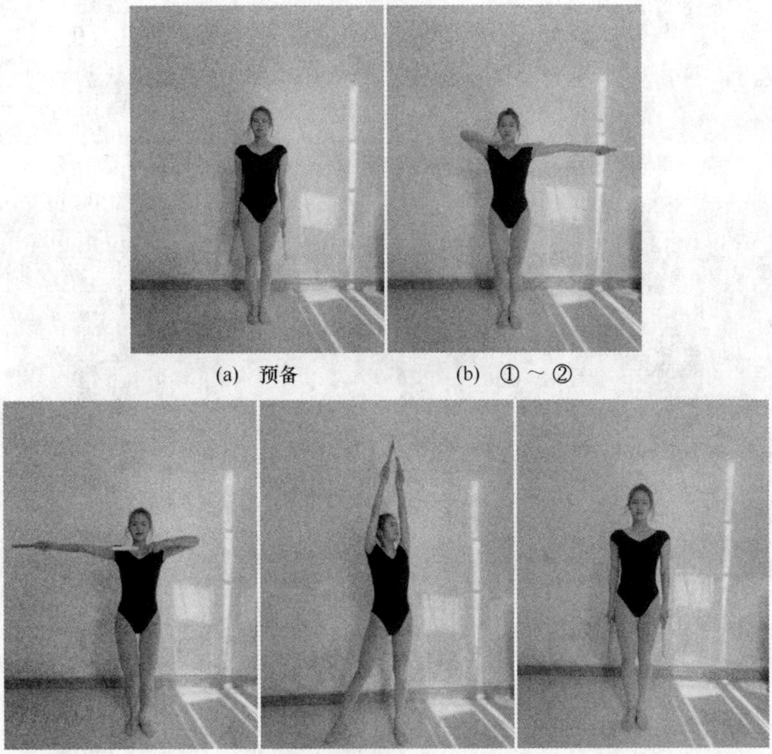

(a) 预备　(b) ①～②

(c) ③～④　(d) ⑤～⑥　(e) ⑦～⑧

图7-80　沙锤操第三节

（3）第二个八拍：和第一个八拍动作相同，但方向相反。

（4）第三个八拍：和第一个八拍动作相同。

（5）第四个八拍：和第二个八拍动作相同。

（五）第四节（8拍×4）

（1）预备姿势：直立，如图7-81(a)所示。

（2）第一个八拍：

1）①~②：左腿向后撤，脚尖点地，双臂同时经前上举，如图7-81(b)所示。

2）③~④：双臂经前方伸直下来，同时向前踢左腿成90°，如图7-81(c)所示。

3）⑤~⑥：同①~②，如图7-81(d)所示。

4）⑦：左腿侧踢成90°，两臂侧平举，如图7-81(e)所示。

5）⑧：还原直立姿势，如图7-81(f)所示。

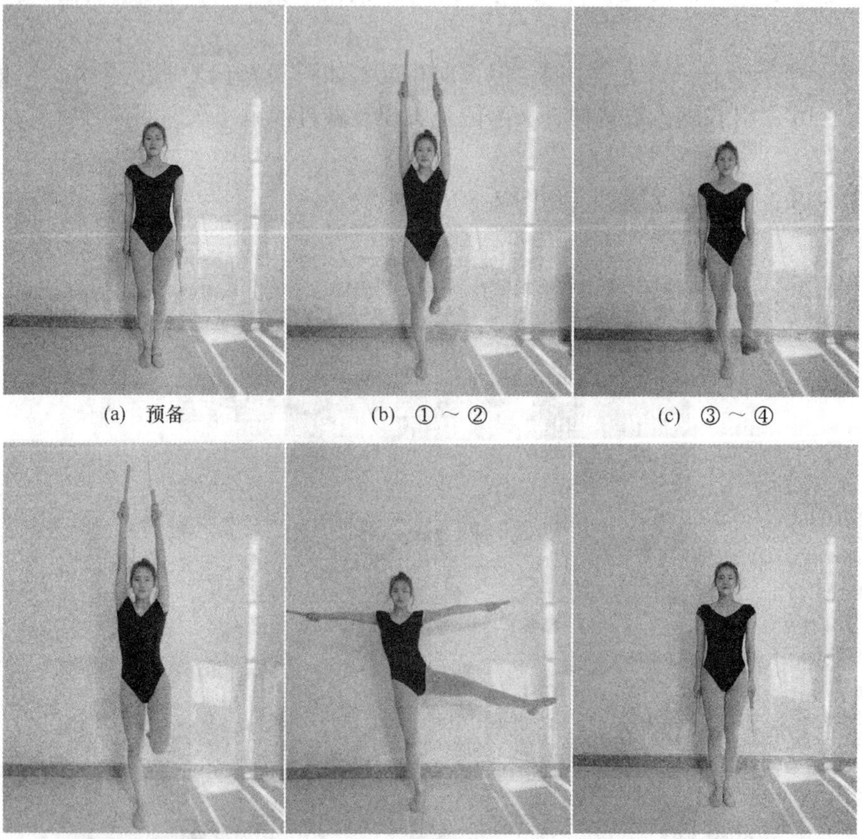

(a) 预备 (b) ①～② (c) ③～④

(d) ⑤～⑥ (e) ⑦ (f) ⑧

图7-81 沙锤操第四节

（3）第二个八拍：和第一个八拍动作相同，但方向相反。

（4）第三个八拍：和第一个八拍动作相同。

（5）第四个八拍：和第二个八拍动作相同。

（六）第五节（8拍×4）

（1）预备姿势：直立，如图7-82(a)所示。

（2）第一个八拍：

1）①~②：左脚向左侧跨出一步，双臂同时经侧打开，侧平举，如图7-82(b)所示。

2）③～④：上体向左转90°，并敲打沙锤一次，如图7-82(c)所示。
3）⑤～⑥：同①～②，如图7-82(d)所示。
4）⑦～⑧：还原成直立姿势，如图7-82(e)所示。

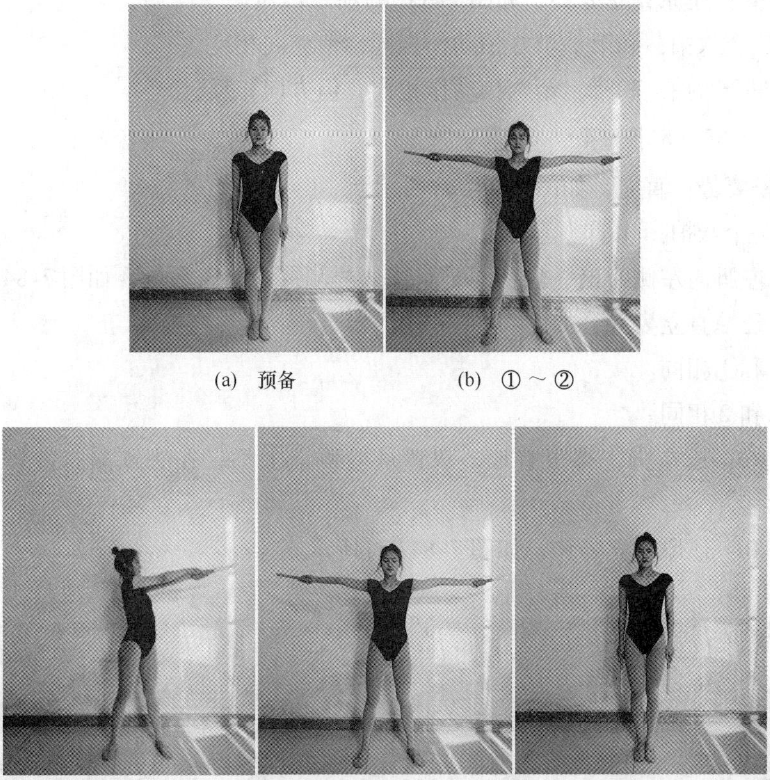

(a) 预备　(b) ①～②
(c) ③～④　(d) ⑤～⑥　(e) ⑦～⑧

图7-82 沙锤操第五节1

（3）第二个八拍：
1）①～②：双臂屈臂收于腰的两侧，如图7-83(a)所示。

(a) ①～②　(b) ③～④　(c) ⑤～⑥　(d) ⑦～⑧

图7-83 沙锤操第五节2

2）③~④：左脚向左跨出一步，向左后方转腰，同时双臂伸直，右臂与肩平行，左臂上举90°，如图7-83(b)所示。

3）⑤~⑥：同①~②，如图7-83(c)所示。

4）⑦~⑧：还原直立姿势，如图7-83(d)所示。

（4）第三个八拍：和第一个八拍动作相同，但方向相反。

（5）第四个八拍：和第二个八拍动作相同，但方向相反。

（七）第六节（8拍×4）

（1）预备姿势：直立，如图7-84(a)所示。

（2）第一个八拍：

1）①：左脚向左侧跨出一步，同时双臂从两侧打开与肩平行，如图7-84(b)所示。

2）②：还原直立姿势，如图7-84(d)所示。

3）③：和①相同。

4）④：和②相同。

5）⑤~⑥：迈左脚，脚跟着地，双臂从两侧向上举，在头顶敲打沙锤一次，如图7-84(c)所示。

6）⑦~⑧：还原直立姿势，如图7-84(d)所示。

(a) 预备　(b) ①③　(c) ⑤～⑥　(d) ②④⑦～⑧

图7-84 沙锤操第六节1

（3）第二个八拍：

1）①~④：跑跳步，双手持沙锤自然拍动，如图7-85(a)所示。

2）⑤~⑥：双臂从两侧起，在头顶敲打沙锤一次，如图7-85(b)所示。

3）⑦：双臂从上经两侧到侧平举，如图7-85(c)所示。

4）⑧：还原直立姿势，如图7-85(d)所示。

（4）第三个八拍：和第一个八拍动作相同，但方向相反。

（5）第四个八拍：和第二个八拍动作相同。

（八）第七节（8拍×4）

（1）预备姿势：直立，如图7-86(a)所示。

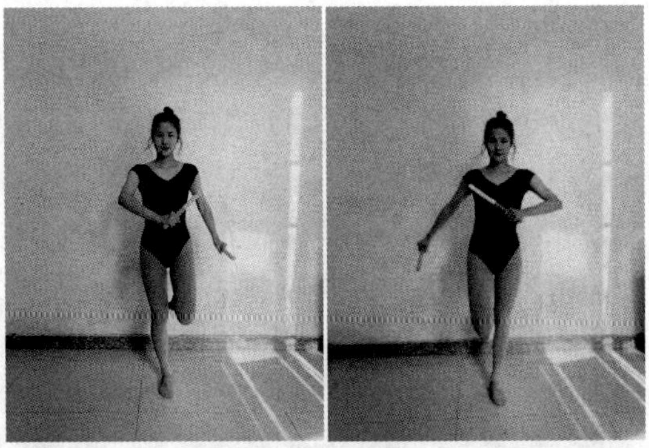

(a)　①～④

(b)　⑤～⑥　　(c)　⑦　　(d)　⑧

图 7-85　沙锤操第六节 2

（2）第一个八拍：

1）①~②：左脚向左侧跨出一步，双臂侧平举，如图 7-86(b)所示。

2）③~④：还原直立姿势，如图 7-86(e)所示。

3）⑤~⑥：双腿屈伸一次，同时双臂两侧屈臂成 90°，如图 7-86(c)所示。

4）⑦：腿直立，双臂在头顶打击沙锤一次，如图 7-86(d)所示。

5）⑧：还原直立姿势，如图 7-86(e)所示。

（3）第二个八拍：和第一个八拍动作相同。

（4）第三、四个八拍：和第一、第二个八拍相同。

（九）第八节（8 拍 ×4）

（1）预备姿势：直立，如图 7-87(a)所示。

（2）第一个八拍：

1）①~②：两臂侧平举，如图 7-87(b)所示。

2）③~④：两臂经两侧上举敲打沙锤一次，头看沙锤，如图 7-87(c)所示。

3）⑤~⑧：两臂从两侧下，还原直立姿势，如图 7-87(d)所示。

（3）第二个八拍：

1）①~②：双腿屈伸一次，同时双臂由侧向前做前平举一次，如图 7-88(a)所示。

2）③~④：双腿屈伸一次，同时双臂左侧平举一次，如图 7-88(b)所示。

(a) 预备 (b) ①～②

(c) ⑤～⑥ (d) ⑦ (e) ③～④⑧

图 7-86 沙锤操第七节

(a) 预备 (b) ①～② (c) ③～④ (d) ⑤～⑧

图 7-87 沙锤操第八节 1

3）⑤~⑥：和①~②相同，如图 7-88(c)所示。

4）⑦~⑧：和③~④相同，如图 7-88(d)所示。

（4）第三个八拍：和第一个八拍相同。

（5）第四个八拍：和第二个八拍相同。

(a) ①～②　(b) ③～④　(c) ⑤～⑥　(d) ⑦～⑧

图 7-88　沙锤操第八节 2

（十）第九节（8 拍×2）

（1）预备姿势：直立，如图 7-89(a)所示。

（2）第一个八拍：

1）①~②：双腿屈伸一次，同时双臂由侧向前做前平举一次，如图 7-89(b)所示。

2）③~④：双腿屈伸一次，同时双臂左侧平举一次，如图 7-89(c)所示。

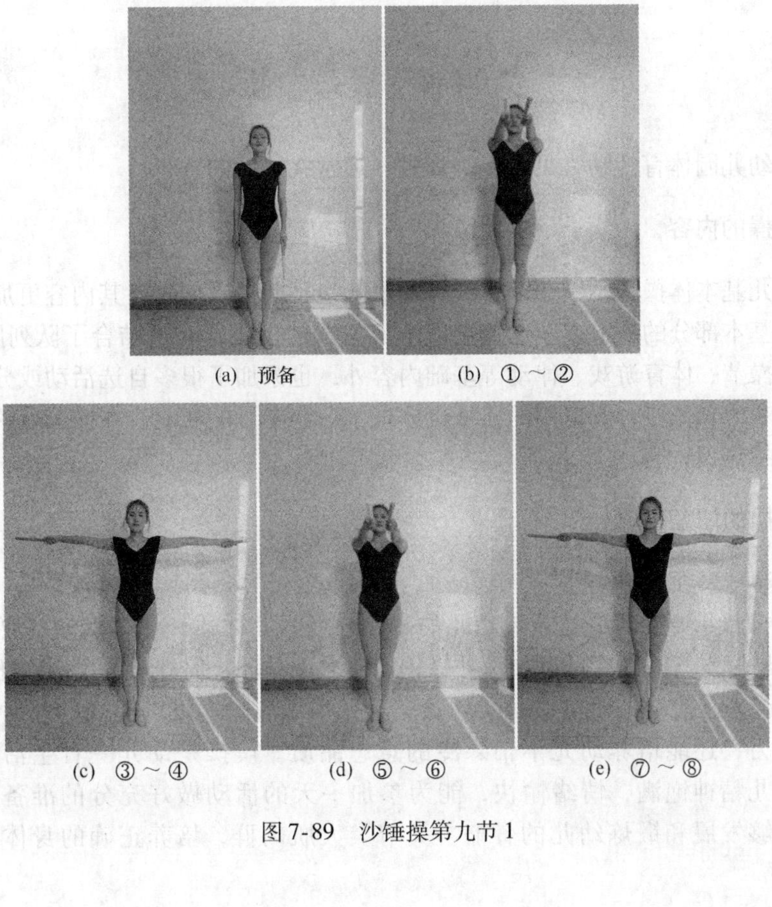

(a) 预备　(b) ①～②

(c) ③～④　(d) ⑤～⑥　(e) ⑦～⑧

图 7-89　沙锤操第九节 1

3）⑤~⑥：和①~②相同，如图7-89(d)所示。

4）⑦~⑧：和③~④相同，如图7-89(e)所示。

（3）第二个八拍：

1）①~④：身体以左脚为中心向左转，同时左右脚交换点步，左手自然垂直，右臂上举，如图7-90(a)所示。

2）⑤~⑦：同①~④，但右臂自然下垂，左臂上举，如图7-90(b)所示。

3）⑧：双腿同时打开，双臂同时侧上举，如图7-90(c)所示。

(a) ①～④　(b) ⑤～⑦　(c) ⑧

图7-90 沙锤操第九节2

第四节 晨 操

晨操是幼儿园体育活动常见的组织形式，通常在早餐前进行。

一、晨操的内容

随着幼儿基本体操的不断普及，晨操的形式也不断得到创新，其内容更加丰富、形式更加多彩。基本部分的操节内容已经突破了定位操的模式，有机结合了队列队形的变换。此外，除了操节、体育游戏、律动等基础内容外，也添加了很多自选活动或分组活动。而深受幼儿喜欢的器械操，所使用的器械也体现了一物多玩的功能，在操节后的自选活动中受到了幼儿的热烈欢迎。

二、晨操的注意事项

晨操的注意事项如下：

（1）晨操最重要的目的是锻炼幼儿的身体，增强其体质，一切活动都要围绕这个目的而展开。早晨空气清新，可以加深呼吸，加速血液循环，促进新陈代谢，还能使全身各肌肉群活动起来，使幼儿肌体进入活动状态。冬季做晨操，可以提高幼儿对外界气温变化的适应能力，还能培养幼儿不怕寒冷的意志品质。晨操是幼儿一日生活的开端，组织得好，幼儿精神饱满，情绪愉快，能为参加一天的活动做好充分的准备。有规律的组织晨操能够发展和锻炼幼儿的骨骼、关节及大肌肉群，培养正确的身体姿势，形成健美的体态，同时还能发展幼儿身体的柔韧度、力量、灵敏性等身体素质，并培养幼儿的集体意识。

（2）重视幼儿身体的全面发展。晨操经常锻炼到的徒手操、器械操主要以加强大肌肉群，形成正确姿势为主，因此，在进行锻炼的过程中，应包括上肢、下肢、躯干等各个部位的运动，使幼儿身体各部位都能得到锻炼，促进其全面发展。动作的方向要全面，把培养正确的身体姿势与提高身体素质两者互相结合起来。

（3）科学、合理地安排运动量。安排幼儿进行晨操锻炼时，必须遵循人体运动生理变化规律，动作要由小到大、由慢到快、由易到难，逐渐增加运动量。参与活动的肌肉由小到大，由少到多，由单一到复合。动作一般是先从运动量较小的上肢开始，然后是下肢、胸部、体侧、体转，直至大量的腹背运动，最后是较剧烈的跳跃运动。如原地踏步或伸展运动、上肢运动、四肢运动，接着是做踢腿运动、躯干运动（先侧后转）、腹背运动或全身运动、跳跃运动、放松整理运动或踏步。

（4）考虑幼儿的年龄因素和生理特征。幼儿模仿性强，喜欢形象的动作，因此不管是哪个年龄班都要编一些幼儿生活能接触到的能理解的形象动作。同时由于幼儿肌肉、骨骼发育不成熟，神经系统的调节功能还不及成人，选编的动作应该是简单易学又能锻炼身体，避免选编成人的动作，更不能以迪斯科舞蹈代替徒手操。

（5）晨操的安排要有一定的教育性和创造性。现阶段晨操一般进行的都是徒手操和器械操，这两者内容极为丰富，在组织幼儿进行锻炼时，不仅可以根据实际情况选择各种不同的动作，而且还应针对不同的对象和要求，创造性地编一些主题鲜明、形式多样和具有时代感的新的动作、新的编排，避免形式单一、千篇一律、枯燥乏味。通过轻快、活泼的各种动作和小范围的队形变化及欢乐的音乐表现出幼儿的天真活泼可爱。通过改变开始姿势、动作方向、幅度、速度、路线等方法，创造出朴实大方、刚健有力、优美舒畅、活泼轻快，既有着十足的时代感，又能起到锻炼作用的动作，激发他们的兴趣，增强幼儿的锻炼效果。

此外，可以借助晨操对幼儿进行思想品德教育，因此在做操时也要注意适当穿插这些内容。

三、晨操的类型

（一）徒手操

徒手操是晨操的基本内容之一，通常包含头颈动作、下肢动作、躯干动作等。幼儿常做的徒手操在本章第二节中已经有具体讲述，这里重点对影响徒手操的因素做简单说明。

1. 身体姿势

徒手操一般包括开始姿势、动作过程中的姿势以及结束姿势。身体姿势有所改变或者动作是否正确，都直接影响动作的难易程度和锻炼效果。例如在做体前屈时，两腿伸直或两腿弯曲，难易和效果都有所区别：前者姿势正确难度较大，能达到拉长大腿后部肌肉韧带的作用；后者姿势不正确，尽管动作比较容易完成，但起不到预期的锻炼效果。

2. 动作方向

徒手操中不仅包含前、后、左、右、上和下六个基本方向，还会采用向内、向外、绕、绕环和斜方向来说明动作。动作方向不同，所影响的肌肉群也有所不同。例如体前屈时，主要影响腰背肌肉群。体后屈时，主要影响腹背肌肉群。向左（右）体侧屈时，主要作用于体侧肌肉群。所以要教导幼儿正确地运用动作方向，更加有效地锻炼不同部位的肌肉群。

3. 动作幅度

做动作时，身体或身体的某一部分所移动距离的大小。幅度越大运动量就越大。因此，选择不同幅度的动作，是调整运动量的有效手段之一。

4. 动作路线

做动作时，身体或身体某些部位运动轨迹的联系。动作路线的改变，能够直接影响幼儿协调能力的培养，常见的例如两臂前后绕环等。

5. 动作频率

在一定时间内重复某个动作的次数。通常情况下，动作重复的次数越多，肌肉的负担量就越大。在徒手操中可以利用动作频率的不同来增减运动量。

6. 动作速度

在一定时间内身体或身体某些部位移动的距离。例如两臂向后绕环，一拍一次的动作速度要比两拍一次快一倍，因此它也影响着运动量的大小。

7. 动作节奏

在一定时间内完成一个动作或整套动作各部分的时间之比。通常表现在动作的快慢、强弱、用力和放松交替性地进行。动作节奏安排得当，既能增加工作效率，还有利于掌握动作；相反则不仅掌握动作比较困难，而且还会影响锻炼效果。

上述七个动作要素之间有着密不可分的联系，在指导幼儿早上进行徒手操练习时，应根据不同幼儿的年龄以及晨操的目的来灵活运用。

（二）轻器械操

在进行晨操锻炼时，轻器械体操也是深受幼儿喜爱的内容之一。它主要是幼儿手持轻器械，如棍棒、花环、红旗和哑铃等做的各种动作，不仅能够锻炼身体各个部位的动作，而且有变化器械的动作，锻炼时能够起到更强的锻炼效果。在练习轻器械体操时，有几点需要注意：首先，练习之前应将器械集中有序地放在一起，取还器械要有组织有纪律；其次，应当调整好体操的队形，注意幼儿前后、左右的间隔和距离，尽量避免碰撞；再次，动作的难度和运动量要结合幼儿的身体特点；最后，进行练习的动作要突出器械的特点。

四、排队与队形的变换

幼儿晨操中也经常进行排队并变换队形，主要包含的动作有立正、稍息、向左（右）转、原地踏步走、便步走、齐步走、跑步走、左（右）转弯走、立定、走成圆圈队、分队走、左右分队走。教学过程中要严格按照大纲来进行。

同时，即使是排列队形，也有需要注意的事项：（1）注意幼儿的年龄特点，注重时空知觉差、注意力不集中、走和跑的步幅小、腿部力量弱等问题的出现和发展，在晨操锻炼时要求不能过高，重点培养幼儿有正确的身体姿势，组织性，纪律性，发展方位知觉，在教学中既要有严格的要求，又要生动活泼。(2) 口令需要有预令和动令，预令要拉长，动令要短促、洪亮、清晰。(3) 幼儿经常会记不住口令动作，分辨不出左右方向，教师可以在下达口令的同时用手指示方向，帮助幼儿理解和掌握方向。(4) 在做“向前看齐”这一动作时，要用全臂看齐。

五、音乐的选配

合适的音乐能够刺激幼儿做晨操的兴趣，因此要结合晨操的主题、风格来创作或选择音乐。音乐时代感与基调要较为强烈。同时音乐要符合晨操的拍节和动作速度的要求，使音乐与动作结构和队形变换达到完美统一。此外，音乐的旋律、节奏要清晰，便于幼儿较快地掌握。

音乐在晨操中的主要作用是代替教师的口令和指挥，因此只有选择好的音乐伴奏，才能使得幼儿的队形变换准确统一，动作变化整齐。

六、晨操的组织

在做晨操前一般要求幼儿站成一路纵队，要站得整齐并集中注意力。整队后随音乐或口令走步，要走得有节奏、有精神，由走步逐渐变换体操队形做操。

接下来由教师或幼儿带操，但带操人必须符合以下几点要求。

(1) 带操人的位置应该是在所有幼儿都能看到的地方。

(2) 带操人的动作必须正确，有节奏，每个动作都合乎要求。例如两臂举、伸要直，手指并拢等。

(3) 带操人的动作应该与全体小朋友相反。

只有把晨操的每个动作都做准确，才能真正起到锻炼身体的效果。教师要注意培养幼儿的正确姿势，在带操的同时要注意幼儿的动作，发现幼儿不认真做或做得不对，要用语言提示，或走到幼儿身边用手帮助他动作到位，这样幼儿就能感受到正确姿势是什么样的，很快就能改正。如果发现多数幼儿对某一动作很不熟练或动作不规范，可以再次进行具体的示范，并讲出动作的关键要领，指导幼儿重新学习。

此外，为了丰富晨操内容，增加幼儿的活动量并激发幼儿兴趣，操节之后，也进行中等运动量的体育游戏、律动和自选活动等，但晨操的总时间要控制在 10 ~ 15min。

适当的跑步对幼儿身体的发展有很好的促进作用，幼儿园可以在晨操中安排跑步，培养幼儿正确的跑步姿势。天气暖和的时候，跑步可以放在晨操之后，增加幼儿运动量和培养跑步姿势，跑得距离可以由教师根据具体情况来决定。寒冷季节，跑步可以安排在做操前，使幼儿通过跑步，全身发暖，关节和肌肉灵活，为晨操做好准备，因此跑步距离可稍长，走跑交替进行。

晨操结束后或者跑步后都要求幼儿便步走，边走边要求幼儿做深呼吸，也可做些放松动作，待幼儿呼吸均匀，情绪平稳后，走回活动室准备就餐。

需要重点强调的是，在做晨操时一定要保障幼儿的卫生安全。一定不能让幼儿面对着太阳做操，以免幼儿的眼睛受到伤害。伴奏音乐的音量尽量放低，以免幼儿的听力受损和影响附近居民的生活。不提供不清洁、有污染、有尖锐棱角的器械给幼儿使用，同时幼儿进行晨操锻炼时，应当避免在坚硬、不卫生的场地做地面动作。

第五节 幼儿健美操与啦啦操

一、幼儿健美操

（一）幼儿健美操的定义

结合音乐伴奏，以身体练习为锻炼的基本手段，以有氧运动为基础，达到促进幼儿身体健康、塑造形体以及娱乐目的的体育运动。

健美操来源于传统的有氧健身操，也是一种有氧运动。一般情况下，它都使用徒手和轻器械来完成锻炼，是在有氧供应充足的情况下，以人体有氧呼吸功能系统提供能量的一种运动形式。其运动特征是持续一定时间，中低强度的全身性运动，主要锻炼练习者的心肺功能。

（二）幼儿健美操的价值

1. 增强幼儿身体机能

幼儿健美操具有动作协调、自然的特点，让幼儿参与健美操运动学习，能够锻炼幼儿身体的各部位及器官，促进幼儿身体素质与身体活动能力的发展，不断提高幼儿的体质素养；还能够锻炼幼儿的跑、走、跳等运动能力；健美操运动需要通过基本功与基本步法开展练习，能够让幼儿在健美操运动的过程中强化幼儿的审美能力；能够锻炼幼儿脊柱周边的肌肉，促使韧带均匀发展。

2. 培育幼儿正确的审美观念

从幼儿的生长发育特性角度分析，幼儿神经系统的兴奋与抑制对于幼儿情感、观念、审美情趣的发展十分重要。幼儿的神经系统格外活跃，经常会做出一些令人烦恼的事情，例如：拆东西、搞破坏、做危险动作等，具有旺盛的精力，这是幼儿神经系统兴奋发展的体现。随着幼儿年龄的增长，其兴奋与抑制能力逐渐平衡发展，会不再像之前那么淘气。据有关研究表明，若在幼儿的神经系统兴奋时期其没有得到充分的锻炼，则会影响幼儿的心理情绪与思维方式，不能够形成正确、健康的审美观念。因此，在此阶段带领幼儿参与健美操运动，促使幼儿的兴奋状态得以释放，为幼儿旺盛的精力提供发泄出口，则不仅仅能够促使幼儿形成健康的心理状态，帮助幼儿实现兴奋与抑制之间的平衡；更能够让幼儿在健美操运动中得到熏陶，促使幼儿产生健康的审美观念，促进幼儿想象审美、运动知觉、运动审美等方面的发展，培养幼儿从小形成坚强、乐观的品质。

3. 情感养成

幼儿健美操运动是健美操的主要分支之一，是在融合健美操基本特征的前提下，融入幼儿的肢体、神经系统、内脏等方面的训练动作，起到强身健体，促进幼儿身体全面、协调发展的作用。幼儿健美操具有节奏感强、节拍速度不快的特点，练习的时间与周期较长，但是运动强度小，能够在保证幼儿身体有氧供能的前提下开展练习。在幼儿参与健美操运动的过程中，能够充分锻炼身体的各个关节，放松、拉伸各部位的肌肉，而且简单易学，能够有效刺激幼儿的肌肉组织。这种适当的刺激会促使幼儿大脑产生一种化学物质，促使幼儿的神经系统得以发育，形成愉快、兴奋等情感，还能让幼儿在健美操运动的过程中与教师、同学建立情感联系，产生师生之情、同学之情等，有助于促进幼儿的情感系统发育，帮助幼儿逐渐形成正确、积极的情感观念。

（三）常见的幼儿健美操——幼儿快乐健美操

预备动作：两脚开立同肩宽，两臂斜下举，掌心向前，头正直。

第一节：8 拍 ×2

（1）第一个八拍：

1）①：提压双脚 1 次，同时头向左侧屈，如图 7-91(a)所示。

2）②：提压双脚 1 次，同时头向右侧屈。

3）③ ~ ④：和①、②动作相同。

4）⑤：双手体前拍掌，头前屈，如图 7-91(b)所示。

5）⑥：还原预备动作。

6）⑦：双手体后拍掌，头后屈。

7）⑧：还原预备动作。

（2）第二个八拍：重复（1）的动作。

(a)　① ~ ④　　　　(b)　⑤ ~ ⑧

图 7-91　健美操第一节

第二节：8 拍 ×2

（1）第一个八拍：

1）①：上提双肩，如图 7-92(a)所示。

2）②：还原预备动作。

3）③ ~ ④：和① ~ ②动作相同。

4）⑤：提左肩，如图 7-92(b)所示。

5）⑥：提右肩，如图 7-92(b)所示。

6）⑦ ~ ⑧：和⑤ ~ ⑥动作相同。

（2）第二个八拍：重复（1）的动作。

第三节：8 拍 ×2

（1）第一个八拍：

1）①：右腿屈膝，左臂体侧肩下屈肘，掌心向下，右手背后，上体向左倾，如图

(a) ①～④ (b) ⑤～⑧

图 7-92 健美操第二节

7-93(a)所示。

2）②：两手背后。

3）③：做①的反方向动作。

4）④：同②。

5）⑤：腿屈伸 1 次，上体前屈，双手前平举，五指交叉，掌心向外，如图 7-93(b)所示。

6）⑥：双腿弯曲，低头含胸，两臂胸前平屈，掌心向里。

7）⑦：还原⑤。

8）⑧：同⑥。

（2）第二个八拍：重复（1）的动作。

(a) ①～④ (b) ⑤～⑧

图 7-93 健美操第三节

第四节：8 拍 ×2

（1）第一个八拍：

1）①：右腿提踵，“吸”左膝关节向右，左臂侧举立掌。右臂经前屈肘立掌于胸前，头向左转，接着左腿用力向下弹性蹬伸并提踵，如图 7-94(a)所示。

2）②：做①的反方向动作。

3）③~④：同①~②。

4）⑤~⑥：双脚跳1次，落地时屈双膝，上体向左倾，双臂肩侧屈，掌心向前，如图7-94(b)所示。

5）⑦~⑧：双脚跳1次，落地时屈双膝，上体向右倾，双臂肩侧屈，掌心向前，如图7-94(c)所示。

（2）第二个八拍：重复（1）的动作。

(a)　①～④　　(b)　⑤～⑥　　(c)　⑦～⑧

图7-94　健美操第四节

第五节：8拍×2

（1）第一个八拍：

1）①：并腿屈膝，低头含胸，两臂于胸前平屈，掌心向里，如图7-95(a)所示。

2）②：还原预备动作。

3）③~④：同①~②。

4）⑤~⑥：并腿屈膝提踵，小碎步向左转90°，两臂斜后下举。掌心向上，低头含胸，如图7-95(b)所示。

5）⑦~⑧：同⑤~⑥。

（2）第二个八拍：重复（1）的动作，但向右转体。

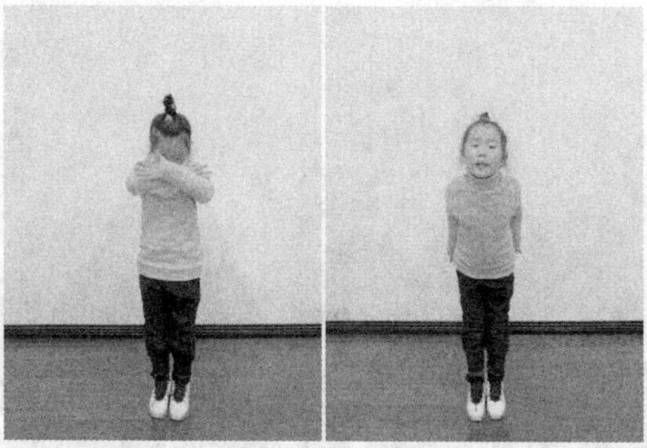

(a)　①～④　　(b)　⑤～⑧

图7-95　健美操第五节

第六节：8 拍×2。

（1）第一个八拍：

1）①～④：左脚开始向前跑 4 步，手臂前后绕摆，并加上髋和上体的左右摆动（迪斯科），如图 7-96(a)所示。

2）⑤～⑥：抬左腿向右屈膝，右腿原地小跳 1 次，右臂前屈肘触左膝，左臂侧举，如图 7-96(b)所示。

3）⑦～⑧：向前直膝踢左腿的同时，右腿原地小跳 1 次，右手触左脚，左臂侧举，如图 7-96(c)所示。

（2）第二个八拍：重复（1）的动作，向后退跑。

(a) ①～④　(b) ⑤～⑥　(c) ⑦～⑧

图 7-96　健美操第六节

第七节：8 拍×2。

（1）第一个八拍：

1）①～③：左脚向左走 3 步，同时两臂自然前后摆动。

2）④：右脚踏在左脚边，前脚掌着地，左腿直立，右腿屈膝，出左髋，如图 7-97(a)所示。

3）⑤～⑦：做①～③的反方向动作，两臂向下还原，如图 7-97(b)所示。

4）⑧：做④的反方向动作，两手背后，如图 7-97(c)所示。

（2）第二个八拍：重复（1）的动作，向后退跑。

(a) ④　(b) ⑤～⑦　(c) ⑧

图 7-97　健美操第七节

二、啦啦操

(一) 第一节：准备运动（8拍×4）

(1) 预备动作：手拿花球，双臂屈臂于胸前，如图7-98(a)所示。

(2) 第一个八拍：

①~⑧：原地踏步，双臂屈臂于胸前，如图7-98(b)、(c)所示。

(a)　预备　　(b)　①～②，⑤～⑥　　(c)　③～④，⑦～⑧

图7-98　准备运动1

(3) 第二个八拍：

1) ①~②：左臂屈臂于胸前，右臂侧斜上举，如图7-99(a)所示。

2) ③~④：左臂侧斜上举，右臂不动，如图7-99(b)所示。

3) ⑤~⑥：双臂收回于胸前，如图7-99(c)所示。

4) ⑦：同时打开双腿，双臂与肩平行，如图7-99(d)所示。

5) ⑧：还原直立姿势，如图7-99(e)所示。

(4) 第三个八拍：同第一个八拍。

(5) 第四个八拍：同第二个八拍，方向不变。

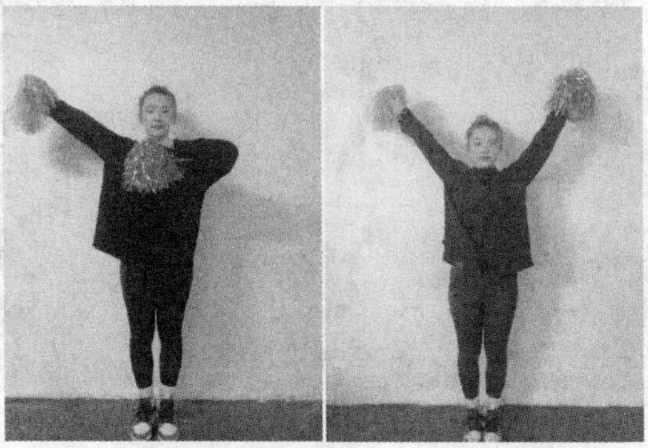

(a)　①～②　　(b)　③～④

(c)　⑤～⑥　　(d)　⑦　　(e)　⑧

图7-99　准备运动2

(二) 第二节：伸展运动 (8拍×4)

(1) 预备动作：手拿花球，双臂自然下垂，立正站好，如图7-100(a)所示。

(2) 第一个八拍：

1) ①~②：双腿直立不动，双臂同时经侧向旁打开与肩平行，如图7-100(b)所示。

2) ③~④：腿下蹲，双臂前平举，同时向左转动啦啦球，头并向左倾，如图7-100(c)所示。

3) ⑤~⑥：腿直立，双臂伸直上举，如图7-100(d)所示。

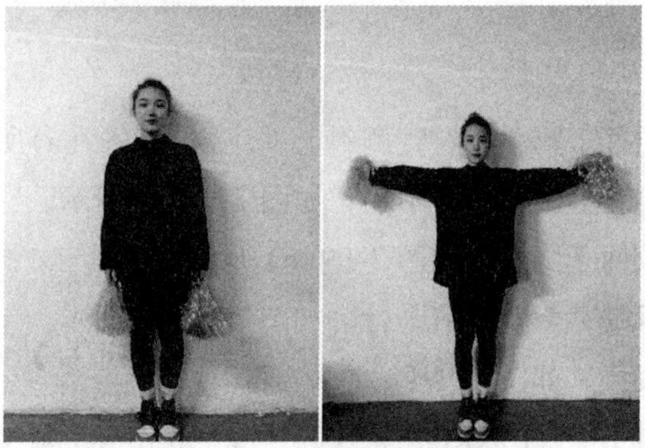

(a)　预备　　(b)　①～②

(c)　③～④　　(d)　⑤～⑥　　(e)　⑦～⑧

图7-100　伸展运动1

4）⑦~⑧：还原直立姿势，如图7-100(e)所示。

（3）第二个八拍：

1）①~②：屈左腿，左臂自然下垂，右手持啦啦球击打左肩，如图7-101(a)所示。

2）③~④：屈右腿，左手持啦啦球击打右肩，如图7-101(b)所示。

3）⑤：双臂经两侧上举，头顶啦啦球交叉一次，如图7-101(c)所示。

4）⑥：双臂经两侧下到斜上举位置，如图7-101(d)所示。

5）⑦：双臂侧平举，如图7-101(e)所示。

6）⑧：还原直立姿势，如图7-101(f)所示。

（4）第三个八拍：同第一个八拍，但方向相反。

（5）第四个八拍：同第二个八拍，方向不变。

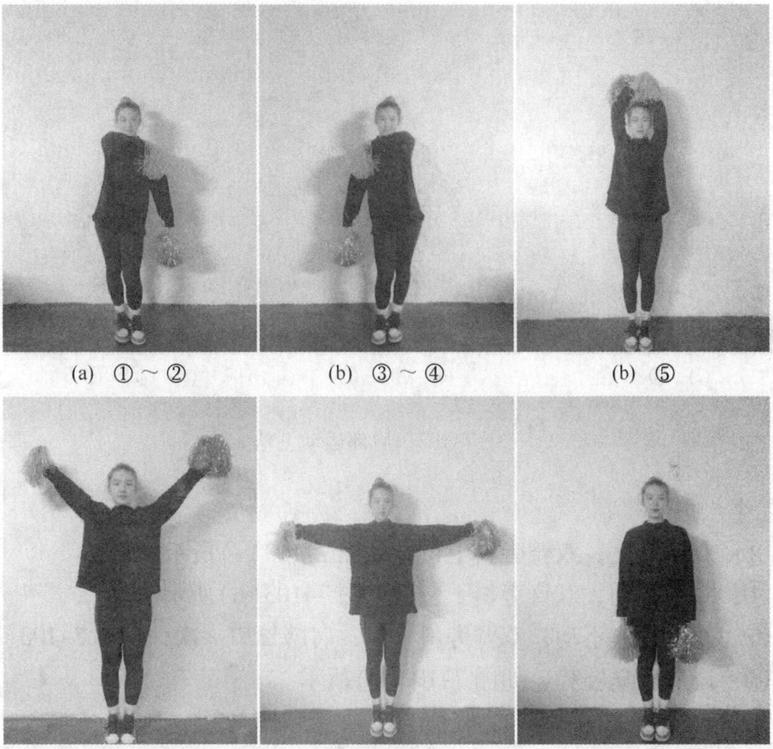

(a) ①～②　(b) ③～④　(b) ⑤

(d) ⑥　(e) ⑦　(f) ⑧

图7-101　伸展运动2

（三）第三节：肩部运动（8拍×4）

（1）预备动作：手拿花球，双臂自然下垂，立正站好，如图7-102(a)所示。

（2）第一个八拍：

1）①~②：右腿弯曲，同时右臂持啦啦球击打右肩膀，如图7-102(b)所示。

2）③~④：同①~②，方向相反，如图7-102(c)所示。

3）⑤~⑥：左腿屈，左臂旁斜下位，如图7-102(d)所示。

4）⑦~⑧：左腿屈，左臂旁斜下位，如图7-102(e)所示。

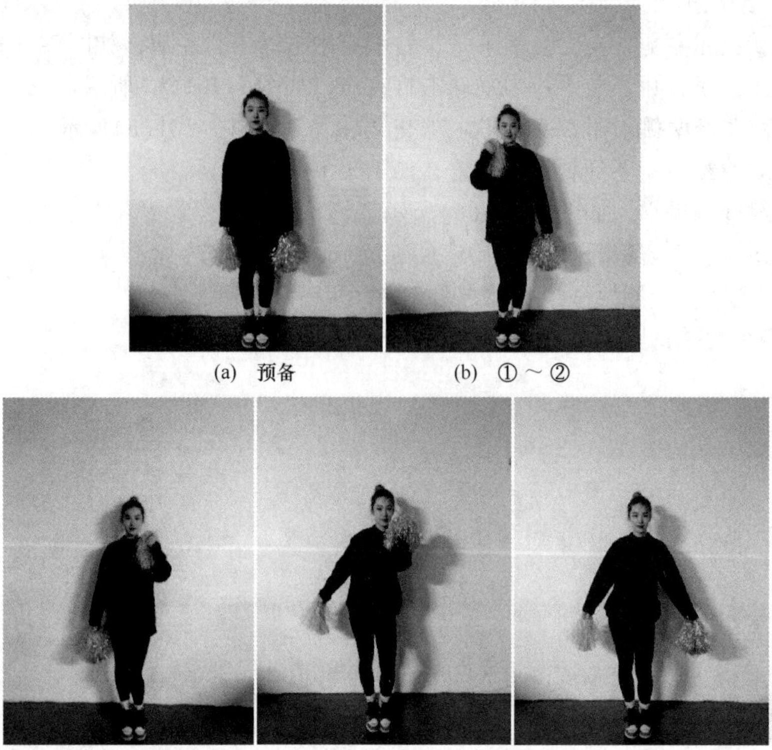

(a) 预备 (b) ①～②

(c) ③～④ (d) ⑤～⑥ (e) ⑦～⑧

图7-102 肩部运动1

(3) 第二个八拍：

1) ①~②：双腿直立，双臂旁斜上位，如图7-103(a)所示。

2) ③~④：双腿不动，双臂旁斜下位，如图7-103(b)所示。

3) ⑤~⑥：双腿直立不动，双臂旁斜下位，肩膀耸肩一次，如图7-103(c)所示。

4) ⑦~⑧：还原直立姿势，如图7-103(d)所示。

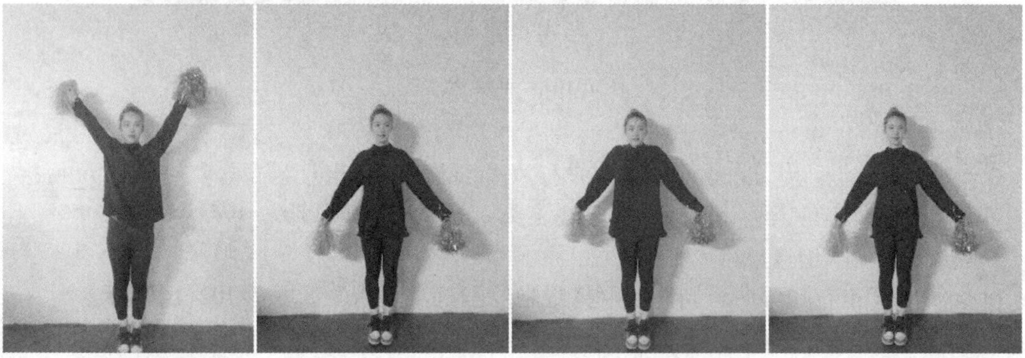

(a) ①～② (b) ③～④ (c) ⑤～⑥ (d) ⑦～⑧

图7-103 肩部运动2

（4）第三个八拍：同第一个八拍，方向不变。

（5）第四个八拍：同第二个八拍，方向不变。

（四）第四节：扩胸运动（8拍×4）

（1）预备动作：手拿花球，双臂自然下垂，立正站好，如图7-104(a)所示。

（2）第一个八拍：

1）①~②：原地踏步，抬左脚，伸右臂，如图7-104(b)所示。

2）③~④：原地踏步，抬右脚，伸左臂，如图7-104(c)所示。

3）⑤~⑥：左脚向前迈出一步呈弓箭步，双臂打开侧平举，正视前方，如图7-104(d)所示。

4）⑦~⑧：还原直立姿势，如图7-104(e)所示。

(a)　预备　　(b)　①～②

(c)　③～④　　(d)　⑤～⑥　　(e)　⑦～⑧

图7-104　扩胸运动1

（3）第二个八拍：

1）①~②：双臂屈臂于胸前，如图7-105(a)所示。

2）③~④：上体向左转90°，同时双臂打开旁平位，头向左转，正视前方，如图7-105(b)所示。

3）⑤~⑥：同①~②。

(a) ①～②，⑤～⑥　(b) ③～④　(c) ⑦～⑧

图 7-105　扩胸运动 2

4）⑦~⑧：还原直立姿势，如图 7-105(c)所示。

（4）第三个八拍：同第一个八拍，方向相反。

（5）第四个八拍：同第二个八拍，方向相反。

（五）第五节：体侧运动（8 拍×4）

（1）预备动作：手拿花球，双臂自然下垂，立正站好，如图 7-106(a)所示。

（2）第一个八拍：

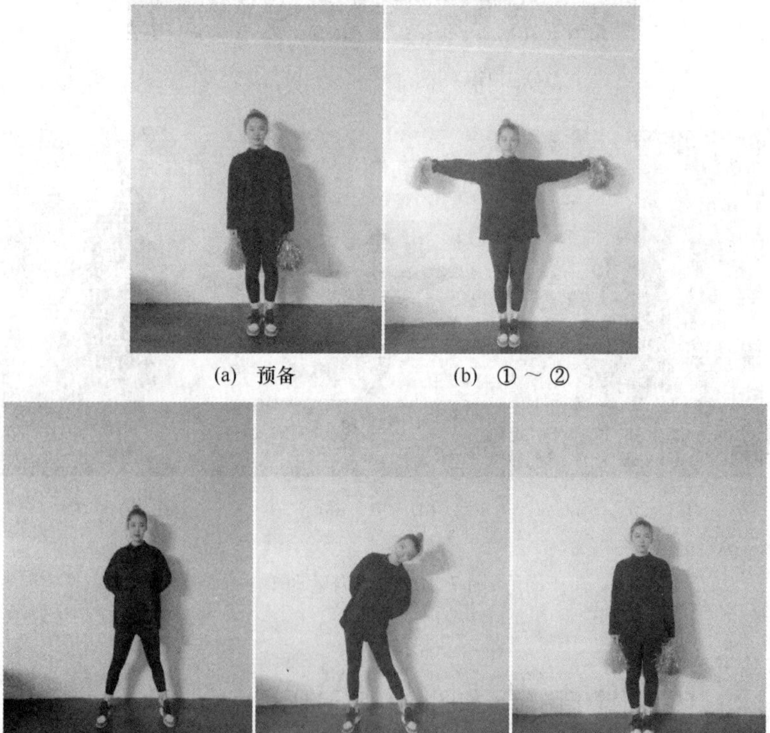

(a) 预备　(b) ①～②

(c) ③～④　(d) ⑤～⑥　(e) ⑦～⑧

图 7-106　体侧运动 1

1）①~②：双腿直立不动，双臂侧平位打开，如图7-106(b)所示。

2）③~④：左脚向左跨出一步，同时双臂背后，眼正视前方，如图7-106(c)所示。

3）⑤~⑥：向左弯腰，如图7-106(d)所示。

4）⑦~⑧：还原直立姿势，如图7-106(e)所示。

(3) 第二个八拍：

1）①~②：左脚向左跨出一步，同时双臂侧平举，如图7-107(a)所示。

2）③~④：右臂背后，左臂屈臂放在头后面，如图7-107(b)所示。

3）⑤~⑥：向右弯腰，如图7-107(b)所示。

4）⑦~⑧：还原直立姿势，眼睛一直直视前方，如图7-107(c)所示。

(4) 第三个八拍：同第一个八拍，方向不变。

(5) 第四个八拍：同第二个八拍，方向不变。

(a)　①～②　　(b)　③～④，⑤～⑥　　(c)　⑦～⑧

图7-107　体侧运动2

(六) 第六节：体转运动（8拍×4）

(1) 预备动作：手拿花球，双臂自然下垂，立正站好，如图7-108(a)所示。

(2) 第一个八拍：

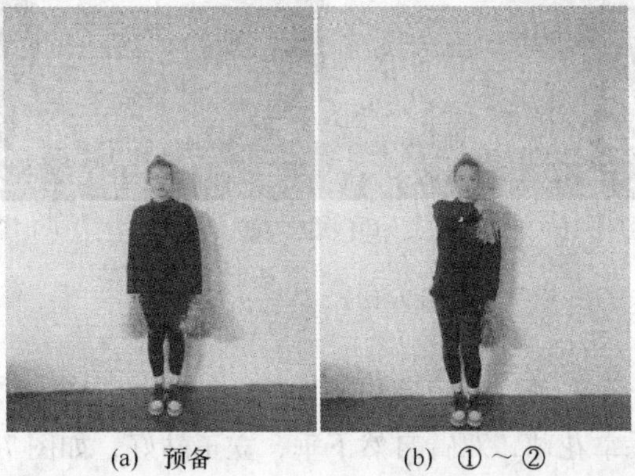

(a)　预备　　(b)　①～②

(c) ③～④ (d) ⑤～⑥ (e) ⑦～⑧

图7-108 体转运动1

1）①~②：左腿弯曲，同时右臂持啦啦球击打左肩膀，如图7-108(b)所示。

2）③~④：双腿打开，双臂侧平举，直视前方，如图7-108(c)所示。

3）⑤~⑥：双腿直立，身体左转，抬右臂，放下左臂，如图7-108(d)所示。

4）⑦~⑧：还原直立姿势，如图7-108(e)所示。

（3）第二个八拍：

1）①~②：右腿弯曲，同时左臂持啦啦球击打右肩膀，如图7-109(a)所示。

2）③~④：双腿打开，双臂侧平举，直视前方。

3）⑤~⑥：双腿直立，身体右转，抬左臂，放下右臂，如图7-109(b)所示。

4）⑦~⑧：还原直立姿势，如图7-109(c)所示。

（4）第三个八拍：同第一个八拍，但方向相反。

（5）第四个八拍：同第二个八拍，但方向相反。

(a) ①～④ (b) ⑤～⑥ (c) ⑦～⑧

图7-109 体转运动2

（七）第七节：腹背运动（8拍×4）

（1）预备动作：手拿花球，双臂自然下垂，立正站好，如图7-110(a)所示。

（2）第一个八拍：

1）①~②：双腿下蹲，双臂屈臂于胸前，低头看啦啦球，如图7-110(b)所示。

2）③~④：双臂侧平举，低头，如图7-110(c)所示。

3）⑤~⑥：双腿直立，上体前屈，双臂垂直，低头，如图7-110(d)所示。

4）⑦~⑧：还原直立姿势，如图7-110(e)所示。

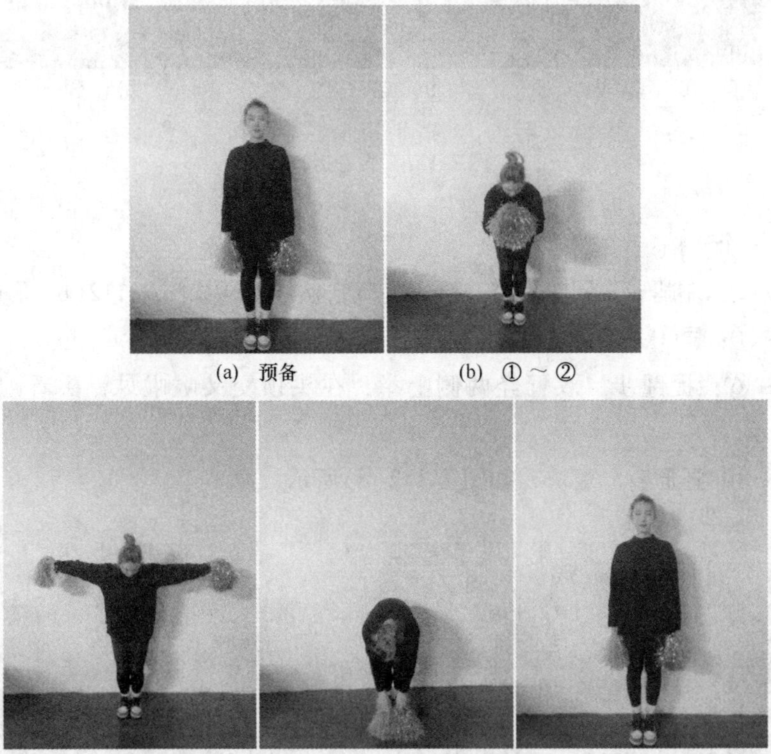

(a) 预备　(b) ①～②

(c) ③～④　(d) ⑤～⑥　(e) ⑦～⑧

图7-110　腹背运动1

（3）第二个八拍：

1）①~②：左腿向前弓步，双臂同时侧平举，如图7-111(a)所示。

2）③~④：双臂在弓步下击打啦啦球一次，如图7-111(b)所示。

3）⑤~⑥：同①~②。

4）⑦~⑧：还原直立姿势，如图7-111(c)所示。

（4）第三个八拍：同第一个八拍，但方向相反。

（5）第四个八拍：同第二个八拍，但方向相反

（八）第八节：整理运动（8拍×4）

（1）预备动作：手拿花球，双臂自然下垂，立正站好，如图7-112(a)所示。

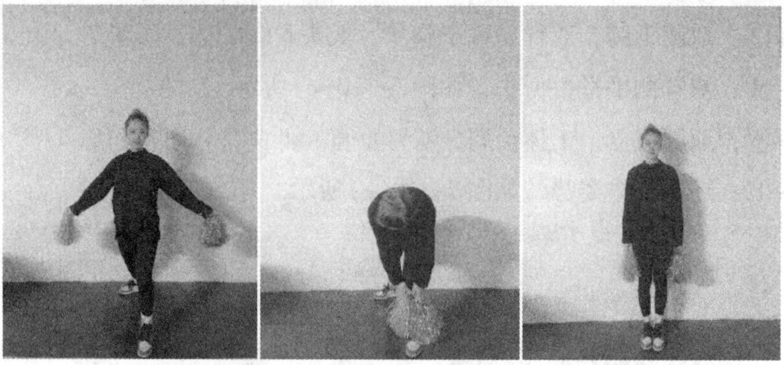

(a) ①～②，⑤～⑥　　(b) ③～④　　(c) ⑦～⑧

图 7-111　腹背运动 2

（2）第一个八拍：

1）①~②：左腿屈，同时右臂叉腰，左臂自然下垂，如图 7-112(b)所示。

2）③~④：同①~②，方向相反。

3）⑤~⑥：提踵步，双臂经两侧上举，在头顶交叉啦啦球，头看啦啦球，如图 7-112(c)所示。

4）⑦~⑧：还原直立姿势，如图 7-112(d)所示。

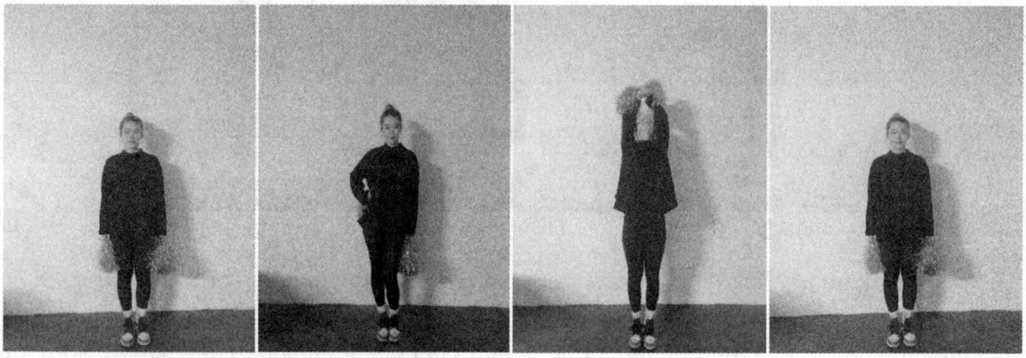

(a) 预备　　(b) ①～②，③～④　　(c) ⑤～⑥　　(d) ⑦～⑧

图 7-112　整理运动 1

（3）第二个八拍：

1）①~②：左腿屈膝，左手持啦啦球击打左肩，如图 7-113(a)所示。

2）③~④：同①~②，方向相反。

3）⑤~⑥：双腿直立，双臂向下交叉，如图 7-113(b)所示。

4）⑦~⑧：还原直立姿势，如图 7-113(c)所示。

（4）第三个八拍：同第一个八拍，方向不变。

（5）第四个八拍：同第二个八拍，方向不变。

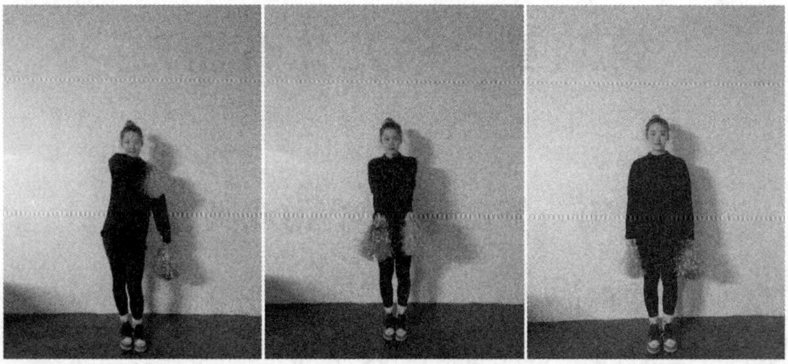

(a) ①～②，③～④　　(b) ⑤～⑥　　(c) ⑦～⑧

图 7-113　整理运动 2

第八章　幼儿体育游戏

第一节　幼儿体育游戏概述

幼儿体育游戏是幼儿进行体育活动的一种主要形式，是根据一定的体育任务设计的，是由身体动作、情节、角色和规则组成的一种以增强幼儿体质为目的的活动性游戏。其中以身体动作（七大基本动作：走、跑、跳、平衡、钻、爬、投掷；十七种动作：走、跑、跳、踢、转、抛、接、投、拍、推、拉、悬、滚、钻、爬、攀、平衡）为主要内容，以游戏活动（情节、角色、规则）为基本形式，以发展幼儿身体素质和基本活动能力为主要目的。

幼儿的体育游戏不同于表演游戏、结构游戏和角色游戏，它由各种基本的动作组成，有严格的规则，有明确的结果，是以发展幼儿身心为目的的一种锻炼活动。体育游戏比一般体育活动更能全面发展幼儿的身心。

一、幼儿园体育游戏和体育活动的区别

幼儿园体育工作的“育体”任务是通过两条途径来完成的：一是体育活动（包括早操、体育课以及户外体育活动等常规锻炼方式）；二是体育游戏。幼儿园的体育活动与体育游戏既有联系又有区别，在逻辑上是包含关系。两者的联系主要体现在它们的目标是相同的，都是为了培养幼儿对身体锻炼的兴趣，促进幼儿身体的健康发展，都是为了让幼儿学习基本动作，把握各种基本动作的技能、技巧。两者的区别表现为在锻炼身体、促进身体各项机能发展以及增进健康等方面的侧重点不同。假如体育活动是面向全体、照顾绝大多数幼儿能力水平而进行的锻炼身体大骨骼关节和大肌肉群机能的泛化健体活动，那么体育游戏则是注重个性张扬、自由发挥，不求一致发展的侧重锻炼幼儿小肌肉群以及身体局部机能和关节精细动作等的幼儿健体活动；假如幼儿园体育活动没有竞赛属性，不具有胜败输赢的特点，不需要经过太大的努力，不必花费太多的气力即可普遍达到健体的目的，那么体育游戏则更多地具有竞争色彩，幼儿通过努力可以不断达到更高的竞技水平，通过胜败的差异，体验成就感与荣誉感，在享受成功与胜利愉悦的同时，不断增强自信心，从而形成锐意进取的良好个性品质。也就是说体育活动相对只有锻炼的属性，而体育游戏除了锻炼之外，还具有趣味和竞技的属性。从某种层面上看，体育游戏更像是能全面发展幼儿身心的综合课程。因此，幼儿的体育游戏有着不同于体育活动的独特的设计思路与组织方法。

（1）幼儿的体育游戏必须贯彻灵巧性原则。幼儿的体育游戏应设有锻炼幼儿灵巧机能的内容和机制，这是针对幼儿机体能力的发展需要提出来的。幼儿的走、跑、跳、投、爬等基本动作虽已基本成形，但动作的准确性、协调性都比较差，即缺乏灵巧性，动作的整体形态还显得较为笨拙。通过设有灵巧练习内容和制约机制的体育游戏，可以提高幼儿的神经系统对肌肉的调节作用及其对精细动作的控制能力，幼儿的各项基本动作的发展逐

步朝着准确、协调、熟练的方向转化，从而形成正确、合理的动力定型。灵巧性原则要求体育游戏的设计必须有机动应变的可行性存在。如一般运动类体育游戏那种跑动中的急停、转身，“老鹰抓小鸡”游戏中的躲闪动作等，都属于含有机动、应变制约机制和相关运动能力的练习内容。灵巧性原则还要求多安排或穿插进行有益于发展幼儿精确能力、协调能力的游戏内容，如拍皮球行进计时赛，用球拍端乒乓球过独木桥等。

（2）幼儿的体育游戏必须体现聪明性原则。幼儿的体育游戏过程要能够让幼儿有机会闪现出聪明的亮点。幼儿的体育游戏除了担负“育体”的任务，同时还应包含“育智”的成分，通常在较大型的幼儿体育游戏中，都存在一个怎样完成游戏才能做到多、快、好、省以及提高游戏的成功率和取胜率的问题。故意给幼儿留下解决这些问题的思考空间，有利于促使幼儿积极开动脑筋，以最佳的方式完成游戏，这就是贯彻聪明性原则的基本含义。幼儿体育游戏也只有体现出较多的聪明性，才有可能显示出较多的趣味性。而“好玩”则是促使幼儿积极参与体育游戏的一个重要的内在驱动力。为了更好地体现聪明性原则，教师在设计幼儿体育游戏的过程中，应该在规则允许的范围内尽可能多地留有完成游戏的多种方法的选择余地，这样就能不断地拓展幼儿的想象空间和创造空间，提高他们的智力水平。假如一种幼儿体育游戏只有一种完成方法，就很难说它是一则好的幼儿体育游戏，同样是“穿山洞”“过障碍”“走下坡”，就应该有不同的“穿”法、“过”法和“走”法，这正是优秀幼儿体育游戏的价值所在。

（3）幼儿的体育游戏必须坚持教育性原则。体育游戏具有较多的竞技性、趣味性，除了能发展、完善幼儿精细动作和局部机能之外，更能在心理上使幼儿体验各种感受：或成功，或失败；或欢乐，或痛苦；或希冀的实现，或期望的落空。这其中就有一个如何促进幼儿心理成熟与适时进行思想教育的问题。之所以说幼儿的体育游戏更像是一个综合教育课程，是因为它包含了对幼儿进行多重心理素质培养和个性调教的过程。幼儿体育游戏的教育性原则主要体现在培养幼儿自信、自强品质和团结友爱的集体主义精神等优良道德风貌的塑造上。一个好的体育游戏，或者说一个能较好地体现教育性原则的体育游戏应该既能表现个人价值，又能体现集体力量。为此，在设计体育游戏时，教师应有意识地把个人项目与集体项目有机结合在一起，既不搞单一的个人项目游戏，也不搞纯粹的集体项目游戏。换句话说，所有表现个人技能的游戏最好都用组队的方式进行。这样既能显示个人的价值，又能体现集体的力量，使幼儿在获得成就感（或产生失落感）的同时又能切实感受到集体的温暖和强大，感受到团结协作的重要性等，有利于互助观念和集体荣誉感的形成。

（4）幼儿的体育游戏必须强调安全性原则。安全第一是对学前教育工作中各项具体活动的普遍要求，在幼儿的体育游戏设计、组织过程中更应强化安全第一的观念。体育游戏具有竞争、竞技和趣味性强的特点，有一定的激烈程度和完成难度，幼儿参与的欲望一般都比较强烈。这就使得幼儿在参与游戏的过程中比较容易“忘乎所以”，会不同程度地产生激动情绪，再加上有自由发挥来完成游戏的余地，因此每个幼儿完成游戏的过程可能相同，也可能不同，教师也就无法完全事先预料游戏过程会发生什么事情。这就要求事先预备工作要想得周到一些，防患于未然。为确保安全，必须在所有的游戏道具的使用和装备上考虑周全，使之在任何条件下都安全无虞。例如，整个的游戏空间、场所、环境没有任何尖锐的棱角和坚硬的器具，不会产生撞击情况，不会因摔跤而造成伤害等，这就要求游戏应在有草坪、有木地板或地毯覆盖的平面上进行；应采用质地轻柔、棱角圆滑的木材或塑料、橡胶、泡沫、海绵等制作的器材作为游戏的道具；游戏材料的立体高度不能太高，坡度不能太陡，诸如“独木桥”“跷跷板”“平衡木”之类的安装设计高度离开地面二三十厘米即可；游戏的固体材料或液体材料均应无毒、无臭、无刺激性、无腐蚀性，不会因接触而产生任何不良反应。幼儿的体育游戏还要防止人为的伤害。有时在比输赢的过程中，幼儿之间难免会发生一些矛盾冲突，教师应及时进行疏导、调解，简要地说出正确的行为方式，让他们及时化解矛盾，继续游戏，直至完成。

二、幼儿体育游戏的分类

幼儿体育游戏的内容很丰富，形式也多样，依据不同的标准，其分类也有所不同。幼儿体育游戏常用的分类方法有：

按游戏组织的形式分类，可分为集体游戏和分散游戏，全班游戏、小组游戏和个人游戏等。

按活动量的大小分类，可分为激烈的体育游戏和较和缓的体育游戏，大活动量体育游戏、中等活动量体育游戏和小活动量体育游戏等。

按基本活动能力分类，可分为走的游戏、跑的游戏、跳跃的游戏、投掷的游戏、钻爬和攀登的游戏、平衡的游戏等。

按有无情节性分类，可分为情节性体育游戏和无情节体育游戏。

按身体素质的培养分类，可分为力量游戏、耐力游戏、速度游戏、灵敏性游戏等。

按有无运动器械分类，可分为徒手游戏和运动器械游戏。

按运动器械的不同分类，可分为绳子游戏、球的游戏、沙包游戏、塑料圈游戏、平衡板游戏、轮胎游戏、垫上游戏、木棒游戏、组合性游戏等。

按游戏的性质分类，可分为规则性游戏、主题性游戏、探索性游戏和表现性游戏等。

幼儿体育游戏按课程性质分为以下几种：

(1) 模仿性游戏（多用于小班）。幼儿通过模仿各种动作，达到锻炼基本动作的目的。如小班体育游戏“小白兔”，幼儿模仿小兔跳的动作，训练双脚向前行进跳的技能，这种体育游戏常伴有儿歌、音乐。

(2) 有主题情节的游戏（小中大班均用）。这种游戏的特点是有角色、有开始、发展、结束的游戏情节。教材中此类游戏较多，幼儿特别喜爱。游戏有不同的难易程度，各班都能进行。如小班的“麻雀和汽车”“老猫睡觉醒不了”，中班的“蝴蝶和小猫”“鱼和虾”，大班的“小青蛙捉害虫”“老鹰捉小鸡”等。

(3) 竞赛性游戏（中班选用，大班增多）。这是互相比赛，分出胜负的一种体育游戏，一般分队进行。如“插红旗”“小马运粮”等。由于竞赛性游戏强调结果的胜负，而小班幼儿还不太懂，兴趣只在游戏动作和过程本身，所以一般不在小班运用。中班幼儿开始注意到游戏的结果，并逐步产生比赛的兴趣，对竞赛性游戏有所理解，因此从中班开始选用，到了大班逐渐增多。

(4) 躲闪性游戏（适合中大班）。这种游戏对训练幼儿的动作灵敏性作用较大，参加游戏的幼儿为了保持优胜而不被淘汰，就必须灵活地躲闪，如中班的“捕小鱼”游戏。由于这类游戏对各种动作技能要求较高，躲闪时不仅要迅速跑步、转身、设法避开等，还要注意不碰撞其他同伴，因此适合中大班玩。

(5) 球类游戏（小中大班）。这是指滚球、拍球、抛接球、击木柱、投篮、踢足球、打乒乓球等，随着幼儿年龄的增长，由易到难地组织幼儿开展各种球类游戏。

（6）民间体育游戏（小中大班）。这是指民间世代相传的一些小型体育游戏，如跳房子、踢毽子、跳橡皮筋、跳绳、夹包、翻饼等。

三、不同年龄阶段幼儿体育游戏的特点

（一）小班幼儿体育游戏的特点

在身体和动作发展方面，小班幼儿体力和身体素质都比较薄弱，大肌肉群发育不太完善，各项基本动作都还没有正确掌握，动作缺乏协调性和准确性，平衡能力差，活动不自如。小班幼儿的心理特点是喜爱游戏，好模仿，注意力不易集中。他们对游戏中的动作、角色、情节都很感兴趣，但是对游戏的结果不太注意。

小班幼儿体育游戏的动作内容和情节都比较简单，角色较少，便于幼儿模仿，而且是常常集体做同一动作。例如："小孩小孩真爱玩"的游戏，要求幼儿以同样动作达到某一地点，完成同一任务后再跑回来。小班体育游戏的规则比较简单，是幼儿容易做到的。往往有的规则也是游戏的内容。如"老猫睡着了，小猫再出去玩；老猫醒了一叫，小猫就回来了"，这既是游戏的内容，也是游戏的规则。

（二）中班幼儿体育游戏的特点

在身体和动作发展方面，中班幼儿的体力有所发展，动作比小班幼儿协调和灵活自如，平衡能力和独立生活能力也有很大提高。他们的智力进一步发展，空间知觉能力也明显增强，能辨别方向，注意力较易集中，能控制自己，比较自觉地遵守游戏规则。中班幼儿比较喜欢有情节、有角色、有追逐的游戏。游戏中的动作情节和角色比小班复杂，而且对游戏的结果有所注意。

中班的体育游戏除了带有一定情节外，还增加了一些无情节的、只为完成某项任务的分组竞赛游戏，游戏的规则也比较复杂，并带有限制性，如"老狼老狼几点钟"。但中班幼儿在开始玩追逐游戏时，往往不惜力气追捉某一幼儿，而不去追捉离他最近的幼儿，对此，教师可以注意并及时加以引导。

（三）大班幼儿体育游戏的特点

大班幼儿比小、中班幼儿更壮实，体力更充沛，在前两年学习的基础上，已能熟练地掌握各项基本动作，而且动作更加协调有力、灵活自如。在正确教育下，他们对周围生活已经有了一定的见解，知识范围扩大了，观察分析和理解能力有了显著的提高，开始具有组织能力和控制注意的能力，增强了责任感，喜欢有胜负的结果。

在大班这个年龄阶段，竞赛性游戏增多，游戏动作加多，难度加大，往往需要幼儿克服一定的困难之后，才能达到游戏的目的，游戏的情节和角色之间的关系更为复杂。

第二节　体能类体育游戏

体能类的动作多种多样，包括走、跑、跳、踢、转、抛、接、投、拍、推、拉、悬、滚、爬、钻、攀与平衡等。本节主要选用走、跑、跳、投掷、攀爬钻等五类基本动作，结合推、拉、转等动作进行游戏设计。

一、走的游戏

（一）走的游戏总述

走是幼儿日常活动中最基本、最自然的移动身体的活动方式，走的动作能够帮助幼儿形成良好的身体姿态、发展幼儿动作技能和提高适应能力。走的练习可采用多种多样的方式，如进行队列队形游戏，走的过程中进行方向、路线的变化等。依据不同的目标选择不同的内容，若游戏中需要锻炼幼儿的腿部力量和节奏感则可选用大步走、高抬腿走等内容，若需要锻炼幼儿的平衡协调能力则可选用直线走、踩物走等内容。

1. 走的分类

按照步型分为基本步、大步走、弓步走、马步走、交叉步走、滑步走等；按脚的着地点来分，可分为全脚掌着地走、前脚掌走、后脚跟走等；按身体的形态来分有屈体向前（倒退）走、半蹲走、全蹲走、结合上肢及躯体动作的行走等；按身体方位分为前进走、侧身走、后退走、变向行走等；按路线分为直线走、曲线走、往返走等；按坡度分为上坡走、下坡走等；按与物体的作用方式分为持物走、推拉物品走、踩物走、顶物走等；按人数分为单人走、双人走、多人走。

2. 走的动作要领

以基本步为例：走步时，上体正直、自然挺胸、肩部肌肉放松、眼看前方；落地要轻；两臂前后自然、轻松摆动，向前摆臂时肘关节稍弯曲；向前迈步方向正，两脚落地要轻，脚尖稍向正前方，步幅大小适宜、均匀。脚跟着地后，自然滚动至前脚掌；前脚掌拔地向前，依次交替。

易出现的错误有：（1）内外八字脚；（2）抬腿过高；（3）落地过重；（4）摆臂紧张、步幅过大或过小；（5）低头含胸，上体摆动。

3. 走的练习内容

小班：沿地面直线或在较窄的低矮物体上走一段距离；在指定范围内走、按指定方向走、听信号走等；双脚自然地交替上台阶。集体走时，学习保持适宜的间隔、距离。

中班：沿地面直线或较窄的低矮物体上平稳地走一段距离，能听信号变节奏走、快走急停等；听信号站成各种队形等。集体走时，能保持适宜的间隔、距离。

大班：在斜坡、荡桥或有一定间隔的物体上较平稳地行走；自然协调地走过平衡板，能一对一整齐地走、合作走、蒙眼走、跟着节奏走等，能够完成较长距离的行走。

（二）走的游戏设计

1. 表的游戏设计（见表8-1）

表8-1　表的游戏设计

序号	小　班	中　班	大　班
1	气球与蜗牛（走圆形）	高个子与矮个子（蹲走）	找朋友（一对一走）
2	老狼睡觉了（轻轻走）	魔镜（后退走）	小鸡过河（顶物走）
3	熊与木头人（听口令走停）	电风扇（边转边走）	赛龙舟（多人合作走）
4	摘苹果（绕障碍走）	踩高跷（民间游戏）	螃蟹搬粮食（双人行走）

2. 游戏设计（小班）

（1）气球与蜗牛（走圆形）。

游戏目标：理解圆形队形的走法，形成跟随走的意识。

游戏玩法：在场地上用标志点围成一个圆，幼儿跟随教师围绕顺时针方向走，并逐渐缩小成螺旋状。当圆圈缩小到一定程度时，教师再按逆时针方向走，从圆圈中走出来。

游戏规则：幼儿两手自然摆动，一个跟着一个走，不要走乱。

游戏指导：1）练习内容从“站成圆”—“走圆”—“走螺旋形”。2）在引导幼儿练习时，围成圈时说“大气球”，螺旋状时说“蜗牛”，走的同时配合儿歌，如：“好朋友，手牵手，走呀走，走呀走，走成一个大气球。”

（2）老狼睡觉了（轻轻走）。

游戏目标：练习轻轻走直线，提高灵敏性。

游戏玩法：一教师扮演老狼在树下睡觉，教师引导幼儿在地上轻轻走直线（小路）到对面的终点，然后轻轻走回。熟练后，走一定高度的平衡木（小桥）返回。

游戏规则：按教师的口令再出发，看谁的动作最快最轻。

游戏指导：1）走过一定高度的桥时，教师注意保护。2）游戏中幼儿的角色可以设置为小猫（踮脚走）、小羊（全脚掌慢慢走）、企鹅（侧身走）等。

（3）熊与木头人（听口令走停）。

游戏目标：练习听口令停、快走的能力，提高身体控制能力。

游戏玩法及规则：幼儿四散在平地或沙地里走，在场地里面寻找隐藏的宝藏。教师说“熊来了”，“熊”从场外进入场内，此时幼儿都不能动，谁动就被“熊”捉到场外。表扬跑得快，停得稳的幼儿。

游戏指导：1）建议“不能动”的时间控制约10s，以免幼儿长时间保持同一姿势。2）升级游戏时，可以加入要幼儿摆造型的环节。

（4）摘苹果（绕障碍走）。

游戏目标：练习绕障碍走和跳、摘的动作，锻炼身体平衡能力和手眼协调能力。

游戏玩法及规则：幼儿在教师的指导下，走过小树林（或其他标志物），身体不能碰倒小树，若碰倒要赶紧扶起来。找到苹果树后，要赶快摘苹果，摘完后赶快跑回来，将苹果放在果盘里，直到将苹果摘完。行走中身体不能碰倒障碍物。

游戏指导：1）小班幼儿动作稳定性差，要强调幼儿小心地穿过树林，注意同伴间不要撞到。2）此外，可以把剪好的苹果纸片洒落在地上，或贴在一定的高度让幼儿去捡、摘。

3. 游戏设计（中班）

（1）高个子与矮个子（蹲走）。

游戏目标：随口令做站立走和蹲走的动作，理解高和矮的概念。

游戏玩法：教师说“我们是高个子”，幼儿两臂上举，身体尽量立高。教师说“我们是矮个子”，幼儿蹲下。“高个子慢慢变矮了”“矮个子慢慢变高了”，幼儿听教师口令变动作。“高个子”进行立高行走的练习，“矮个子”进行蹲走的练习，走3～5m的距离。

游戏规则：听口令做动作，站立走和蹲走要稳。

游戏指导：1）注意可预先练习“蹲”的动作，配合儿歌“下蹲时，上身直、小屁股、不撅起”；练习“立”的动作，配合儿歌“站立时，腿立直、头扬起、真神气”。2）可结合音乐《高人走矮人走》练习。

（2）魔镜（后退走）。

游戏目标：学习后退走，在宽35cm、长5m的窄道内练习自然走和后退走。

游戏玩法：教师指导幼儿学习后退走后，带领幼儿在窄道内进行练习。分成2～3组，教师导入情景，今天的任务是走过“小桥”去帮小动物们找“食物”，可是“皇后”在桥头放了一块魔镜（图片），当魔镜是“娃娃脸”时，幼儿自然走；当魔镜是“娃娃头发”时，幼儿倒退走。过了窄道，去寻找一个食物后回到队伍前跟第二位幼儿击掌，第二位幼儿再出发，看哪一队小朋友找到的“食物”多。

游戏规则：走时不能超出窄道，一次只能拿一个“食物”。

游戏指导：熟练后，图片中可以改为小动物鸭子、螃蟹等图像，自然走时幼儿可以做相对应的动物走等。

（3）电风扇（边转边走）。

游戏目标：感受转动的乐趣，提高平衡能力。

游戏玩法：1）小风扇：当教师说“电风扇准备”时，幼儿两臂侧平举做好准备，当听到教师说“开风扇了”，幼儿边念儿歌，原地边走边转动2～3圈，自转时嘴里可发出“呼呼”的风声；当听到教师说“停电了”，幼儿停下来站在原地不动。游戏反复进行3～4次。2）大风扇：两人一组，手牵手站立。当听到教师说“开风扇了”，幼儿边念儿歌，边一起转2～3圈，教师说“换”，两名幼儿改变方向转走，嘴里可一起发出“呼呼”的风声；当听到教师说“停电了”，停下来站在原地不动。游戏反复进行3～4次。

游戏规则：做大风扇时，不能推挤，不能转得太快。

游戏指导：可以配合儿歌“风儿吹、风儿凉，我是小小电风扇，转呀转呀转得欢”。

（4）踩高跷（民间游戏）。

游戏目标：锻炼平衡能力。

游戏玩法：将障碍物布置成一条条路，幼儿踩高跷在路上走；将障碍物摆成树林状，幼儿踩高跷绕障碍走。

游戏规则：不能中途停下来，先完成的队获胜。

游戏指导：重点在于让幼儿掌握踩高跷的动作要领，熟练后，可以加入矮栅栏等障碍。

4. 游戏设计（大班）

（1）找朋友（一对一走）。

游戏目标：练习一对一整齐地走，提高团队意识。

游戏玩法：幼儿站成内外两个同心圆圈，游戏开始，外圈的幼儿向右转，内圈的幼儿向左转，教师拍手时再往前走，幼儿按圆形轨道向相反方向走（外圈逆时针走，内圈顺时针走）。边走边念儿歌，念完时，内、外圈的幼儿立刻相互手拉手做朋友。找到朋友的两个幼儿则手拉手按逆时针方向边走成圆形边念儿歌：“好朋友，手拉手，一二一二向前走，向前走，向前走，放开小手点点头（两手叉腰相互点头一次）。”游戏可以重复进行，表扬牵手快、走得稳的小伙伴。

游戏规则：1）必须按儿歌节奏、教师的拍手节奏边走边做动作。2）没有找到好朋友的就在5s内调整。

游戏指导：1）幼儿人数成双数时，内圈和外圈的小朋友一个个对应站好，单数时，教师参与游戏。2）熟练后，外圈幼儿可以要比内圈多一个，增加难度。3）可以采用外圈幼儿后退，内圈幼儿前进，增加游戏的难度。

（2）小鸡过河（顶物走）。

游戏目标：练习顶物行走，培养幼儿的平衡能力，提高与同伴的协调配合能力。

游戏玩法：空旷的场地，划定两条间距为3～5m的平行线代表小河，一定高度的木砖3块。所有幼儿分为若干队伍，每个队伍中两人一组参加游戏，一幼儿头顶鸡毛毽子当作小鸡，站在起点线，另一人充当小鸭有节奏地（一拍一步）移动3块木砖，让小鸡踩在上面交替前进。小鸭把木砖送回来，第二个小鸡和小鸭再开始过河。看哪一组的小鸡能够快速到对岸。交换角色，继续游戏。

游戏规则：1）“小鸭”把木砖送回来后，换另外两人比赛。2）注意脚不能踩地，毛毽子也不能掉，失误了必须捡起来继续做。

游戏指导：1）幼儿要有顶物的经验。2）幼儿可先在平坦的地上自由地顶物行走。3）游戏内容熟练后，为了增加游戏的挑战性，小鸭的角色可以去掉，幼儿自己蹲着移动木砖，再行走过去。

（3）赛龙舟（多人合作走）。

游戏目标：集体协调地蹲着行进，锻炼腿部力量，体验团队合作的乐趣。

游戏玩法：在场地上间隔插上若干小红旗，距小红旗8～10m处画一条起点线。幼儿分为若干组，一组排成一列，两手分别搭在前面幼儿的肩上，蹲下后随着鼓声有节奏地模仿划龙舟的动作向前蹲走，走到对面终点拿起红旗全组就可站起。最先拿到红旗者为胜利组。

游戏规则：两手搭在幼儿的肩上，手不能松掉，一列幼儿动作要整齐有节奏。

游戏指导：1）鼓声从慢节奏开始，幼儿熟练后再逐渐加快。2）可以由排头喊口令“一二一二……”。3）起点到终点的距离由短到长。

（4）螃蟹搬粮食（双人行走）。

游戏目标：尝试双人行走，发展动作协调性，体验两人合作。

游戏玩法：设置起点和终点，起点处放球（粮食）若干，幼儿分成两组，每组队员两两面对面站立，扮成螃蟹。先练习本领：单人侧身走，然后进行比赛游戏。两个人一组合作运粮食，看哪一队运得又快又稳。

游戏规则：小螃蟹注意互相的配合，不摔跤，不踩到别人。

游戏指导：两人一组运粮食时，由双人牵手抱球—手臂重叠并夹球—两人互贴胸脯夹球，可以引导幼儿思考其他合作运球的方法。

二、跑的游戏

（一）跑的游戏总述

跑是幼儿在日常生活中最基本、最快速的移动身体的活动方式，能有效为跳、投及其他更复杂的活动打下基础，能有效提高幼儿的机能水平。在快速跑的过程中，能够积累幼儿有关时间与空间的经验，从而促使其时间知觉与空间知觉的发展。依据不同的目标可选用不同的跑法，如需锻炼幼儿节奏感时可以选小步跑等内容，需锻炼幼儿的协调能力时选用曲线跑等内容。

1. 跑的分类

按步型分为基本跑、后蹬腿跑、后退步跑、高抬腿跑、小步跑；按身体方位分为前进跑、侧身并腿跑、侧身交叉跑、后退跑；按路线分为直线跑、曲线跑、往返跑；按坡度分为上坡跑、下坡跑；按方向分为定向跑、四散跑；按障碍分为障碍跑、无障碍跑；按同伴之间作用关系分为协同跑、追逐跑、接力跑；按速度分为慢速跑、快速跑、变速跑。

2. 跑的动作要领

跑步时，两脚有一个同时离开地面的过程，称为腾空阶段。良好的腾空动作，可以加快人体位移的速度，增大步幅，这是区别于走的最大特征。动作要领：上体保持正直稍向前倾；要有蹬地、腾空阶段；快跑时会用力蹬地；脚落地时要轻而稳；两手轻握拳，两臂曲肘前后自然摆动，眼看前方，用鼻子或口鼻同时呼吸，自然而有节奏。

跑步时常见错误：(1) 外八字跑。(2) 重心过低，蹲着跑。(3) 重心过于向前，前倾过大。(4) 整个脚掌着地，落地过重。(5) 摆臂幅度过小，摆臂时左右摆动。(6) 低头含胸或仰头挺胸，上体摆动。(7) 步幅过小。

3. 跑的练习内容

小班：分散跑时能躲避他人的碰撞，能听信号要求在指定范围内跑，喜欢玩简单的追逐游戏等。如：在跑的时候听到信号立即停止、转弯。

中班：跑的技巧很熟练，能四散追逐、躲闪跑、绕障碍跑，能跑几步后踢固定球等。如：绕圈跑、转身跑、加速跑、减速跑等。集体跑步时，保持适宜的间隔、距离。

大班：在障碍活动中，能自如地向前跑、侧身跑；能完成合作跑、边跑边拍球、跟着简单的音乐节奏跑、后退跑、跨栏跑、高抬腿跑；能躲避他人滚过来的球或扔过来的沙包等。

(二) 跑的游戏设计

1. 跑的游戏设计（见表 8-2）

表 8-2 跑的游戏设计表

序号	小　班	中　班	大　班
1	小树叶来追我（直线跑）	踩影子（追逐跑）	运动健将（跨栏跑）
2	吹泡泡（信号跑）	小雨点（队形跑）	舞动的树叶（高抬腿跑）
3	雪花飘飘（轻轻跑）	农夫果园（绕障碍跑）	数字 PK（转身跑）
4	小孩小孩真爱玩（指定方向跑）	和尚挑水（提物跑）	扎红领巾（往返跑）

2. 游戏设计（小班）

(1) 小树叶来追我（直线跑）。

游戏目标：练习直线跑，体会让树叶飘起来的经验。

游戏玩法：教师出示系有绳子的树叶，拽着绳子在场地上跑动。幼儿跟着树叶跑（让树叶扬在空中，不能让树叶拖在地上）。幼儿每人拿一片系有绳子的树叶，拽着绳子在场地上跑动。教师提醒幼儿注意安全，一定要跑在自己的跑道上。

游戏规则：注意安全，避免和他人相撞，跑直线。

游戏指导：1）游戏前可以让幼儿自己收集树叶。2）每人拿一片树叶，“风大了”的时候跑动，“风小了”的时候走动，“风停了”的时候蹲下。3）幼儿跟着教师跑1~2次后，可以让幼儿尝试当领跑人。

（2）泡泡圆圈舞（信号跑）。

游戏目标：在一定范围内四散跑，提高协调能力及奔跑能力。

游戏玩法：教师与幼儿一起手拉手沿着圆圈站好。游戏开始，大家边念儿歌边按逆时针的方向走跑，教师说“吹成一个大泡泡”，幼儿向圈外退，圆圈变大；教师说“变成一个小泡泡”，幼儿向圈内靠拢，念到“泡泡破了”时，放手四散跑开。当教师说“吹泡泡了”，大家再回到圈上进行游戏。熟练后可以增加“泡泡飞高了”时幼儿两臂上举跑；“泡泡飞低了”时蹲着跑；“泡泡转圈圈了”时，幼儿松开手单个做转圈圈的动作。

游戏规则：手拉手时尽量不要散开。

游戏指导：1）“大泡泡”变成单个不拉手“小泡泡”的过程中，要加入“风停了”的环节。2）在圆圈队形熟练的基础上增加在圈内泡泡跳舞（跟音乐跳动）的情节。

（3）雪花飘飘（轻轻跑）。

游戏目标：练习轻轻地跑，感受脚跟过渡到脚掌的动作过程。

游戏玩法：全体幼儿当雪花，四散站开，教师扮演大风。游戏开始时，教师说：“大风刮，大雪下，小雪花飘飘下。”同时带着幼儿在场地上轻轻跑步，接着教师发出“呼呼”的声音，声音有大有小，以示风刮得大或刮得小。当风刮得小时，“小雪花”就跑得慢；风刮得大时，“小雪花”就跑得快；当教师说“风停了”时，“小雪花”就站住不动，表示落在地上了；接着教师说“太阳出来了”，“小雪花”就马上蹲下，表示融化了。

游戏规则：幼儿必须按教师信号做动作，注意不要相互碰撞。

游戏指导：1）限定幼儿活动的范围。2）示范动作时，强调脚跟过渡到脚掌的动作、手臂前后摆动的过程。3）可以加入“小雪花转圈了”等口令丰富内容。4）可以加入“风停了，堆雪人了”的环节，让幼儿在停下来时两人一组摆个造型。

（4）小孩小孩真爱玩（指定方向跑）。

游戏目标：增强归属感，练习听信号按指定方向跑。

游戏玩法：幼儿排成一列横队面向教师站好（或面向老师，四散站立）。游戏开始，教师带领幼儿一起念：“小孩小孩真爱玩。”紧接着，教师发出指令“摸摸滑梯跑回来”。念完“来”字，幼儿向指定方向跑去，摸到指定物品后跑回来。

游戏规则：在教师说完“来”字时，幼儿才能跑出去。

游戏指导：1）可先在指定物体上贴上幼儿感兴趣的照片。2）可以把“摸摸”替换为“抱抱、亲亲”等词。3）可以把指令中的“跑回来”替换为“飞回来”等。

3. 游戏设计（中班）

（1）踩影子（追逐跑）。

游戏目标：根据同伴的位置随时调控自己的身体动作，提高灵敏性。

游戏玩法：幼儿两人一组在空地上互相追捉对方的影子，一个人踩，一个人躲，踩到影子后互相交换再玩。幼儿熟练后，集体进行游戏，一人或同时两三人踩，其余的幼儿躲，被踩到影子后互相交换再玩。

游戏规则：不能盲目乱跑，要注意观察同伴的行动，进行追捉和躲闪。

游戏指导：1）指导过程中，幼儿的人数由少数几个开始，其余幼儿当小裁判，提高规则意识。全部幼儿游戏时，要求不打闹，自己当小裁判。2）可在户外锻炼活动中重复进行。3）可以采用老师拿一块镜子，利用阳光折射出光点，并不断晃动，让幼儿在阴凉处追逐光点、踩光点。

（2）小雨点（队形跑）。

游戏目标：锻炼听指令迅速反应的能力。

游戏玩法：教师说“下雨了”，全体幼儿在地上散跑。教师说“小雨点变成河了”，全体幼儿跟在教师后面一个跟一个纵队跑步。教师说“雨水流到麦田啦”，幼儿站成一路纵队。

游戏规则：提醒幼儿之间注意不要碰撞。

游戏指导：1）要求幼儿在指定的范围内跑，反复变换玩。2）纵队跑步时要求保持好间距，以免踩到前面的幼儿。3）可以用骑自行车、轮滑等代替跑步。

（3）农夫果园（绕障碍跑）。

游戏目标：练习绕障碍跑，提高动作的敏捷性。

游戏玩法与规则：幼儿分成四组，每组起点到终点直接有三个小山包（椅子），幼儿从起点出发，绕过小山包，将水果（海绵球）运到终点的大水果筐里，直线跑回接力。幼儿进行比赛，胜利队奖励小红旗。

游戏指导：1）起点到终点距离由近到远，障碍物数量由少到多。2）可结合跳等动作，促进幼儿综合性发展。

（4）和尚挑水（提物跑）。

游戏目标：锻炼手臂力量，提高身体跑动时的协调性。

游戏玩法：将幼儿分成人数相等的几组。起点处，幼儿双手提水桶跑向终点，在水桶各放入一个沙包后，提水桶跑回队伍把沙包拿出，把桶交给后面的幼儿，当一组的幼儿全部完成动作互换时，游戏结束。看哪一组的速度最快，手臂最平。

游戏规则：1）听教师口令后再出发。2）注意不要碰撞，注意安全。

游戏指导：1）游戏前，用标志杆标志跑道、起点和终点。2）练习难度循序渐进，走路的直线提水走——直线提水跑——踏一定间隔的木板跑。3）练习时，幼儿存在手臂没抬平的现象，教师示范讲解正确提水桶的动作和跑步的动作。4）可以把一组幼儿分成相对而站的两组，进行鱼贯式比赛。

4. 游戏设计（大班）

（1）运动健将（跨栏跑）。

游戏目标：身体动作的协调性，激发挑战自我的斗志。

游戏玩法：导入情景，学习跨栏跑。分为四组，起点与终点相隔 5～8m，中间设置 2～4 个牛奶盒，让幼儿跨跳过去。看哪个幼儿动作最规范，速度最快。

游戏规则：1）听到教师哨声时，再出发。2）注意安全，不要踩在牛奶盒上。

游戏指导：1）在幼儿再次练习快跑、跨栏时，教师可适当增加高度，形成不同的难度。2）鼓励幼儿每一种跨栏都去试一试，鼓励能力强的幼儿可以进行难度高的挑战。一次不成功可以多试几次。

（2）舞动的树叶（高抬腿跑）。

游戏目标：练习高抬腿的基本动作技能，发展腿部肌肉的收缩能力和灵活性。

游戏玩法：幼儿人手两个旗子，将红、黄两个旗子插（贴）在裤腿上，幼儿听教师口令，将插有红、黄叶子的腿抬起来。教师“我是风爷爷，小树叶们要听清楚风爷爷的口令。风儿吹呀吹，请把红树叶飘起来，风儿吹呀吹，请把黄树叶飘起来。红树叶……黄树叶……”幼儿进行游戏活动，教师的口令速度依据幼儿情况调整，引导幼儿练习高抬腿跑。

游戏规则：提醒幼儿仔细倾听信号，能够遵守规则。

游戏指导：1）在没有把旗子插（贴）在裤腿上时，教师喊口令“红（黄）树叶”，幼儿把贴有红（黄）旗子的腿抬起来。2）高抬腿时，节奏逐渐加快，2～3组后，可以“把树叶吹在垫上”滚动，以免强度过大。3）可以加入“小树叶向前飘”做高抬腿往前跑。

（3）数字PK（转身跑）。

游戏目标：尝试快速转身折返跑，发展灵敏素质，提高奔跑能力。

游戏玩法：准备“2、4、6、8”的数字图片若干，幼儿人手一张数字卡片，数字大于5的站在绿线后面，数字小于5的站在红线后面，面对面站好。两队背后都各有一条终点线白线。当教师发令“大数追小数”或“小数追大数”时，追的幼儿去追拍对方，被追的幼儿要立即转身跑向白线后的安全区。抓到了就到教师手里领取一个球，表示得一分。最后得分多者胜利。

游戏规则：1）转身返回时要快速，注意安全，追拍时不能抓头发等。2）教师喊口令以后才能行动。

游戏指导：1）幼儿要有折返跑的经验。2）先“2、6”进行游戏，再“4、8”进行游戏。规则意识强化后，再全部一起参加比赛。

（4）扎红领巾（往返跑）。

游戏目标：练习快速启动、高重心的急停，以及手扎（解）红领巾的技术。

游戏玩法及规则：两人当“木头”面对面站立，间隔5～8米的距离，游戏者两人分别站在其中一“木头”右边上，听到信号迅速跑向对面“木头”处，并将手中的红领巾迅速绑在“木头”的手臂上，一般都扎在左边手臂，然后迅速绕过“木头”向对面“木头”跑去，赶紧去解开对方手臂上的红领巾，迅速跑回到原来“木头”迅速将红领巾扎上，比看谁先追到对方。

游戏指导：1）必须听到信号以后才能跑动。2）如果红领巾散了落地，也算输。

三、跳的游戏

（一）跳的游戏总述

跳跃能增强幼儿腿部肌肉力量，发展幼儿弹跳能力及身体的灵敏性和协调能力。跳的动作具有一定的挑战性，是幼儿非常喜欢的一种活动方式，同时也是重要的活动技能之一。依据不同的目标选择不同的跳法，如锻炼幼儿对身体控制能力可选择跳过障碍物，锻炼幼儿的身体力量则可选择手臂支撑跳跃等内容。幼儿学习跳跃动作不能急于求成，在科学化、游戏化的活动环境中，一定要循序渐进、因人而异、量力而行，做到由近到远、由低到高、由双脚跳到单脚跳、由原地跳到行进跳。跳的运动强度较大，夏天可以安排早晨进行，而春秋或冬天可以安排在上午操或午睡之后进行。

1. 跳的分类

跳的动作按路线及方位不同可以分为原地纵跳、原地转体跳、向前跳、向侧跳、向后跳、变向跳、向上跳、向下跳；按次数分为单次跳、多次跳、连续跳；按跳跃的支撑不同可以分为单腿跳、双腿跳、单双腿交替跳、跨跳、手臂支撑跳跃；按跳的内容不同可以分为无器材或无障碍跳跃、有器材或有障碍跳跃；按人数的多少可以分为单人跳、双人跳、多人跳。

2. 跳的动作要领

无论哪种形式的跳都包含预备、起跳、腾空、落地等几个阶段，其中起跳和落地是重点。幼儿跳跃动作的基本要领：蹬地动作要有力，落地动作要有缓冲，动作协调。姿势要正确，要求轻轻跳起，落地时动作要轻、协调。弯曲下肢的关节（如髋关节、膝关节、踝关节），为了保持身体平衡，还可顺势向前跨一步或走几步。

易出现的错误有：（1）跳起时，向上屈大腿或向后屈小腿。（2）上肢不能配合下肢的跳跃或上下肢不协调。（3）蹬腿不充分。（4）落地过重，不能屈膝缓冲。（5）落地时，不能平衡身体。

3. 跳的练习内容

小班：能双脚平稳地连续向前跳，如：双脚连续跳、立定跳远。小班是发展跳跃能力的最佳时期，多以双脚跳为主。

中班：双脚跳跃动作稳定，逐渐过渡到单双脚交换跳、单脚连续向前跳、纵跳摸高、助跑跨跳等。左右脚交替跳动能持续3min左右，单脚连续向前跳能跳5m左右，助跑跨跳过一定距离或高度。

大班：跳跃活动可以熟练进行，能进行连续跳绳、跟节奏跳、双脚夹物跳、跳竹竿等。左右脚交替跳动能持续5min，单脚连续向前跳能跳8m左右。

（二）跳的游戏设计

1. 跳的游戏设计（见表8-3）

表8-3 跳的游戏设计表

序号	小 班	中 班	大 班
1	小白兔采蘑菇（双脚跳）	跳房子（单脚跳）	斗鸡（民间游戏）
2	放鞭炮（双脚向上跳）	跳池塘（单双脚跳）	助跑跨跳（跨跳）
3	黑猫警长（高处跳）	兔子与狐狸（跳跃躲闪）	跳竹竿（民间游戏）
4	好玩的绳子（跳跃过物）	松鼠采松果（背轻物跳障碍）	企鹅运蛋（夹物跳）

2. 游戏设计（小班）

（1）小白兔采蘑菇（双脚跳）。

游戏目标：练习双脚并拢向前行进跳，提高腿部力量。

游戏玩法及规则：幼儿扮演小白兔，在兔妈妈（教师）的带领下双脚跳过一段直路，跳过弯曲的小路（标志桶摆成）到山上采蘑菇。采完蘑菇再在兔妈妈的带领下返回。看哪个幼儿跳得又稳又快。

游戏指导：1）幼儿跳完一次后，教师发现跳跃动作不规范（如膝盖没有缓冲、预备时手臂没有后摆等）时，需动作讲解示范或请动作标准的幼儿示范。2）能力不够的幼儿可以鼓励其走几步跳一下来完成任务。3）可以加入儿歌"小白兔，白又白，两只耳朵竖起来，爱吃蘑菇和青菜，蹦蹦跳跳真可爱。"4）组织活动时，兔跳可变成其他动物跳，如袋鼠跳捡果子等。

（2）放鞭炮（双脚向上跳）。

游戏目标：练习双脚原地向上跳，提高灵敏协调能力。

游戏玩法：准备小竹竿一根，顶端系一短绳，绳子下端挂一个用红纸卷成的大鞭炮。全体幼儿站在大圆圈上，教师站在圈中央，手持系有鞭炮的小竹竿，在幼儿上方晃动，当鞭炮停在谁的头上时，谁才能用手去触鞭炮，用手做点鞭炮状，口中发出"嗤——"声，并蹲下（表示等待炮响）。然后教师发出"砰砰"声，全体幼儿双脚向上跳起，并发出"啪啪"声，可加上拍手的动作。

游戏规则：鞭炮停在谁的头上方时，谁才能用手去触鞭炮。教师发出"砰"声时才能跳起。

游戏指导：1）夏天，小竹竿上可以挂苍蝇、蚊子的图片，做打苍蝇、打蚊子的游戏。2）秋天可将挂高的长绳上挂满水果，做"摘果子"游戏。

（3）黑猫警长（高处跳）。

游戏目标：能从距地面15～30cm的高处往下跳，并用前脚掌轻轻落地。

游戏玩法：在场地的五六个角落放上玩具老鼠，教师戴上黑猫警长的头饰，引导幼儿扮演"黑猫士兵"快速跑登上"高台"（15～30cm高的大积木或平衡凳）侦察敌情，双脚并拢跳下来，用前脚掌轻轻落地，悄悄靠近老鼠，开枪将老鼠消灭。

游戏规则：听从黑猫警长的指令，轻轻走，双脚并拢跳，不要和他人碰撞。

游戏指导：1）教师示范从平衡凳上跳到地面（重点示范落地时屈膝缓冲动作）。2）各幼儿分成小分队自由练习跳下来抓老鼠，教师做保护动作。3）可以放置个别更高的凳子，下面放置软垫。4）教师重点关注幼儿是否屈膝跳到软垫上，提高向下跳时身体的控制能力。

（4）好玩的绳子（跳跃过物）。

游戏目标：练习信号跳，提高腿部力量和反应能力。

游戏玩法：幼儿在地上将绳子伸直摆成一条直线，探索各种方法跳过自己摆的"路"。方法多样：一是面向绳子长的方向并拢向前跳；二是在面向绳子长的方向的左右交替前进；三是面向绳子，往前跳过去、往后跳回来等。教师要求幼儿两人一组摆成不一样的形状进行跳跃。

游戏规则：1）注意跳跃时膝盖的缓冲。2）看哪个幼儿做得又快又好。

游戏指导：1）幼儿之间有配合游戏的经验。2）适合人数较少时进行。

3. 游戏设计（中班）

（1）跳房子（单脚跳）。

游戏目标：练习单脚跳，提高腿部力量和灵敏能力。

游戏玩法：一人先进行游戏，将沙包扔到第一格内，然后单脚跳至第一格，用另一只脚将沙包踢到第二格，再单腿跳到第二格，以此类推，踢到第五格。跳房子的过程中，脚和沙包压到线或没有将沙包踢到相应的房子中，算失败，换另一个人跳，以先跳完五间房子为胜。

游戏规则：幼儿在跳的过程中不碰线，一层一层往上跳。

游戏指导：1）幼儿有单脚跳跃的经验。2）先直接跳格子，再做跳格子加踢沙包的动作。

（2）跳池塘（单双脚跳）。

游戏目标：体验青蛙跳的乐趣，练习单、双脚跳，提高腿部力量。

游戏玩法：幼儿带上小青蛙头饰扮作小青蛙，站在起点线上。游戏开始，两人一组做猜拳游戏，嘴里同时喊“嘿！嘿！嘿！”胜者双脚向前跳一步，负者不动。重新猜拳，胜一次跳一步，最先跳进池塘（运动垫）内为胜，负者需单脚跳进池塘（运动垫），游戏反复进行。

游戏规则：1）猜拳喊“嘿”时必须同时出手。2）失败者必须单脚跳进池塘（运动垫）。

游戏指导：1）幼儿有单、双脚跳跃的经验。2）要将运动垫固定。

（3）兔子与狐狸（跳跃躲闪）。

游戏目标：练习跳跃躲闪，提高灵敏协调能力。

游戏玩法：一名幼儿当狐狸，其余幼儿当兔子，兔子们分别蹲在直径为1m的圆圈“兔窝”内，一个“窝”不能超过3只兔子。当教师说“小兔快出窝”时，小兔离开窝做兔跳和吃青草的动作。当教师说“狐狸来了”时，场外的狐狸冲到场内捉小兔，小兔要迅速跳进“窝”里，被狐狸拍着的，需要另外兔子拍一下才能获救，或者转变成狐狸。游戏反复3次以后，没有被狐狸抓住的，是“最机灵小兔”。

游戏规则：1）兔子逃走时，不能跑，只能双脚跳。2）狐狸追赶兔子时，要绕过“兔窝”，不能用脚踩“窝”、进“窝”或从“窝”上跃过去，否则算狐狸犯规。

游戏指导：1）教师示范狐狸捉小兔。2）限定游戏范围。3）注意不要碰撞，注意安全。

（4）小松鼠采松果（背轻物跳障碍）。

游戏目标：练习跳过一定高度的障碍。

游戏玩法及规则：小松鼠2人一组，分为若干组。小松鼠的家在山上10m左右，中间设置不同高度的障碍若干，山上的果子有散落在地上的，也有一定高度的，还有跳起来才可以摘到的。幼儿扮演小松鼠，一人负责背背篓（可用塑料篓），一人负责保护松果。跳过障碍后到山上捡果子、摘果子。每组装满后就沿原路返回，击第二组幼儿的手掌，第二组幼儿再接着出发。看哪一组的幼儿捡得多，时间快，遵守规则，还要保护好山上的树木。

游戏指导：1）跳起要充分。2）落地要轻，屈膝缓冲，平衡身体。

4. 游戏设计（大班）

（1）斗鸡（民间游戏）。

游戏目标：练习单脚跳的动作，发展动作的协调性。

游戏玩法：两人一组，面对面单脚站立，把一条腿弯曲起来用双手抓住脚，用弯曲的那条腿的膝盖去攻击对面“小公鸡”，让对方的脚落地，但自己不能掉下来。

游戏规则：一边跳、一边顶，脚先落地的为输。

游戏指导：1）幼儿学公鸡一样看谁站得稳，不被老师推倒。2）限定一定的活动范围。3）预先练习单脚跳，看谁跳得高。4）选定部分幼儿当裁判。

（2）蹦步（助跑跨跳）。

游戏目标：练习助跑跨跳，提高灵敏素质。

游戏玩法及规则：幼儿两两组合成一组进行游戏，通过“石头、剪刀、布”决定谁先玩。从起始线开始，双方同时向前蹦步，先蹦的一方比后蹦的一方多蹦一步。停止以后，要双腿站立，但不能移动。后蹦的一方蹦完后用手去抓先蹦的一方，抓到了就可以多蹦一步，抓不到则对方蹦一步。游戏熟练后，4 人两两自由组合为两组，每组各出一人负责猜拳，另外两人负责蹦步，若“石头砸剪刀”，则蹦 10 步；若“布包石头”，则蹦 5 步；若“剪刀剪布”，则蹦 2 步。赢的一组幼儿根据猜拳确定蹦步步数，谁先蹦到终点为胜。

游戏指导：1）蹦步过程中蹦完步数后要立马停住。2）可以在终点放上幼儿喜爱的小动物玩偶，获胜的一组可以玩小玩偶。

（3）跳竹竿（民间游戏）。

游戏目标：提高弹跳能力，体验与同伴合作游戏带来的快乐。

游戏玩法和规则：1）将竹竿在地面上摆成各种形状，幼儿双脚跳、单脚跳、开腿跳在竹竿之间跳来跳去，配上押韵的民谣或儿歌，边唱边跳或边说边跳。2）教师与一名幼儿手拿竹竿对面蹲下，用竹竿同时分开、合拢有节奏地敲打。幼儿跟节奏练习单脚跳或者双脚跳的动作。敲竹竿的两人需要合作，跳竹竿和敲竹竿的节奏需要一致。

游戏指导：1）拍打竹竿的节奏由慢到快。2）竹竿数量从少到多。3）竹竿可以摆成的造型有三角形、四边形等。

（4）企鹅运蛋（夹物跳）。

游戏目标：练习双脚并拢夹物跳，培养身体的协调性和平衡能力。

游戏玩法：幼儿分为四组，排成纵队站在起点线后，距起点线 8～10m 处插上四面小旗作标志物。游戏开始，各组第一名幼儿用双膝夹住一个沙包向前双脚跳，将沙包放到小旗处，绕过小旗跑回起点击掌后第二人出发，以先做完的队为优胜。

游戏规则：跳跃中若沙包落地，必须重新夹好才能继续跳。

游戏指导：1）夹物的位置从易到难是大腿内侧、小腿内侧和踝关节。2）物体可先用大点的水瓶、球，再用沙包。

第三节　技巧类体育游戏

一、投掷的游戏

（一）投掷的游戏总述

投掷是幼儿需要掌握的基本动作之一，进行投掷练习可以提高幼儿全身协调能力，锻炼双臂和肩部肌肉，促进手眼协调发展。幼儿园常见的投掷动作是一些简单的抛、掷等动作，相对应的动作是接的动作，所以本节中将接的动作和投掷的动作一起阐述。

1. 投掷的分类

投掷动作按出手方位分为头顶投掷、肩下投掷、肩上投掷、胸前平掷、胯下投掷、向前抛滚、向后抛滚；按单双分为单手投掷、双手投掷；按方向可以分为向前、向后、侧向等，并可结合转体进行；按目标分为远度投掷、准度投掷。

2. 投掷的动作要领

影响投掷的两个要素为出手角度与力度。投掷动作要领如下（以过肩投掷为例）：（1）动作准备时，手臂向后伸展。（2）身体向侧旋转90°，并随着投掷的过程将身体转向出手的方向。（3）以过肩出手方式，朝向前方进行投掷。（4）投掷过程中将重心由后面的脚转移至前面的脚。

容易出现的错误动作有：（1）投掷前没有向后伸展身体或手臂。（2）出手角度过高或过低。

教师应强调幼儿的投掷从掷远到掷准，再到掷远和掷准相结合。掷远强调如何把投掷物尽可能地投远，需要合理的力度和角度。掷准要求投掷物击中指定的目标，不仅需要对肌肉力量有良好的控制，而且需要良好的目测能力、空间和时间的把握能力。投掷时手腕、手臂、腰腹、背及腿等肌肉要协调一致，投出时要有一定的力量。投掷练习未必是以年龄为基准，给予适宜的练习机会、练习时间和正确的指导，幼儿的投掷动作将有质的改变。

3. 投掷的练习内容

小班：能丢沙包让别人接，并能用筐接住别人丢过来的物体；能自然地往前上方或向远处挥臂掷物（如沙包、小球、小纸镖）；能单手将沙包向前投掷2m左右。

中班：能对准方向丢球，如较为精确地把球丢到别人的手里；能两人近距离相互抛接球，能按球来的方向调整身体和手臂的位置去接球，如打雪仗；能对前方固定目标丢球，如过肩丢球、滚球击物；能单手将沙包向前投掷4m左右。

大班：相距2～4m能准确抛接球；能将小物体投进目标物内，如投篮、打靶、用小圈套前方的物体等；能侧向转体肩上掷远；能单手将沙包向前投掷5m左右。

（二）投掷的游戏设计

1. 投掷的游戏设计（见表8-4）

表8-4 投掷的游戏设计表

序号	小 班	中 班	大 班
1	赶小猪（滚接球）	用球击人（投准）	瞄准大灰狼（投准）
2	收粮食（抛接物体）	套圈圈（投准）	龙尾避球（投移动体）
3	星球大战（抛球）	投炮弹（单手肩上投掷）	四人三球真好玩（滚球）
4	扔飞盘（民间游戏）	看谁推得远（推环）	东南西北中（投准）

2. 游戏设计（小班）

（1）赶小猪（滚接球）。

游戏目标：练习两人近距离双手滚接球，锻炼手眼协调能力。

游戏玩法：幼儿分成两组面对面站在距离 3 ~ 4m 的场地两端，中间放置一个拱门。一幼儿站在滚球线后，把球滚过拱门，对面的幼儿接住球，再滚回来，每人滚一次后退至队尾，如此依次进行。

游戏规则：球只能滚，不能扔。球没进拱门也无妨，游戏继续进行。

游戏指导：1）可先在两组中间画一条线，作为中线，滚过即可。2）再放置拱门，距离较短时进行练习。3）规则熟练后，分两组进行时，可适当加长距离。

（2）收粮食（抛接物体）。

游戏目标：练习两人近距离用双手互相抛接沙袋，提高同伴间的配合能力。

游戏玩法：沙袋若干，两个箩筐、两个推车分别放在场地两端，排头处的两个箩筐各装若干球，把幼儿分为人数相等的两队，分别站成一列横队，间隔 1 ~ 1.5m 站在箩筐和推车之间。教师发令后，各排头从箩筐中拿出一个沙袋，转身抛给第二名幼儿，如此依次进行，排尾接到沙袋放进推车中，直至把沙袋全部抛接完为止。

游戏规则：1）必须抛接球，不能递球。2）球落地时，要迅速拾起并跑回原位继续进行。

游戏指导：1）设置模仿秋天“农民伯伯的收割机坏了，需要小朋友们来传递粮食”的情景，要求幼儿在原地站得稳，甚至教师可以试着推推幼儿，试试他们的力量。2）可以分两组让幼儿传递不同的农产品（如玉米、西红柿等）。

（3）星球大战（抛球）。

游戏目标：练习抛球，锻炼手臂力量。

游戏玩法：幼儿分成两组，中间用网隔开，一边放入相对应的球（小软球、气球），幼儿尽力将球抛到对方的场地上。

游戏规则：必须从网上方抛过去，不能从下方丢过去。

游戏指导：1）单手、双手都可以用。2）场地最好选择无水的泳池，或者三边有墙的场地，以便好控制球。3）听教师哨声开始，哨声结束。熟练后，可以用音乐控制。4）收集球时让幼儿用箱子收集各自场地的，然后看哪一组场地的球少。

（4）扔飞盘（民间游戏）。

游戏目标：锻炼身体的灵活性和臂力；培养合作能力。

游戏玩法：用多层同样大小的圆形布代替飞盘，重叠在一起，直径 13 ~ 20cm（4 ~ 6寸），厚约 3cm。如两人玩时，在适当距离对面站立，互扔互接。如两人以上游戏，可围成圆圈，互相之间相距一段适当的距离，转圈扔接，表扬没有掉飞盘的幼儿。

游戏规则：幼儿扔飞盘时注意不要朝向同伴的头部。

游戏指导：1）游戏前可以和幼儿一起制作飞盘，以锻炼幼儿的手指精细动作。2）没有飞盘时可以用纸盘、标志盘替代。3）人数较多时，四队成对角站立，按四个方位扔飞盘，扔完飞盘后的幼儿站到队尾。

3. 游戏设计（中班）

（1）用球击人（投准）。

游戏目标：练习抛接报纸球，锻炼反应能力。

游戏玩法：幼儿站成一个圆圈，幼儿之间间隔一步左右。游戏开始，教师放音乐或击鼓，圈上一幼儿持球顺时针方向抛出，下一个接球，当声音停止时，球落在哪个幼儿手里，哪个幼儿就持球跑到圆圈中心，这时圈上的幼儿可迅速跑开，拿球的人任意去击四散跑的幼儿，击中一两个后，游戏可重新开始。

游戏规则：1）声音没停，传球的动作不能停止。2）击球的人只能站在圈中心击人，并只能击幼儿的下肢，不能击打头部。

游戏指导：1）传递报纸球类似于民间传统游戏“击鼓传花”，最初阶段击鼓传球和用球击人可以分开来做，熟练规则后再合在一起进行游戏。2）圈上贴上标志点，另限定四散跑的幼儿范围。3）教师宣布“游戏重新开始”时，幼儿应该马上回到圈上标志点继续游戏。

（2）套圈圈（投准）。

游戏目标：正确判断命中角度和距离，学习正确的甩手投掷方法来命中参照物。

游戏玩法：准备若干个直径大约为30cm的圈（以大于参照物尺寸20cm左右为标准），在场地中间标立一个参照物（木棍、沙包等均可），游戏者站于距参照物2～3m的起始线外，每人每次拿两个圈，套中圈数最多者为胜。

游戏规则：掉在地上的圈不能再捡起来投。

游戏指导：1）若幼儿手腕发力甩手动作错误，教师应示范。2）在2～3m处画一条线，让幼儿先把圈甩手投掷出去。3）放置远近不一的两排物体让幼儿自主选择投掷。

（3）投炮弹（单手肩上投掷）。

游戏目标：练习单手肩上投掷动作，锻炼手臂力量。

游戏玩法及规则：幼儿分为两组，相对而站，间隔2～3m，甲组幼儿手挽手（城墙），乙组幼儿手持两个软球（炮弹），乙组幼儿模仿投炮弹，把软球单手肩上投掷到城墙后面去。投完后，交换位置。可以加大难度，重复练习。看谁投得又远又好。

游戏指导：1）注重学习品质的教育，如城墙是否牢固，投炮手是否听口令。2）挽手做成的城墙远度可以从2～3m调整到4～5m，墙的高度也可以增加：举手增加高度、跳起来挡球。3）注重单手肩上投掷动作的规范性，发挥教师示范和个别幼儿示范的作用。

（4）看谁推得远（推环）。

游戏目标：发展手腕的灵活性，锻炼手指的控制能力。

游戏玩法：用标志杆设置球门，起点距球门2～3m，幼儿在起点处把接力环滚入球门得一分。分组进行比赛，看哪组得分最高。

游戏规则：1）身体蹲下推圈，五指协助用力将球推出。2）注意安全，组织有序。

游戏指导：1）可以用藤圈等代替接力环。2）球门由大调整到小。

4. 游戏设计（大班）

（1）瞄准大灰狼（投准）。

游戏目标：发展投掷能力以及手眼协调能力。

游戏玩法：幼儿分成4队，站在距纸箱1.5m处的投掷线后。游戏开始，各队排头幼儿将乒乓球投向纸箱的洞中（直径为20cm的圆洞）。第一人投完，第二人接着投，直至投完。最后以进球多的队为胜。

游戏规则：投掷时不能越线、踩线。

游戏指导：1）可将纸箱由大调到小。2）可以将纸箱由近到远。3）可以采用其他方式进行游戏，如用球投入箩筐、飞盘投过圈、沙包打中老鼠等。

（2）龙尾避球（投移动体）。

游戏目标：练习投移动物体，提高躲闪能力，锻炼灵敏协调性。

游戏玩法：在场地上画一个大圆圈。幼儿分成两队，甲队站立在圈外，乙队在圈内排成一路纵队，结成一条龙，“龙头”后面的人，依次将两手搭在前面人的肩上。甲队在圈外把一个球传来传去，设法传中龙尾。如果甲队投中龙尾了，甲队得1分，满5分以后两组交换。看哪一组得满分所用的时间短。

游戏规则：1）“龙”不能卷成螺旋形，把“龙尾”藏起来。2）“龙”在游动中不能脱节。3）投球人不能踩线或进圈。4）凡违反规则的队每次罚1分。

游戏指导：1）教师当裁判，熟悉规则后，幼儿各出一人当裁判。2）圈外的幼儿应相互传球，传递后击“龙尾”。3）尽量通过传球到适当位置后完成击打动作。

（3）四人三球真好玩（滚球）。

游戏目标：练习双手滚大球动作，提高动作灵敏性。

游戏玩法及规则：在场地上画一个大等边三角形，将全体幼儿分为若干组，每组四人，其中三人各持一个球分别站在角上的区域内，一人为裁判兼候补队员，站于中间圆形区域内。裁判员说：“开始!”三人同时沿逆时针或顺时针方向用双手将球滚向前面的人，然后立即转身接住另一个人滚来的球。如此连续快速地滚球，直至其中一人来不及接球，此人为失败者。这时裁判叫道：“停!”失败者与裁判交换位置后，游戏继续进行。

游戏指导：幼儿游戏，教师示范，帮助幼儿理解有关规则，待幼儿熟悉游戏后，可把场地改为方形，进行五人四球的游戏。

二、攀、钻、爬的游戏

（一）攀、钻、爬的游戏总述

攀的动作练习能增强幼儿四肢力量，尤其是手的抓握力量，能促进幼儿的平衡能力、灵敏性及协调能力等身体素质，同时对幼儿良好的心理品质和自信心的形成都有很大的帮助。

钻的动作练习能增强幼儿腿部和腰背部的肌肉力量，发展幼儿的灵敏性、柔韧性及平衡能力等身体素质。

爬是对幼儿身体发展非常有价值的运动方式。幼儿力量发展较弱，爬行练习对于促进幼儿身体全面发展显得特别重要，主要表现在增强四肢力量、背肌力及腹部力量，提高灵敏协调能力等。爬行可以使幼儿重新感受婴儿时期体验到的舒适感和安全感，在锻炼身体的同时促进幼儿社会性发展，不断培养幼儿的运动兴趣、意志力和自主探索能力。

1. 攀、钻、爬的内容

攀的动作主要包括攀登及攀爬。

钻的动作主要包括正面钻、侧面钻等。

爬的动作：按照爬的方向分为向前爬、向后爬、向侧爬、原地旋转等；按与地面接触的身体部位分为手膝地爬（宝宝爬）、并手并膝爬（毛毛虫爬，双手同进接双膝同进向前爬）、手脚着地爬（猴子爬）、肘膝着地爬（蜗牛爬）、匍匐爬（军人爬）、手着地式推车爬；按身体方位分为俯身爬、侧身爬、坐撑爬、仰身手脚着地爬；按照合作人数可分为协同爬、单人爬。

2. 攀、钻、爬的动作要领

攀的动作主要包括了攀登和攀爬，动作要领为：（1）用两手握上一格横木，然后两脚依次登上一格横木。（2）两手两脚（同侧或异侧）交替向上攀登。攀登时先移手，后移脚。下时先移动脚，后移动手。攀登更强调下肢力量的运用，上肢更多地起到辅助作用，如攀登肋木。攀爬则强调上、下肢的协同运动，如攀爬树木。

钻的动作要领：屈膝、弯腰、低头，一脚支撑，另一腿和头先钻过，然后前移重心，躯干和支撑腿过障碍物。注意低头、屈腿、重心前移时动作要连贯。避免出现顾头不顾身，弯腰不弯腿等不协调的现象。

爬的动作要领（手膝着地爬）：手膝着地、头稍抬起，眼向前看，左（右）手和右（左）膝协调配合用力向前爬行。重点在四肢协调配合。

3. 攀、钻、爬的练习内容

小班：能手膝协调向前或改变方向爬行，能完成听信号爬（向前爬、倒退爬、变速爬、一个跟着一个爬）；能钻过 70cm 高的障碍物（橡皮筋或绳子）。小班幼儿年龄小，胆子也小，动作的协调性与灵敏性较差，所以他们用于钻爬的活动器械通常比较大一些，高一些。

中班：能以手脚协调地爬、侧身爬行等多种方式钻爬，用于钻的活动器械可以稍矮一些，能钻过直径为 60cm 的圈。

大班：能协调灵敏地匍匐爬行；灵活地攀登楼梯，灵活运用手脚攀爬、攀岩，能全身翻滚和仰爬；在不用手脚支撑的情况下，能灵活并快速地蠕动身体；能以手脚并用的方式爬攀登架、网等。

（二）攀、钻、爬的游戏设计

1. 攀、钻、爬的游戏设计（见表 8-5）

表 8-5 攀、钻、爬的游戏设计表

序号	小 班	中 班	大 班
1	小蚂蚁运粮食（手膝着地爬）	龟兔赛跑（爬、跳）	穿越火线（匍匐爬）
2	花样过绳（钻爬）	火车钻山洞（合作钻）	超级战车大比拼（坐爬）
3	小鼹鼠钻地（钻爬）	河里小鱼游（钻）	螃蟹过障碍（横爬）
4	小鸡找朋友（钻）	蚂蚁搬豆（仰卧后爬）	勇敢的消防队员（攀爬）

2. 游戏设计（小班）

（1）小蚂蚁运粮食（手膝着地爬）。

游戏目标：练习手膝着地爬，增强手脚动作的协调性。

游戏玩法：幼儿扮演蚂蚁角色，一路纵队，当教师发出口令“小蚂蚁找粮食去了”，幼儿一个接一个爬过教师躺在垫上形成的障碍，钻过山洞（塑料拱门），然后爬过田埂（垫子），背起一袋粮食（小沙包）爬过另一侧田埂和山洞回家。

游戏规则：要求幼儿手膝着地爬行，听口令依次出发，不推不挤。

游戏指导：1）教师躺在垫上形成障碍物时，可以控制幼儿出发的速度。2）可以把垫子下面用平衡木或其他凳子垫高，形成一定的坡度，增加难度。

（2）花样钻绳（钻爬）。

游戏目标：练习各种形式的钻爬，锻炼幼儿全身协调能力。

游戏玩法：两名教师牵紧绳子两端，绳高达到幼儿的腰部。让幼儿依次从绳底钻过，一个接一个，循环进行。教师根据情况决定何时停止钻绳。教师可以要求幼儿钻爬时，头先过绳、脚先过绳、侧身过绳、脸朝向天上等提醒幼儿采用不同的方法过绳。

游戏规则：不能碰到绳。

游戏指导：1）开始进行游戏时，给幼儿自由探索玩法的空间。2）有要求时，每次只提一个要求，练习1次后，选定一名幼儿示范，幼儿再练习一次。3）可以由幼儿牵绳子，注意人员的交换。4）当绳子够长时，可以让幼儿两人一组，可以做同样的动作，也可以帮助不能完成的幼儿完成动作。

（3）小鼹鼠钻地（钻爬）。

游戏目标：练习钻爬，练习反应能力。

游戏玩法：用长宽各10m的布制作成若干个“地洞”，教师将布拉平，幼儿在地洞下钻，听不同口令钻出手、脚、头等。

游戏规则：按要求迅速钻出者为胜。

游戏指导：1）游戏材料可以由横幅替代。2）幼儿在地上爬时，幼儿扮演小鼹鼠，教师发出口令“把手伸出来”“把脚伸出来”“把一只手一只脚伸出来”“把头伸出来”等，不断增加难度，增加喊口令的速度，并要求幼儿做的动作固定3s。

（4）小鸡找朋友（钻）。

游戏目标：能钻过一定高度的障碍物，发展钻的能力，感受与同伴游戏的快乐。

游戏玩法：教师为幼儿创设“找朋友”的游戏情景，让幼儿分别扮演可爱的小鸡小鸭，用松紧带或彩绳2根，搭成小鸡、小鸭的家。“小鸡小鸭是好朋友，早晨都住在自己家里，听到妈妈的喊声，马上钻出自己的家，来到草地上，找好朋友做游戏。从家里钻出来的时候，一定要低头，不要碰到家门，看谁是个乖宝宝。”请幼儿分别回到自己的家中蹲下准备，听到指令后从家里钻出来，到草地中间找到一个好朋友做游戏。

游戏指导：1）先让幼儿模仿小鸡、小鸭走路的动作，配合《小鸡小鸭》的歌曲。2）在活动过程中观察幼儿钻时，低头、弯腰、移动重心的动作发展情况，判断幼儿钻的动作协调性，并做出整体指导和个别指导。3）鼓励幼儿在游戏中，大胆与同伴共同愉快地游戏。

3. 游戏设计（中班）

（1）龟兔赛跑（爬、跳）。

游戏目标：练习双脚向前跳（爬跳）及手脚着地爬的动作。

游戏玩法：幼儿分成四组，两组当小兔，两组当乌龟，在地垫一端后站好。游戏开始，教师发出信号，四组排头竞赛。“乌龟”组要爬行，“兔子”组要双脚向前跳或者爬跳，到终点跑回，跑回后与后一位幼儿击掌，依次进行。

游戏规则：必须听到教师发出信号，各组排头方可开始比赛，最快的一组为胜。

游戏指导：1）幼儿要有“龟兔赛跑”的故事经验。2）在比赛过程中，引导幼儿产生只要自己努力了就可以，胜利了不能骄傲，失败了也不能气馁的意识。

（2）火车钻山洞（合作钻）。

游戏目标：练习钻的动作，提高灵敏性。

游戏玩法：幼儿排成两路纵队，每队的第一个幼儿做火车头，其他幼儿都做车厢。距幼儿 15m 处放拱门为山洞。游戏开始，两列火车同时出发，“火车头”发出“呜”的声响，全体幼儿两手搭在前面幼儿肩上向前走碎步，边走边发出“咔嚓咔嚓”的声响，到了“山洞”口时，火车头“呜—”地发出信号，然后一个个依次钻过。直到最后一节“车厢”钻出山洞时，这列火车才能“咔嚓咔嚓”地走回原来的起点线上，先到者为胜。

游戏规则：钻时如碰倒拱形门，要扶起再钻过。

游戏指导：1）要幼儿自己想办法让火车头知道全部火车车厢都通过了山洞。2）火车车厢不能脱节。3）可以在场地上加一个拱门，让幼儿在回来时也要钻过山洞，增加难度。

（3）河里小鱼游（钻）。

游戏目标：练习钻的动作，提高动作的灵敏性。

游戏玩法：幼儿拉成一个圆圈做渔网，请四五名幼儿站在圈内当小鱼。游戏开始时，圈上的幼儿手拉手按逆时针方向走。圈内当小鱼的幼儿两臂向后摆动，做小鱼游的样子。圈上的幼儿边走边念儿歌，念完时圈内的小鱼往外钻，圈上的幼儿赶紧拉着手靠拢挡住“小鱼”，“小鱼”就想办法出去，钻了一会儿后，数数挡住了几条小鱼，然后另请几个幼儿到圈中做小鱼。游戏重新开始。

游戏规则：圈上的幼儿不能撒开手，网不能扯得过紧，“小鱼”只能找空当儿钻出。

游戏指导：①限定游戏范围。②配合儿歌“河里小鱼游游游，摇摇尾巴点点头。一会儿上，一会儿下，好像欢愉的小朋友。”

（4）蚂蚁搬豆（仰卧后爬）。

游戏目标：提高支撑和仰卧向后爬行能力。

游戏玩法：幼儿分成人数相等的几组，幼儿仰卧在地垫上，小腿支撑膝盖，双手在两侧撑垫，沙包放在腹部，教师发令后倒行，先到终点者为胜。

游戏规则：行进时沙包不能掉下来。

游戏指导：1）可以把沙包替换成书本等容易固定的物体。2）要求幼儿注意安全，地面平滑。

4. 游戏设计（大班）

（1）穿越火线（匍匐爬）。

游戏目标：尝试匍匐爬行，锻炼手部力量，培养勇于挑战的精神。

游戏玩法及规则：教师讲解穿越火线时爬行的要求，提出要身体与腿平贴地面，不能曲起，两手用力向前支撑身体蠕动前进。幼儿分两队，连贯地匍匐爬过障碍物，中间不能停顿，到达终点后从旁边跑回来。

游戏指导：1）设置情境，让幼儿身体紧贴地面爬行。2）第二轮游戏时，幼儿可以相互设计摆放障碍物，增加游戏的难度与趣味性。

（2）超级战车大比拼（坐爬）。

游戏目标：练习坐爬动作，掌握其动作要领。

游戏玩法：教师扮演战车指挥员讲述游戏路线和规则。坐爬时要求：先坐在垫子上成坐姿，爬行时双臂撑地，同时把臀部提起移至脚跟，然后双脚和双手移动，连续向前（后）爬行。全班分成若干组一路纵队站在起跑线后，发令后，排头的超级战车坐爬“倒车”至货场，然后“开车”返回起点，拍第二辆超级战车的手。以此类推，比一比哪队超级战车运输得最快。

游戏规则：坐爬姿势在比赛过程中要保持。

游戏指导：次数不宜过多，可以结合其他情节，进行综合性练习。

（3）螃蟹过障碍（横爬）。

游戏目标：增强手部力量，提高身体平衡协调能力。

游戏玩法及规则：1）螃蟹走路：幼儿站在平衡木上，身体保持平衡，弯曲双肘，小臂向上抬起，双手做出剪刀的形状，横着身体走过平衡木。在走路的时候，可以有节奏地活动两把“小剪刀”。2）螃蟹过桥：幼儿双手牢牢地撑在地板上，双腿搭在平衡木上。移动手脚，横向走路。要求双腿伸直，手臂也要伸直，而且手掌要牢牢地支撑在地板上。3）螃蟹过坡：幼儿移动手脚，横向爬过器械搭成的山坡。

游戏指导：教师注意安全辅助。

（4）勇敢的消防队员（攀爬）。

游戏目标：提高奔跑和攀爬技能，培养勇敢顽强的品质。

游戏玩法及规则：利用攀登架，攀登架每格放上与各队幼儿人数相等的红布条，顶端放1个布娃娃。离攀登架15～20m处画条起跑线。2～4队幼儿参加游戏，每队人数相等。游戏开始时，各队排头的幼儿跑到攀登架上取下红布1条（表示扑灭了1次火焰），然后返回本队拍第二个孩子，后面的孩子依次进行，每次最后1人攀到顶端，救出“小孩”（布娃娃），跑回起跑线。先完成的队为优胜。

游戏指导：1）幼儿在玩一次后，存在哪些问题，幼儿进行讨论，教师进行指导，指导幼儿善于攀爬的排在后面。2）教师在攀登架旁进行保护。

第四节　生活类体育游戏

幼儿生活的自理能力、安全意识、生活常识越来越成为我们关注的焦点，而幼儿的学习方式是实际操作、亲身体验，去模仿、感知和探究，不断积累经验，逐步地建构自己的理解和认识。游戏是幼儿极有意义的学习过程和学习方式，幼儿自己的生活就是其学习最重要的途径。设计生活类体育游戏，能够更好地强化生活需要的基本知识，更好地促进生活与学习一体化，这些也是幼儿生活类体育游戏的理论基础。

一、安全类游戏

（一）安全类游戏总述

幼儿安全是全社会关注的话题，安全意识的培养不仅仅作用于幼儿的成长期，同时也将影响他们的一生。《3～6岁儿童学习与发展指南》中对教育工作者及家长提出了“提供安全的生活环境和必要的保护措施”“结合生活实际对幼儿进行安全教育”“教给幼儿自救和求救的方法”等教育建议，幼儿安全包括居家安全、饮食安全、出行安全、安全自救、运动安全等。

小班幼儿需要知道一些讨论过的安全规则，如：不能随便过马路，一定要在人行道上走等；能够主动避开危险，如：生着火的炉子、尖刀、装有开水的桶等；不随意离开同伴，不跟陌生人走，不吃陌生人给的东西，只有在得到允许时才离开教室；在外面行走时要手牵手一起走；在公共场所走失时，能向警察或有关人员说出自己的名字、家庭住址、家长的名字或电话号码等。

中班幼儿能做到手拿剪刀或铅笔时，知道把刀口或笔头朝下，不伤到自己和他人；在公共场合不远离成人的视线单独活动，认识常见的安全标志，能遵守安全规则，运动时能主动躲避危险，知道简单的求助方式。

大班幼儿能做到未经大人允许不给陌生人开门，能自觉遵守基本的安全规则和交通规则，运动时能避免给他人造成危险，知道一些基本的防灾知识。

(二) 安全类游戏设计

1. 安全类游戏设计（见表8-6）

表8-6 安全类游戏设计表

序号	小 班	中 班	大 班
1	红绿灯（交通规则）	放鞭炮（生活安全）	可爱的动物也危险（安全意识）
2	拉紧妈妈的手（自我保护）	衣服着火了怎么办（生活安全）	小心触电（用电安全）
3	跳过小水洼（生活常识）	急救电话对号入座（生活常识）	救援符号拼接（急救知识）

2. 游戏设计（小班）

(1) 红绿灯（交通规则）。

游戏目标：初步培养交通规则意识和公德意识。

游戏玩法：导入小兔走在十字路口的情景，在教师带领下念儿歌：“小兔子，过马路，一定要走斑马线，红灯停，绿灯行，看到黄灯等一等，交通规则要记清。”师幼搭建交通路口后，教师把指示牌放绿灯时，幼儿有序通过，红灯时，幼儿在路口等候。

游戏规则：看红绿灯行走，不要推挤。

游戏指导：1）可通过红绿灯来控制幼儿的行进速度。2）教师站在幼儿队伍中间，以便观察到所有儿童。

(2) 拉紧妈妈的手（自我保护）。

游戏目标：知道外出时不远离成人，具有初步的安全意识，了解保护自己的正确方法。

游戏玩法：播放背景音乐，幼儿和教师分别扮成小羊和羊妈妈，配班教师扮成大灰狼走在后面，他不时地去拉小羊，或向小羊招手，或做其他动作吸引小羊的注意力。小羊始终紧紧拉着妈妈，跟着妈妈走。

游戏规则：紧紧跟着妈妈走，如果跟着大灰狼走了，就要被领到一个小圆圈中待一会儿，体会远离成人的不安全感。

游戏指导：教师可以提醒幼儿，消除干扰。

(3) 越过小水洼（生活常识）。

游戏目标：遵守游戏规则，学会看简单的标记，了解相关的生活常识。

游戏玩法及规则：1）引出问题：下过雨，地上都是一个个小水洼，怎样才能既不弄湿鞋子，又能马上到达朋友的家呢？（幼儿讨论，教师总结幼儿的回答）。2）引导幼儿观察箭头所指的方向，学看标记。这是通往朋友家的路，我们要沿着箭头走。3）请幼儿示范跳，其他幼儿观察，注意看怎样做才能不掉进水洼里。4）幼儿排好队，一个跟着一个试着越水洼。教师观察不同孩子的表现。

游戏指导：1）注意教师指导语言的夸张，让幼儿感同身受地参与游戏。2）教师通过标志点的间距提示幼儿的跳法，注意间距的设置难度要适中。

3. 游戏设计（中班）

(1) 放鞭炮（生活安全）。

游戏目标：发展听信号转身躲避的能力。

游戏玩法及规则：5 名幼儿一组，其中一名扮演鞭炮，另外 4 名幼儿扮演点鞭炮者，站在四个方位。扮演鞭炮者，发出指令“点鞭炮”，4 名幼儿一起去点鞭炮。当扮演鞭炮者发出爆炸的声音（扮演者决定何时爆炸），4 名幼儿则快速转身跑回原来的位置并发声，后到者或者跑错位置者为输，并且与扮演鞭炮者交换角色继续游戏。

游戏指导：1）教师扮演鞭炮，幼儿分组轮流扮演点鞭炮者再回到起点。2）5 名幼儿一组，其中一名为扮演鞭炮者，教师讲解规则后，自主游戏。

(2) 衣服着火了怎么办（生活安全）。

游戏目的：了解衣服着火后的处理方法。

游戏玩法：教师问“万一衣服着火了，怎么办？”让幼儿想办法。告诉幼儿，万一衣服着火了，不要惊慌失措、到处乱跑，而要做好三部曲：“停步—倒地—翻滚”，然后让幼儿逐一练习各种倒地——滚翻的方法。在衣服上粘上红色的布条，让幼儿模仿衣服着火的情形进行相应的滚翻动作。

游戏规则：注意滚翻时的安全，避免碰撞。

游戏指导：在衣服着火、做滚翻动作后，加设越过“浓烟区”等情境。全体幼儿必须拿“湿毛巾”“淋湿”全身后方可进行下一个动作。在爬过“浓烟区”时，必须用毛巾捂住鼻，而且要将身体低下。

(3) 急救电话对号入座（生活常识）。

游戏目的：了解急救小常识，增加安全知识。

游戏玩法：将全体幼儿平均分成两组成纵队在起点处站立。由教师负责把有关 110、120、119 急救电话的相关背景图片任选一张贴到黑板中央。教师发令后，各组第一名幼儿快速跑向黑板后，用粉笔写上应该拨打的急救电话的号码，写完后返回到本组排尾。以此连续进行，直到所有的图片挂完，游戏结束。由教师判定幼儿所写号码的正确与否，根据正确率决定胜负。

游戏规则：跑步时要尽量保持直线，避免冲撞。

游戏指导：游戏结束后，可让小朋友举手讲解急救小常识。

4. 游戏设计（大班）

(1) 可爱的动物也危险（安全意识）。

游戏目标：强化“可爱的动物”也有危险的意识，练习双脚跳和躲闪的能力。

游戏玩法及规则：在场地上画一个大圈。全体幼儿站在离圈半步远的地方，选 2～4 名幼儿扮演动物园的“老虎”或其他动物站在圈中。游戏开始，幼儿们双脚跳向圈内，又跳出圈外（跳时不能转身）。扮演“老虎”的人，触到谁，谁就被罚下场。罚下若干名后，游戏可重新开始，教师需重新选定扮演“老虎”的幼儿。

游戏规则：1）幼儿出入圆圈，只能双脚跳，不能跑也不能跨跳。2）扮演动物的幼儿要始终在圈内活动。

游戏指导：在游戏中用手触碰时提醒幼儿注意只能轻触，不能打。

（2）小心触电（用电安全）。

游戏目标：提高手眼协同能力和动作的控制能力。

游戏玩法：将接力环套在标志杆上，教师进行示范，双手将接力环从“带电”的标志杆上取出，要求不要碰到“带电”的标志杆。幼儿分组进行练习，之后采取比赛形式，第一个套出，第二个取出，依次进行接力。教师观察，触碰到标志杆的须重新开始套进或取出，看哪组最先完成。

游戏规则：强调用电安全知识，做动作时不要触碰到标志杆，强调平时不能触碰电力设备。

游戏指导：协调好小组成员之间的配合。

（3）救援符号拼接（急救知识）。

游戏目标：识别遇险时的求救信号，开拓认知范围，掌握求生的本领。

游戏玩法及规则：在白板上画出 SOS、HELP 等图案，让大家拼读、记忆。听到口令后，迅速跑到积木箱，拿出相同颜色的积木在桌子上摆出相应的图形。教师按幼儿完成的先后顺序给予点评。

游戏指导：在室内练习熟练以后，可以在室外进行积木拼接，要求在拼接时运用与场地差距大的颜色等。

二、生活能力类游戏

（一）生活能力类体育游戏总述

生活能力就是幼儿有初步照料自己生活的能力，学会自己的事情自己做，是一个人应该具备的基本生活技能。3～5 岁是幼儿生活能力发展的关键时期，其内容主要包括愉快地进餐、正确使用勺子和筷子、饭后擦嘴；按顺序穿脱衣服和鞋袜，系鞋带和整理床铺；正确洗手、洗脸、刷牙，保持仪表整洁等。生活能力与幼儿的健康、认知、个性有密切关系，好的生活能力有助于幼儿独立性发展，从而使幼儿更好地适应环境。

小班幼儿能够在别人的提醒和帮助下，按顺序穿脱衣服、鞋袜，并把他们放在规定的地方；能扣上及解开大扣子，拉开衣服的拉链；会扣上和解开运动鞋上的魔术贴；能把牛奶等饮料从小瓶中倒进杯子里；能勇敢地玩滑梯、转椅等一些大型玩具，并知道玩大型玩具时要有秩序不拥挤。

中班幼儿能独立地、有次序地穿脱衣服、鞋袜，并整理好放在指定的地方，能尝试学习整理自己的床铺；能拉拉链、扣扣子及按钮扣，不把鞋子左右脚穿反，学习系鞋带；能从小瓶中倒果汁到杯子内而不洒出来；能做到不乱扔果皮纸屑。

大班幼儿能分清衣服正反和鞋子的左右，会系鞋带；能轻易地倒果汁而不泼洒出来等。

(二) 生活能力类体育游戏设计

1. 生活能力类体育游戏设计（见表8-7）

表8-7　生活能力类体育游戏设计表

序号	小　班	中　班	大　班
1	排队小标兵（规则意识）	树苗快长大（手持物平衡走）	穿衣服比赛（生活能力）
2	系绳子（精细动作）	太阳与月亮（生活常识）	信任之旅（搀扶盲人）
3	吃饭了（生活能力）	黑夜探险（蒙眼走）	小羊过独木桥（避让）

2. 游戏设计（小班）

(1) 排队小标兵（规则意识）。

游戏目标：了解排队的重要性，养成不争不抢、不掉队的排队习惯。

游戏玩法及规则：教师引导幼儿争当“排队小标兵”，只有排队的时候不争不抢，前进的时候不掉队的幼儿才能当小标兵。带领幼儿进入游戏场地，分为两队，先排队领取小炸弹（小沙包）一个，然后在排头带领下绕过小树林（标志杆），跨过小河（小积木），把炸弹扔到投弹区。返回的时候从独木桥（地上画两根线）返回，注意一个接一个，不推不挤。

游戏指导：游戏情境引导要有趣味性，人数不能过多，等待不能过久。

(2) 系绳子（精细动作）。

游戏目标：锻炼手指的精细动作。

游戏玩法及规则：幼儿在教师身上系绳子，只需打一次结，宽松地系好，绳子全部打完结后，再让幼儿将绳子解开。也可把幼儿分为人数相等的几组，比赛开始后，幼儿跑到终点，把绳子系在标志杆上，看哪一组先完成。

游戏指导：可换系绳子目标，系在幼儿衣服或身上。

(3) 吃饭了（生活能力）。

游戏目标：培养良好的进餐习惯。

游戏玩法及规则：发令人可发“游戏”“准备吃饭”“吃饭”等口令，可随意、轮流重复发令。其他参与游戏的人听到“游戏”口令时，可做“四散跑”“搂着走”“跳”“拍球”等模仿动作；听到“准备吃饭”口令时，可做“擦桌子”“洗手”“发餐具”等模仿动作；听到“吃饭”口令时，马上回座位坐好（也可加一手扶碗，一手拿勺吃饭等模仿动作）。

游戏指导：游戏情境描述要有趣味，模仿动作要夸张。

3. 游戏设计（中班）

(1) 树苗快长大（手持物平衡走）。

游戏目标：锻炼幼儿手持物平衡走的能力。

游戏玩法及规则：教师导入情境“小树苗快快长大，需要营养和水，需要我们的帮忙”。运肥料：把幼儿分成两组，起点处每组放若干沙包和一把小铲子，终点处每组放一个盒子和标志杆。中间路线可以画成直路，也可以画成弯曲的小路。第一个幼儿拿小铲子铲一个沙包走到终点处放在盒子里，再沿原路返回把铲子交给第二个幼儿。浇水：在起点处放一个大杯子和一桶水，在终点处放一个空桶子。第一个幼儿拿杯子盛水走到终点处倒在桶子里，再沿原路返回把杯子交给第二个幼儿。看在规定的时间内哪一组幼儿表现得好。

游戏指导：室外完成，场地需要防滑。

（2）太阳与月亮（生活常识）。

游戏目标：练习在一定范围内的四散地追逐跑；知道太阳和月亮不会同时出现的道理。

游戏玩法及规则：男幼儿扮太阳，女幼儿扮月亮，教师扮时间老人，四散站在小圈内。游戏开始时一起念儿歌，念完儿歌后，如果时间老人接着说“太阳出来了”，则“太阳”原地不动，“月亮”迅速跑离场地。如果时间老人说“月亮出来了”，则“月亮”原地不动，“太阳”迅速跑离场地。没有迅速跑出大圆圈外而被“时间老人”捉住的“太阳”或“月亮”，则取消游戏资格，离开场地。没有被捉住的继续参加游戏。

游戏指导：1）游戏开始由教师扮时间老人，幼儿熟悉玩法后再让个别幼儿扮时间老人。2）“太阳”和“月亮”应先听清时间老人的话，确定自己是留在天空还是离开天空，跑错的幼儿也取消游戏资格。

（3）黑夜探险（蒙眼走）。

游戏目标：能蒙住双眼前行并将手持的物品放到指定的位置，锻炼时空感知能力，培养不怕黑暗、勇往直前的精神。

游戏玩法：用标志杆设置起点和终点，在离起点 8m 的地方，用折叠长垫设置一个收纳箱，一名幼儿用眼罩蒙住双眼，手拿物品缓慢前进，走到收纳箱处将物品放进去即为成功，得一分，分组比赛。看哪组队伍用时最短，得分最多。

游戏规则：前进时步子要小，缓慢前进；不能用语言提示。

游戏指导：标志杆左右各一个，终点处设终点线，提示幼儿走到收纳箱处。

4. 游戏设计（大班）

（1）穿衣服比赛（生活能力）。

游戏目标：对穿脱衣服比赛的活动感兴趣，能够积极参与；练习穿脱衣服。

游戏玩法及规则：1）教师引导幼儿讨论如何穿脱衣服和裤子。2）幼儿自己分别练习穿脱衣服。3）幼儿分成几组，进行穿脱衣服比赛。4）引导幼儿相互评价，说说谁的衣服穿得好，教师小结，归纳方法。

游戏指导：1）有序进行比赛，一组比赛时间控制在 3 ~ 5min。2）练习穿脱衣服时教师可进行指导、帮助。

（2）信任之旅（搀扶盲人）。

游戏目标：培养身体协调性；学习互相搀扶动作，学会理解他人。

游戏玩法及规则：要求每组两名幼儿，其中一名队员带上眼罩充当盲人，另一名队员负责保护，教师可以带领大家穿行一段复杂崎岖的路途，保护人员要充分保护好“盲人”的安全，帮助他们完成走、跨、钻、爬等各种障碍。依次进行，到达终点后，每组幼儿互换角色，从终点返回至起点。

游戏指导：1）游戏开始有教师充当负责保护的人，做示范。2）游戏过程教师站在旁边观察，保护幼儿安全。

（3）小羊过独木桥（避让）。

游戏目标：锻炼身体平衡性及避让能力；培养同伴合作意识。

游戏玩法：用跨栏架的底板及挡板摆成一座独木桥，两名幼儿分别从独木桥的两端迎面走，遇到一起时要懂得相互协助并利用较宽的挡板进行避让。

游戏规则：身体要保持平衡，注意避让。

游戏指导：1）提醒幼儿在独木桥上注意力集中。2）教师站在独木桥一侧观察、保护。

三、益智类游戏

（一）益智类体育游戏总述

益智游戏也叫智力游戏，重点在于"益智"上，是幼儿以完成一定的智力活动任务为目的的一种规则游戏。众多国内外研究也早已证明，人的大脑的大部分发展水平大多是在六七岁以前实现的，通过益智游戏可以丰富幼儿知识、发展幼儿的感知和语言计算的能力，锻炼并逐渐建立起孩子的手脚协调、手眼配合等身体机能，还可以提高社会适应能力等。

在幼儿园中，常玩的益智游戏有：分类组合、猜谜语、拼几何图形、接龙、听声音、摸奇妙的口袋，以及各种棋类游戏等。这类游戏可以调动幼儿的学习兴趣，培养他们动脑筋的习惯，巩固学到的知识。在益智游戏中加入身体运动的形式，以期待幼儿通过参与益智类体育游戏令身心得到共同发展。

（二）益智类体育游戏设计

1. 益智类体育游戏设计（见表8-8）

表8-8 益智类体育游戏设计表

序号	小 班	中 班	大 班
1	找一找（认识物品）	走数字（数字符号）	石子棋（反应）
2	挂五官（认识五官）	士兵出列（数字对应）	巧用游戏棒（创造力）

2. 游戏设计（小班）

（1）找一找（认识物品）。

游戏目标：锻炼反应能力，认识物品及物品的相关属性。

游戏玩法及规则：播放音乐时，幼儿可以在场地内随意走动，教师暂停音乐，并说出要求，如"寻找红色的物品"，幼儿根据教师的要求进行快速判断，找出室内符合要求的物品并且展示。

游戏指导：1）可以让幼儿参与对物品的摆设，增加游戏的乐趣。2）当幼儿熟悉游戏规则后，可以增加游戏难度，如"寻找××形状的物品""寻找可以吃的东西""寻找用纸做成的物品"等。

（2）挂五官（认识五官）。

游戏目标：提高直线走的能力，加深对动物五官的认识。

游戏玩法：将参加游戏的幼儿分成若干组，每组五六名成纵队站在起点处。听到口令后，排头队员选择任一动物头部图案挂上后返回起点处与第二名队员击掌后排队尾，同组队员依据动物头部图案依次配对其他器官，以此类推，直至整个图形配对完整。

游戏规则：返回折回点交换击掌要在折回线上；在拼五官时，如出现错误，本组队员可以提示；要以五官是否正确配对判定游戏的完成情况。

游戏指导：1）教师在旁边做裁判，观察幼儿是否走直线。2）如果对于幼儿来说"挂五官"游戏有难度，就可以把五官换成"水果"和"水果模具或图片"，这样幼儿直接找相对应的水果挂上即可。

3. 游戏设计（中班）

（1）走数字（数字符号）。

游戏目标：了解数字符号，能曲线走；提高腿部力量，提高身体的平衡能力。

游戏玩法及规则：将全体幼儿分成若干组，每组 3～5 名站在起跑处等待。各组排头幼儿在听到教师的口令后，按要求走相应的数字，同组的其他队员紧随其后，当正确地猜出数字后，换下一名队员。以此练习进行，直至游戏结束。

游戏指导：1）教师在发令时，把"数字"悄悄告诉排头幼儿。2）可以走字母或其他图形。3）游戏动作的难度不大，可以做热身游戏。

（2）士兵出列（数字对应）。

游戏目标：运用听觉、视觉感知数字，提高一对一点数的能力。

游戏玩法及规则：每张纸牌都代表着一个士兵。将纸牌从 1 排到 8，1 代表 1 号士兵，2 代表 2 号士兵，以此类推。先教幼儿学习"1～8"，然后教师当军官，任意命令某一号士兵出列，让幼儿代表士兵，将这张牌取出来。如果幼儿取错了，你可以罚这个士兵连说 3 遍自己所代表的数字，罚完后，再接着玩。

游戏指导：游戏比较简单，可以命令 1～2 遍，让幼儿熟练游戏规则后，教师出示手指头、带有圆点点的图片，让幼儿一对一点数，然后代表那一号的士兵就站出来，或者摸一下教师再站回队伍。也可利用鼓声，幼儿利用听觉判断数字，并根据教师要求，做出相应反应等。

4. 游戏设计（大班）

（1）石子棋（反应）。

游戏目标：提高反应能力。

游戏玩法及规则：在地上画一个 4×4 的方块，每人 5 个石子，放在交点上做棋子。每回合只能沿线移动一枚棋子走一格，只要移动后，移动方的两枚棋子与对方一枚棋子在一条直线上，之间没有间隔，而且直线上没有其他棋子，就吃掉那一枚棋子。如此进行，最后只剩下一枚棋子的一方为输家。

游戏指导：五个子可以是任何小东西，只要双方能区分即可。

（2）巧用游戏棒（创造力）。

游戏目标：培养专心、细心的学习品质。

游戏玩法及规则：两人一组，每人有 10 根游戏棒，先用猜拳来确定玩的次序（先 A

后 B），A 先将 20 根游戏棒握在手中，然后将棒垂直于桌面，双手松开，用单手去取桌上的游戏棒。在取棒过程中，每次取一根，不能碰到其他棒；否则，让 B 进行。游戏以取棒多者为胜。

游戏指导：游戏之前教师先做示范，交代游戏玩法和规则后，幼儿再进行操作。

参考文献

[1] 王天乐．浅谈运用音乐结构进行幼儿体操创编［J］．当代体育科技，2017（09）：170～171.

[2] 白翠瑾，李哲，杨光．体育强国建设下幼儿家庭体育的现象学研究［J］．沈阳体育学院学报，2020（02）：34～40.

[3] 白翠瑾，李哲，张茉，等．幼儿体育师资培养国际案例对中国的启示［J］．沈阳体育学院学报，2020（05）：32～39.

[4] 白燕梅，刘丽丹，焦娇．幼儿游戏设计与指导［M］．北京：北京理工大学出版社，2019.

[5] 柏江．幼儿教师体育教学技能现状与相关对策分析［J］．当代体育科技，2015（13）：103～104.

[6] 蔡显珅．幼儿园户外体育活动设计研究［J］．运动，2018（23）：106～107.

[7] 曹梦娜，王玉珍．核心素养视域下幼儿体育游戏课程之革新［J］．田径，2020（03）：12～14.

[8] 曾琪智．我国幼儿体育教学困境及未来发展方向［J］．青少年体育，2018（12）：39～40.

[9] 常钰晨．传统游戏在幼儿体育活动中的应用［J］．中外企业家，2018（30）：190～192.

[10] 陈大琴．幼儿园户外混龄区域体育活动的价值与实施策略［J］．学前教育研究，2017（04）：67～69.

[11] 陈冬华．幼儿园体育活动的理论与实践手册［M］．北京：人民教育出版社，2018.

[12] 陈枫．幼儿运动心理负荷透视与反思——以幼儿户外活动为例［J］．陕西学前师范学院学报，2019（08）：30～33.

[13] 陈凤梅．社区资源在幼儿园体育活动中的有效利用［J］．体育科学研究，2017（03）：85～87.

[14] 陈国强．学前教育专业开展幼儿体育专项课程的必要性［J］．科学咨询（教育科研），2020（12）：160.

[15] 陈萌瑶．幼儿体育游戏对幼儿身心发展的影响［J］．科技风，2019（02）：32.

[16] 陈齐，查萍．幼儿体操发展与创新研究综述［J］．当代体育科技，2016（27）：172～174.

[17] 陈姗姗．多样平衡器械在幼儿体育活动中的运用研究［J］．华夏教师，2020（10）：52～53.

[18] 陈土育，李文超，吴康耀，等．游戏体适能课程对大班幼儿身体素质影响的研究分析［J］．福建体育科技，2020（03）：53～56.

[19] 陈湘，陈阳阳．幼儿体育活动对其感统训练的实践研究［J］．体育科技文献通报，2020（11）：104～105，109.

[20] 陈心绮．浅谈幼儿园体育活动生活化、游戏化实施策略［J］．才智，2020（16）：50.

[21] 陈雪梅．新时代开展幼儿体育的现状分析与改革对策研究——以罗定市部分幼儿园为例［J］．职业技术，2020（07）：48～52.

[22] 陈长青．优化幼儿园户外体育活动的探索与尝试［J］．福建教育学院学报，2017（05）：103～104.

[23] 崔玮．人学视角下的幼儿体育教学探讨［J］．新西部（理论版），2016（23）：159，146.

[24] 崔小林．幼儿体育活动及其内容体系的思考［J］．当代体育科技，2018（35）：240，242.

[25] 戴逢坚．幼儿体育活动开展的制约因素与对策研究——以湛江市市区幼儿园为例［J］．青少年体育，2020（06）：139～140.

[26] 党爱娣．幼儿园教师体育教育能力现状调查及培训策略［J］．现代交际，2020（19）：116～118.

[27] 党爱娣．幼儿园体育活动实施现状与提升对策［J］．西北成人教育学院学报，2020（05）：95～100.

[28] 董旭．我国幼儿体育竞赛的现状与发展策略研究［J］．成都师范学院学报，2017（10）：34～38.

[29] 董旭花，韩冰川，张海豫．幼儿园户外环境创设与活动指导［M］．北京：中国轻工业出版社，2019.

[30] 范江江，王凯．体育教育对幼儿观察力的培养［J］．冰雪运动，2019（02）：35～38.

[31] 范连友，李梅，况照霞．基本体操对幼儿发展的影响［J］．保健医学研究与实践，2010（01）：62～64，68.

[32] 范雪，罗冬梅，陈皆播，等．3～6 岁幼儿跑步动作发展特征及教学策略分析［J］．体育科学，2017（11）：40～47.

[33] 范一珺．幼儿园户外体育活动运动器械的灵活应用分析［J］．才智，2019（31）：159.

[34] 范云峰．动商理念下幼儿体育活动游戏化教学相关［J］．才智，2020（16）：158.

[35] 方园．关于体育素养与高校幼儿体育师资培养途径的思考——以四川幼专为例［J］．体育科技文献通报，2019（06）：10～12.

[36] 冯强．幼儿体育教育压力下的体育院校办学模式的探究［J］．青海师范大学学报（自然科学版），2017（02）：102～104.

[37] 付妤．学龄前儿童体育教育的思考认识实践［J］．临床医药文献电子杂志，2020（42）：176.

[38] 高妮娜，牛健壮，牛峥，等．幼儿体育教育开展现状研究综述［J］．体育世界（学术版），2019（01）：120～121.

[39] 高嵩．蒙台梭利幼儿体育教育思想刍议［J］．河南教育学院学报（哲学社会科学版），2019（05）：118～120.

[40] 龚梅，向朋．浅析幼儿基本体操的创编方法［J］．企业导报，2015（20）：183～184.

[41] 郭剑华．当代幼儿体育教学模式的改革创新［J］．文化创新比较研究，2020（31）：31～33.

[42] 郭剑华．自制体育器材在幼儿体育游戏创新中的应用［J］．创新创业理论研究与实践，2020（16）：37～38.

[43] 郭盼盼．以游戏为主导的幼儿体育课程实证研究［J］．当代体育科技，2019（24）：72～73.

[44] 韩军．高师学前教育专业幼儿体操课程体系构建思路探析［J］．牡丹江师范学院学报（自然科学版），2014（01）：46～47.

[45] 韩佩轩，胡建平，郭燕．皮亚杰认知发展理论对幼儿动作发展教育的启示［J］．四川体育科学，2020（04）：47～51.

[46] 郝晓岑，王婷．幼儿体育概念辨析［J］．首都体育学院学报，2017（01）：26～30.

[47] 郝晓岑．中国幼儿体育权利研究［J］．体育文化导刊，2016（02）：11～16.

[48] 何淑艳，荣雯，曲波．学前儿童体育教育［M］．南京：东南大学出版社，2018.

[49] 何武贤．浅析体育游戏在幼儿园体育教学中的运用［J］．才智，2019（08）：108.

[50] 贺卫，胡文．幼儿基本体操教学活动中的游戏研究［J］．当代体育科技，2020（24）：89～91.

[51] 贺艳杰，胡凯，陈俐月．生态系统理论视域下我国幼儿体育的理想模型构建探析［J］．福建体育科技，2020（01）：7～9.

[52] 胡欢欢．幼儿体育教学中传统体育游戏的融入研究［J］．南昌师范学院学报，2020（03）：106～109.

[53] 胡艳．课程游戏化背景下幼儿体育教学的开展研究［J］．科技风，2020（28）：29～30.

[54] 花林娜．基于课程游戏化背景的幼儿园体育教学活动改革探索［J］．科学咨询（科技・管理），2020（07）：59～60.

[55] 黄贵，苏永骏．福禄培尔幼儿体育观研究［J］．体育学刊，2015，22（05）：28～32.

[56] 黄继章，宋福杰．高等职业教育学前教育专业体育课程体系的构建思路［J］．体育科技文献通报，2017（03）：31～32，154.

[57] 黄勇明，付梅玲．幼儿园开展传统幼儿体育游戏的现状、问题及对策［J］．教育观察，2020（44）：7～8，36.

[58] 贾宝童．幼儿体操教学对幼儿大肌肉动作发展影响的实验研究［J］．菏泽学院学报，2015（02）：138～142.

[59] 蒋佳妮．探究人学视野下幼儿体育教学的困境与出路［J］．当代体育科技，2018（31）：79～80.
[60] 蒋玲娟．论述幼儿体操教学中保护与帮助的重要性及运用［J］．才智，2019（24）：20.
[61] 康金峰．基本体操练习对幼儿智力发展影响因素研究［J］．体育世界（学术版），2019（08）：88～89.
[62] 孔敏．家园合作构建一体化幼儿体育教育的思考［J］．山东体育科技，2015（03）：102～105.
[63] 李聪．幼儿体育教学与幼儿师资队伍建设［M］．延边大学出版社，2019.
[64] 李冬晓，单宇．3～6岁幼儿开展“快乐体操”的可行性研究——以华南农业大学附属幼儿园为例［J］．当代体育科技，2017（08）：164，166.
[65] 李国碧．体育核心素养引领下湘西地区幼儿体育健康促进路径研究［J］．体育科技文献通报，2020（09）：53～55.
[66] 李建涛．“健康中国”背景下幼儿体育发展需求的探讨［J］．青少年体育，2019（07）：135～136，104.
[67] 李军，伍曼．幼儿园依托体育中心开展快乐体操活动初探［J］．湖北体育科技，2017（10）：911～914.
[68] 李灵云．幼儿体操与幼儿体育活动游戏［M］．延吉：吉林大学出版社，2018.
[69] 李玲．幼儿体育教学模式的创新研究［J］．当代体育科技，2017（18）：172，174.
[70] 李鹏．幼儿体育课程设置的新思考［J］．青少年体育，2020（06）：137～138.
[71] 李文记，潘文娟．幼儿快乐基本体操教学情景化探析［J］．当代体育科技，2016（27）：185～186.
[72] 李学侠．园本体育课程的建构与实施［J］．学前教育研究，2020（04）：85～88.
[73] 李雪敏，周江，许磊．体育游戏促进幼儿亲社会行为的策略研究［J］．体育世界（学术版），2019（09）：111，108.
[74] 李阳，刘珍珍，陈超超．我国近十年幼儿基本体操研究综述［J］．体育科技文献通报，2019（01）：158～160.
[75] 连远斌．幼儿园体育教学现状及对策研究［J］．体育世界（学术版），2018（12）：148～149.
[76] 梁坤，马欣悦，韩会君．幼儿体育活动“热身操”创编新视角：由“模型”学习转向“模式”学习［J］．体育学刊，2020（03）：103～109.
[77] 林玲．体育游戏对幼儿的心理影响［J］．体育科技文献通报，2020，28（11）：114～115.
[78] 林媛媛．基于SWOT分析视角下幼儿体智能课程的现状与对策［J］．四川体育科学，2020（04）：141～144.
[79] 刘宏伟．新形势下幼儿体育教师专业素养的探析［J］．佳木斯职业学院学报，2017（09）：308.
[80] 刘建进，庄弼．福禄培尔幼儿体育思想的渊源和内涵［J］．体育学刊，2020（02）：73～78.
[81] 刘娟．幼儿园高质量室内运动环境的创设［J］．学前教育研究，2020（06）：93～96.
[82] 刘丽霞．信息化对幼儿体育课的影响研究［J］．西部皮革，2018（22）：132.
[83] 刘梦．幼儿园体育环境创设对幼儿运动能力的影响研究［J］．戏剧之家，2018（23）：185.
[84] 刘梦琪．现代化视角的幼儿学前教育［J］．现代交际，2020（01）：160，159.
[85] 刘万志，刘丰彬．幼儿体适能开展现状研究综述［J］．湖北体育科技，2019（05）：419～422，443.
[86] 刘兴，张海平，宋吉锐，等．基于身体素质的体操、游戏健身组合对5～6岁幼儿身体素质的干预与评价研究［J］．沈阳体育学院学报，2011（01）：5～9.
[87] 刘茵，李晓东．混龄体育活动对幼儿社会情感能力发展的作用浅析［J］．当代体育科技，2020（07）：198～199.
[88] 刘永杰，刘金富，孙启成．我国3～6岁幼儿身体素质动态变化特征研究［J］．浙江体育科学，

2019（02）：98 ~ 104.
[89] 刘月香．幼儿教学中体育活动模型构建及应用实践研究［J］．才智，2019（30）：81.
[90] 刘玥．浅析幼儿园课程中童谣与幼儿体育游戏的关系［J］．教育教学论坛，2020（08）：77 ~ 78.
[91] 刘珍艳．幼儿园体育活动中的问题及创新策略探析［J］．创新创业理论研究与实践，2019（12）：173 ~ 174.
[92] 柳鸣毅，王梅，徐杰，等．我国青少年体育重点工程建设与创新发展对策［J］．体育科学，2018（11）：17 ~ 27.
[93] 陆逸群．对影响幼儿体育游戏开展的因素分析［J］．体育科技文献通报，2020（07）：86，124.
[94] 罗冬梅，姚天聪，屈莎，等．幼儿体育活动强度自评量表的研制与应用［J］．北京体育大学学报，2019（04）：139 ~ 149.
[95] 罗苏婷．我国幼儿体育教育困境与发展的分析研究［J］．体育世界（学术版），2019（11）：159，158.
[96] 罗苏婷．我国幼儿体育教育困境与发展的分析研究［J］．体育世界（学术版），2019（11）：159，158.
[97] 吕昌民，张立燕，吕佩祯，等．高校学前教育专业学生体育教学能力培养探究［J］．枣庄学院学报，2019（05）：114 ~ 119.
[98] 吕海龙，王凯珍，刘弘．家庭体育环境与幼儿体育生活方式：家庭社会资本的中介作用［J］．北京体育大学学报，2020（05）：77 ~ 88.
[99] 马伯宁．浅析幼儿体育游戏创编的原则和方法研究［J］．当代体育科技，2019（18）：185，187.
[100] 马岗峰．幼儿体育游戏与幼儿身心发展的关系研究［J］．当代体育科技，2017（26）：245 ~ 246.
[101] 马晓然，蔡玉军，陈思同，等．3 ~ 6 岁幼儿基本动作技能与静态行为的关系［J］．体育学刊，2019（04）：123 ~ 128.
[102] 毛超燕．幼儿体育活动的内容体系探究［J］．当代体育科技，2019（14）：240，244.
[103] 毛淑娟．健康中国视域下幼儿体育教育的剖析［J］．科技资讯，2020（03）：169，171.
[104] 梅继伟．幼儿体育专业人才培养现状及对策研究［J］．儿童发展研究，2018（04）：13 ~ 18.
[105] 苗圃，翟均．幼儿体育教育现状及对策分析［J］．当代体育科技，2013（21）：6，8.
[106] 宁科，胡碧升．身体素养理念下幼儿体育教育内容指南［J］．青少年体育，2019（09）：134 ~ 136.
[107] 宁科，史兵，胡碧升．幼儿体育的本源基础与发展思路探微［J］．青少年体育，2020（08）：136 ~ 138.
[108] 宁科，王庭照，胡碧升．幼儿运动游戏融合发展的创新理念与内容解读［J］．青少年体育，2020（04）：138 ~ 140.
[109] 裴悦．幼儿体育教育研究现状与发展［J］．当代体育科技，2020，10（18）：220，222.
[110] 彭国强，舒盛芳，冯文昌．亲子户外真人秀节目的幼儿体育教育理念及启示——以《爸爸去哪儿》为例［J］．南京体育学院学报（社会科学版），2015（05）：77 ~ 82.
[111] 彭宁宁．体育游戏教学对小班幼儿体能指标影响的实验研究［J］．教育科学论坛，2020（04）：78 ~ 80.
[112] 彭庆文，陶成武，刘圣颉，等．幼儿家庭体育活动对 4 ~ 6 岁幼儿身体素质的影响效应［J］．青少年体育，2020（05）：137 ~ 140.
[113] 齐燕．幼儿体育游戏有效教学策略探讨［J］．青少年体育，2019（08）：139 ~ 140.
[114] 乔松松．谈体育游戏对幼儿身心健康发展的影响［J］．中国农村教育，2019（11）：125.
[115] 邱燕，邱阳，肖辉．人学视野下幼儿体育教学的困境与出路［J］．湖南师范大学教育科学学报，2012（01）：114 ~ 116.

[116] 任彦军．幼儿体育教学理论与实施策略研究［M］．北京：九州出版社，2018.
[117] 阮娟，周起煌．幼儿园户外体育活动安全隐患及防范对策的思考［J］．儿童发展研究，2019（03）：63～68.
[118] 阮振东．幼儿体育游戏与幼儿身心发展的关系探究［J］．当代体育科技，2019（23）：126～127.
[119] 芮萍．积极参与快乐运动——浅议幼儿园体育活动教学［J］．当代体育科技，2020（14）：184，186.
[120] 沈德磊．幼儿体育活动开展的特征分析——以湛江市区幼儿园为例［J］．豫章师范学院学报，2020（01）：20～23.
[121] 石作政，邓越．论幼儿园体育文化建设——基于幼儿体质健康水平视角［J］．体育世界（学术版），2018（12）：52，38.
[122] 司军龙．幼儿园体育活动创新探索［J］．科学咨询（科技·管理），2020（12）：217.
[123] 宋艺飞．幼儿园体育游戏存在的问题与对策探讨［J］．青少年体育，2019（12）：133～134.
[124] 苏永骏，黄贵，周景晖．蒙台梭利幼儿体育教育思想及其现代价值［J］．南京体育学院学报（社会科学版），2013（06）：56～59，71.
[125] 孙蓓．幼儿体育教育研究综述［J］．科教导刊（上旬刊），2020（01）：92～93.
[126] 孙科．幼儿体育：认知·成长·生命——中外学者访谈录［J］．体育与科学，2017（01）：27～36.
[127] 孙启成，刘金富，朱小烽．动作发展视域下幼儿足球促进粗大动作发展水平研究［J］．浙江体育科学，2020（03）：57～63.
[128] 孙英俊，王利平．探析幼儿动商教育的意义、内容及措施［J］．教育观察，2020（04）：5～7.
[129] 唐宇钧．基于幼儿体育教学模式的创新分析［J］．科学咨询（教育科研），2020（04）：60.
[130] 陶春雷．基于健康体适能幼儿体育活动内容的构建［J］．才智，2018（36）：31.
[131] 万虹．常德市幼儿园体育活动开展现状的调查与分析［J］．科教文汇（上旬刊），2020（02）：149～151.
[132] 汪晓赞，陶小娟，仲佳镕，等．KDL幼儿运动游戏课程的开发研究［J］．北京体育大学学报，2020（05）：39～49.
[133] 汪燕，李佐惠．幼儿机构体智能课程教学模式研究［J］．当代体育科技，2017（07）：53～55.
[134] 王爱民，张雪琴．幼儿教师体育教育能力培养研究［J］．当代教育实践与教学研究，2020（04）：133～134.
[135] 王保龙．动商视域下幼儿体育课程构建研究［J］．青岛职业技术学院学报，2020（03）：58～60.
[136] 王东旭．基本体操对幼儿教育的影响［J］．当代体育科技，2017（12）：205～206.
[137] 王洪荣．浅谈学前教育专业学生的体育教学能力培养［J］．体育世界（学术版），2016（02）：127～128.
[138] 王军朝．论自组织理论与幼儿体育教育［J］．青少年体育，2017（02）：78～80.
[139] 王凯珍，王晓云，齐晨晖．当前我国幼儿体育的热点现象、问题与建议［J］．北京体育大学学报，2020（05）：30～38.
[140] 王凯珍，周志雄，任弘，等．影响3～6岁幼儿家庭体育活动行为和活动量的因素及路径分析［J］．西安体育学院学报，2011（03）：257～263.
[141] 王琳．幼儿园开放式体育活动存在的问题及改进策略［J］．学前教育研究，2019（09）：89～92.
[142] 王梦囡，孙晓利．幼儿园体育课程的配置——以“快乐体操”为出发点［J］．体育世界（学术版），2015（07）：85～87.
[143] 王佩珍．教育学视角下新时期幼儿体育教学的再思考［J］．青少年体育，2020（01）：139～140.
[144] 王平．幼儿体育与幼儿的成长之路——浅谈体育活动对幼儿的发展［J］．当代体育科技，2019

(06)：220~221.
[145] 王庆东．幼儿园园本特色切入点的选择与实施——以基本体操为健康特色切入点为例［J］．华夏教师，2019（29）：4~5.
[146] 王蕊．幼儿体育游戏教学研究［J］．青少年体育，2019（07）：139~140，52.
[147] 王鑫鹏．幼儿体育意识的培养方法研究［J］．体育科技文献通报，2017（09）：34，51.
[148] 王英．试论体育游戏对幼儿心理健康的影响［J］．南昌师范学院学报，2020（05）：83~86.
[149] 王芸．幼儿体操训练中家长沟通与合作的重要性［J］．体育世界（学术版），2020（01）：137，140.
[150] 王竹平．幼儿体育活动评价核心要素探析［J］．上海教育科研，2017（08）：85~88.
[151] 魏海雁．幼儿园体育游戏开展过程中存在的问题及对策研究［J］．内江科技，2019（04）：145~146.
[152] 吴海群．大众艺术体操对幼儿身体素质的影响分析［J］．当代体育科技，2019（18）：173~174，177.
[153] 吴慧玲．幼儿园篮球活动的组织与实施［J］．学前教育研究，2019（11）：89~92.
[154] 吴少强，李梦竹．幼儿体育教学活动合理化设置分析［J］．运动，2018（21）：105~106.
[155] 吴升扣，熊艳，王会会．动作发展视角下幼儿韵律性身体活动开展与设计的调查研究［J］．北京体育大学学报，2017（04）：89~96.
[156] 吴升扣，张首文，邢新菊．动作发展视角下幼儿体育与健康领域学习目标的国际比较研究［J］．成都体育学院学报，2014（05）：75~80.
[157] 夏晓璇．武术游戏对幼儿体质的影响［J］．当代体育科技，2019（35）：147~148.
[158] 向丽芳．论学前教育专业学生幼儿体育活动组织教学能力的培养［J］．体育科技，2015（01）：160~161.
[159] 向水针．提升幼儿教师体育教学能力的对策研究［J］．科教导刊（下旬刊），2020（08）：85~86，89.
[160] 谢开华．我国幼儿基本体操研究的综述［J］．四川体育科学，2015（02）：138~140.
[161] 辛振海，郭盼盼．幼儿练习快乐体操对其身心健康的影响［J］．江苏理工学院学报，2019（04）：104~109.
[162] 熊斌．女子幼儿体操运动员身体素质训练［J］．当代体育科技，2016（32）：40~41.
[163] 徐剑，杜宇童，赵莹莹，等．我国幼儿体育政策演进特征与发展策略［J］．体育文化导刊，2020（04）：51~55，90.
[164] 徐庆．课程游戏化背景下幼儿园体育活动的开展策略［J］．文化创新比较研究，2020（35）：90~92.
[165] 徐瑶．运动感觉统合训练在幼儿体育活动中的指导［J］．当代体育科技，2020（01）：25~26.
[166] 许晶．体育课程对3~6岁幼儿成长影响的研究［J］．当代教育实践与教学研究，2020（09）：67~68.
[167] 许琰．在幼儿体育课程中开展趣味篮球的探究［J］．科学咨询（科技·管理），2020（09）：220.
[168] 薛冰．体智能课程对幼儿发展的有益性研究［J］．体育科技文献通报，2020（05）：77~79.
[169] 燕飞．我国幼儿教师入职前体育教育能力培养研究［J］．体育文化导刊，2016（08）：163~167.
[170] 杨安杰．幼儿教学中体育游戏的作用和应用分析［J］．才智，2014（18）：186.
[171] 杨蓓．科学开展体育活动，促进幼儿身心和谐发展［J］．华夏教师，2019（24）：46.
[172] 杨斌，莫冰莉，唐吉平．幼儿体质健康促进中幼师支持现状分析［J］．城市学刊，2020（01）：26~32.
[173] 杨晓晓．体育游戏在幼儿园体育教学中的开发与利用［J］．运动，2017（08）：81~82.

[174] 杨雁莎．浅谈幼儿园体育活动游戏化有效策略实施［J］．才智，2020（11）：31.
[175] 杨永红，严华瑾，刘红星．基本体操对4～6岁幼儿身体素质发展的干预研究［J］．当代体育科技，2019（31）：18～19.
[176] 杨宇涛，涂春景，陈坚，等．浙江省幼儿体育教师现状调查研究［J］．当代体育科技，2019（18）：167～169，172.
[177] 姚建军．城市幼儿体育活动开展问题及对策［J］．长春教育学院学报，2013（18）：157，159.
[178] 殷超，马莉．学前教育专业幼儿体操课程内容优化应用的可持续发展研究［J］．广州体育学院学报，2020（06）：111～115.
[179] 尹强．幼儿体育教学的运用现状及存在的问题［J］．亚太教育，2015（11）：92.
[180] 余乔艳，邓陈亮，潘小非，等．体操类康复体育活动对3～6岁幼儿感觉统合失调的效果［J］．中国康复理论与实践，2020（08）：975～982.
[181] 袁金花．南京市幼儿体育活动开展现状的调查与分析［J］．南京体育学院学报（自然科学版），2013（03）：100～104.
[182] 袁振勇．蒙台梭利幼儿体育教育思想的应用探究［J］．科技经济导刊，2019（33）：145.
[183] 岳亚萍．有效开展幼儿园户外体育活动的策略研究［J］．青少年体育，2020（03）：139～140.
[184] 张迪，孟令婕．体操游戏对5～6岁幼儿身体素质的影响［J］．辽宁体育科技，2014（05）：72～73，79.
[185] 张海平，刘兴，高婉娜，等．我国幼儿人群游戏与健身活动开展的现状与分析［J］．沈阳体育学院学报，2011（01）：90～93.
[186] 张佳欣．幼儿体育活动开展的对策研究［J］．才智，2019（02）：56.
[187] 张健忠．学前教育专业体育课程内容的构建［J］．体育世界（学术版），2015（02）：106～109.
[188] 张龙燕．通过幼儿园体育活动培养幼儿身体素质的探究［J］．教育观察，2020（20）：118～119.
[189] 张梦凡，陈珊．幼儿体育教育的影响因素研究［J］．科技资讯，2019（19）：162～163.
[190] 张庆飞．浅析幼儿体育教育专业教师的培养［J］．当代体育科技，2012（33）：43，45.
[191] 张田利．幼儿体育游戏课程的建构与实施［J］．科技资讯，2020（22）：90～91，94.
[192] 张小跃．情景体育游戏在幼儿社会性发展中的应用研究［J］．运动，2018（22）：9～11.
[193] 张雪琴．幼儿体育教学的设计方案与开发研究［J］．体育科技文献通报，2020（01）：95，104.
[194] 张妍．素质教育下的幼儿体育教育探讨［J］．青少年体育，2016（09）：79～80.
[195] 张义斌．幼儿园体育活动开展现状与对策分析［J］．当代体育科技，2020（32）：254～256.
[196] 张远方．体育与健康课程对幼儿的重要性［J］．西部皮革，2020（08）：147，150.
[197] 赵广高，吕文娣，付近梅，等．幼儿体质影响因素的决策树研究［J］．体育科学，2020（02）：32～39.
[198] 赵吉刚．民间体育游戏在幼儿体育教学中的应用研究［J］．中外企业家，2018（29）：200.
[199] 赵吉刚．幼儿体育教学活动方案开发与设置的实证研究［J］．中国教育学刊，2015（S2）：270～271.
[200] 赵茜，李凤新．幼儿体育课程的开发对幼儿人际交往能力的实验研究［J］．当代体育科技，2020（16）：172～174.
[201] 赵茜，李凤新．幼儿园体育运动对幼儿平衡能力的影响研究［J］．佳木斯职业学院学报，2018（09）：343～344.
[202] 赵甜．体育游戏对幼儿身体生长发育的影响［J］．田径，2020（09）：70～72.
[203] 赵星，赵斯龙，罗冬梅，等．幼儿园不同类型户外体育活动的强度水平及相关影响因素［J］．体育科学，2016（08）：34～41.
[204] 郑博文．关于健康中国视域下幼儿体育教育的剖析［J］．科学咨询（教育科研），2020

(06)：59.
[205] 钟秉枢. 推行幼儿体育与健康教育培训 [J]. 北京观察，2020 (01)：35.
[206] 周嘉琳，罗冬梅，陈皆播. 幼儿灵敏协调能力评价方法的改良 [J]. 中国体育科技，2017 (01)：83~89.
[207] 周静静. 课程游戏化背景下幼儿体育教学的开展研究 [J]. 体育科技文献通报，2020 (01)：114~115.
[208] 周亮，邱苗，杨斌. 我国幼儿体育发展的机遇、困境与对策研究 [J]. 山东体育学院学报，2020 (01)：36~41.
[209] 周小惠. 简谈如何创新幼儿体育活动 [J]. 田径，2017 (06)：55~56.
[210] 朱海浪. 学前教育专业学生幼儿体育教学能力培养探析 [J]. 现代交际，2020 (14)：30~31.
[211] 朱贺萌. 浅析学前教育专业体育教学技能培养与研究 [J]. 才智，2020 (21)：84~85.
[212] 朱清，等. 幼儿园优质教研活动设计方案 [M]. 中国轻工业出版社，2019.
[213] 庄弼，任绮，李孟宁，等. 幼儿体育活动及其内容体系的思考 [J]. 体育学刊，2015 (06)：64~70.
[214] 宗珣. 幼儿园体育活动设计与指导 [M]. 安徽大学出版社，2017.
[215] 邹师，刘德佩. 体育教育专业办学的新思路——基于社会需求幼儿体育教师情况的调查 [J]. 沈阳体育学院学报，2012 (02)：90~93，105.
[216] 左静芝. 幼儿体育教学中的“乐与动”[J]. 科学大众（科学教育），2017 (01)：108.